利率管制与发行主体偏好下企业债券风险的假说与验证

——基于沪深交易所数据的实证研究

LILV GUANZHI YU FAXING ZHUTI PIANHAO XIA QIYE ZHAIQUAN FENGXIAN DE JIASHUO YU YANZHENG

高岳 ◎ 著

中国金融出版社

责任编辑：肖丽敏
责任校对：孙　蕊
责任印制：陈晓川

图书在版编目（CIP）数据

利率管制与发行主体偏好下企业债券风险的假说与验证（Lilv Guanzhi yu Faxing Zhuti Pianhao xia Qiye Zhaiquan Fengxian de Jiashuo yu Yanzheng）——基于沪深交易所数据的实证研究/高岳著．—北京：中国金融出版社，2012.9

ISBN 978－7－5049－6503－5

Ⅰ.①利…　Ⅱ.①高…　Ⅲ.①企业—债券—风险管理—研究—中国
Ⅳ.①F832.51

中国版本图书馆 CIP 数据核字（2012）第 161147 号

出版发行　中国金融出版社
社址　北京市丰台区益泽路 2 号
市场开发部　(010)63266347，63805472，63439533（传真）
网上书店　http：//www.chinafph.com
(010)63286832，63365686（传真）
读者服务部　(010)66070833，62568380
邮编　100071
经销　新华书店
印刷　保利达印务有限公司
装订　平阳装订厂
尺寸　169 毫米×239 毫米
印张　13.25
字数　212 千
版次　2012 年 9 月第 1 版
印次　2012 年 9 月第 1 次印刷
定价　30.00 元
ISBN 978－7－5049－6503－5/F.6063
如出现印装错误本社负责调换　联系电话(010)63263947

本著作得到江苏省重点建设学科“金融学科建设项目”、江苏高校优势学科建设工程项目、江苏省高校哲学社会科学重点研究基地“金融风险管理中心”、国家教育部“十二五”专业综合改革试点项目“金融学”、江苏省教育厅“十二五”高等学校重点专业“金融学类”、江苏省高等学校优秀教学团队“金融学核心课程教学团队”、江苏高校人文社会科学校外研究基地“江苏科技金融体系创新研究基地”、江苏省社会科学基金项目“科技金融功能建设研究”（课题编号：11EYB013）资助。受到2012年江苏高校哲学社会科学重点研究基地重大项目资助（项目编号：2012JDXM009）。

导 言

企业债券是企业融资的重要手段。而对企业债券市场的参与者而言，市场风险与信用风险是企业债券市场上的主要风险。作为市场监管主体，政府为了控制企业债券市场的这两类风险，对企业债券市场进行了严格的管制。对于中国这样一个制度变迁政府主导型的国家来说，制度方面的瓶颈是中国公司债券市场发展滞后的根本原因。这一事实不但限制着企业债券市场的发展，并且有可能对企业债券的市场风险与信用风险产生深远的影响。在所有企业债券监管规制中，利率管制与发行主体偏好正是市场监管的两大特征。因此，本书试图从这两个监管特征的视角展开对企业债券市场风险与信用风险的实证研究，探求两类监管特征条件下企业债券的市场风险与信用风险的具体表现与特征。

首先，对市场监管的两个最明显的制度瓶颈特征利率管制与发行主体偏好进行归纳与分析，分别从两个特征入手，给出了对企业债券的市场风险与信用风险实证研究的 7 个总体假设，主要涉及企业债券的市场风险与信用风险趋势特征、市场风险的行业差异与国债相似性、不同行业与所有制发行主体的信用风险差异几个方面。提出假设之后，针对实证研究方法对风险度量的理论基础作了有针对性的介绍与评述。实证研究分为 4 部分，前两部分主要研究市场风险，后两部分主要研究信用风险。

实证研究的第一部分主要针对利率管制特征下的市场风险长期趋势特征，与发行主体偏好特征下企业债券的市场风险是否具有类似国债的属性特征。首先采用 GARCH 模型估计动态 VaR 序列对我国企业债券的宏观与微观市场风险作了全面研究，研究结果验证了利率管制下的企业债券市场风险具有逐渐上升的趋势；企业债券的市场风险与行业特征本身无关；市场监管对发行主体的偏好确实造成了企业债券与国债的市场风险表现的相似性，主要体现在绝对数量上接近。

实证研究的第二部分主要针对利率管制特征下各类重大事件对市场风险

的影响效应。采用改进后的事件分析方法进行不同事件的研究，结果显示企业债券市场风险受到来自基准利率与存款准备金率调整事件的影响显著地超过其他事件，主要体现在事件发生窗口期间的平均超额收益的显著性、事件窗口前后期 VaR 序列差异的显著性、事件窗口前后期 VaR 序列均值变化的幅度三方面，两率调整事件均超过其他事件。

实证研究的第三部分主要针对利率管制特征下信用价差的趋势特征，与发行主体偏好条件下不同行业的发行主体信用风险差异两方面。首先对非上市公司发行主体样本债券的信用价差进行趋势与期限结构研究，同时对信用价差进行多元因素分析；其次通过改进参数估计方法后的 KMV 模型对上市公司企业债券发行主体的违约概率研究了不同行业发行主体的违约风险，同时采用行业发行主体的个体违约概率与发行主体间的联合违约概率分析行业信用风险的差异。研究结果显示利率管制条件下，信用价差的趋势与基准利率调整呈明显的反向关系，信用价差的期限结构并非随期限单调递增；以个体违约概率和以组合违约概率表征的行业风险存在明显差异，但是两者均显示信用风险存在明显的行业差异，而发行主体的规模特征并未造成显著的信用风险差异。

实证研究的第四部分主要针对发行主体偏好下的不同所有制特征主体的信用风险差异。选择了两大类发行主体进行研究：其一，发行主体为上市公司，这里选择其违约概率作为对比的信用风险测度。其二，发行主体为非上市公司，这里选择企业债券的二级市场信用价差作为信用风险的测度，同时，为了对所有制特征与债券的信用风险研究拓展，还对不同担保主体的所有制特征与企业债券信用风险差异进行研究。国企发行主体违约概率明显低于非国企发行主体，并且 2007 年以后的期间更加明显；层级较高的国企发行主体与较低层级相比，信用价差较低但是并没有显示出较低的违约概率；担保主体层级与信用价差表现没有直接关系，投资者并不关注担保主体身份特征。

关键词：企业债券　市场风险　信用风险　利率管制　发行主体偏好

目　录

第一章

导　论

第一节　问题的提出

当下的中国，无论经济、社会均处于一个不断变革转型的时代之中。在这一转型的大潮中，经济体制的变革尤为明显。1978 年改革开放以来，1994 年提出建立有中国特色的社会主义市场经济体制，之后在推进投融资体制改革、推进市场化方面作了很多尝试，也取得了诸多成就，包括银行业市场化，设立商业银行、保险公司、证券公司、基金管理公司、融资租赁公司等多层次、多样化的投融资机构主体；建立了股票市场、债券市场、同业拆借市场、外汇市场、期货市场等在内的一系列金融市场，向各类投资者提供差异化的金融产品，很大程度上解决了缺乏投资对象的问题，并且各类市场伴随着投融资主体多元化、信息披露透明化、监管规范化、都取得了快速的发展。通常，资本市场由三大部分组成，一是银行中长期贷款市场，二是股票市场，三是中长期债券市场。一个完善的、发达的资本市场应该由不同层次的子市场构成。而与其他市场相比，我国债券市场的发展明显滞后。以上海证交所为例，2010 年 1 ~4 月，A 股、B 股成交总额为 68 706. 96 亿元，债券现货成交总额 1 109. 99亿元，而其中企业债、金融债、公司债三者之和仅为 383. 99 亿元①，其他绝大部分为国债。管中窥豹，交易所市场虽不能代表我国债券市场的全貌，但却勾勒出我国债券市场上“股强债弱”、“国债强企债弱”的基本格局。

所有债券品种中，企业债券（Corporate Bond）② 作为企业尤其是上市公司的一个重要融资途径，在诸多企业融资可选择的方式中，和发行股票、向银行或金融机构贷款一起成为企业融资的主要渠道。企业债券市场作为资本市场的重要组成部分之一，一方面，可以使企业在发展过程中多元化筹资选择，获得最优资本结构，进而帮助企业实现价值最大化；另一方面，企业债券在收益率、发行规模、发行年限等方面具有更明显的差异化特征，可以满足投资者风险及收益偏好不同而带来的千差万别的投资需求，从而实现资产的最优配置。同时，由于投资者的集体监督与还本付息的刚性约束，企业债券有着其他金融产品不可替代的优势。在欧美等发达国家，发行企业债券更成为许多优质公司首先选择的融资方式，所以通常在发达市场上，交易所上市交易的企业债券的规模大大超过相应的股票市场的规模，企业债券发行量往往是股票发行量的 3 ~10 倍。与美国、日本、德国等发达国家形成鲜明对

---

① 数据来自上交所网站。

② 本节对企业债券与公司债券不作严格区分，这一点将在下一节概念界定部分详细探讨。

比的是，在我国，长期以来企业债券融资一方面受到严格限制，另一方面符合条件的上市公司一般倾向于通过 IPO 或者增发、配股的方式融资，而企业债券远未成为企业获得资金的主要渠道，使我国企业债券市场的发展大大滞后于股票市场的发展，企业债券融资规模仅为股票市场融资规模的十几分之一。企业债券融资主要存在以下局限：从市场广度上来看，目前我国企业债券市场的规模总体仍然偏小。2001 年末，美国企业债券余额占当年 GDP 的比重为 36%，而同期我国的这一比例仅为 1.2%。另外，受企业债券发行管理体制以及企业所有者缺位等因素的影响，目前企业债券在我国资本工具结构中所占的比重明显偏低。2001 年美国企业债券融资总额是其股票融资总额的 7.5 倍，而同期我国这一指标仅为 11.74%。从市场深度上来看，与国外成熟市场相比，目前我国公司债券市场表现出明显的形式单一、品种单一、结构单一的特征。具体而言，发债主体较为狭窄，企业债券的发行严格实行担保制度，在信用风险及风险定价等形式和内容上严重趋同；企业债券品种缺乏差异性，不能满足不同偏好投资人的投资需求。

与其他金融市场类似，企业债券市场同样具有金融市场的各类风险特征。而市场风险与信用风险则是所有风险中对企业债券市场的发展影响最为显著的两大风险。

首先，随着经济全球化和金融自由化，全球金融市场迅猛发展，金融市场呈现出前所未有的波动性。众所周知，在过去的 20 年中世界范围内的金融市场价格波动大大增加，金融工具所蕴涵的风险越来越复杂。在所有的金融风险中，市场风险有其特殊的地位，不仅所有的资产都面临着金融市场风险，而且金融市场风险往往是其他类型金融风险的基本原因。企业债券作为一种市场交易品种，对其投资者而言，同样面临着巨大的市场风险。

其次，由于企业债券的还款来源是企业的经营利润，而任何一家企业的未来经营状况都存在很大的不确定性，因此企业债券的持有人确实面临着损失利息甚至本金的风险，发行主体违约事件成为可能，大规模的企业债券违约必然对市场发展造成不利影响。然而，应当承认，这仅仅是市场主体所面临的许多金融风险中的两种。通常，金融风险大体上可分为市场风险、信用风险、流动性风险、操作风险及法律风险。

从我国债券市场的发行管理制度来看，企业债券带有强烈的行政色彩。企业是市场的主体，企业发债与否、发什么品种的债、期限长短、利率高低等，都应该是市场行为。传统的审批制度虽然有利于政府宏观调控，却不能及时满足企业发展及市场需要。目前我国企业债券市场的监管方面存在两大特征：

其一，利率管制特征。从债券发行价格形成机制来看，企业债券还没有能够完全体现市场化定价这一基本要求。我国的《企业债券管理条例》规定，企业债券的利率在相同期限的银行存款利率基础上上浮40%，存在着明显的发行利率上限管制。虽然我国的利率市场化正在进行，但银行存款利率由管理当局控制，并且是中国利率市场化方案的最后一个环节①，因此企业债券价格要实现由企业信用级别、偿债能力以及债券市场的供求状况等市场因素来决定，还有很长的一段路要走。

其二，发行主体身份偏好特征。从进入市场发行债券的审批门槛来看，绝大多数获批发行企业债券的主体均为国有大中型企业，其中央企占了很大部分。根据监管部门的审批要求，只有具有法人资格的全民所有制企业才有权发行企业债券，并且发债企业净资产规模至少要达到1.25亿元，因此大量的非国有企业、中小企业因满足不了所有制与资产规模的要求而被挡在了发行公司债券的门槛之外。因此，企业债券市场上存在明显的身份歧视与偏好。一方面，形成了企业债券市场上发行主体的行业偏好，发行主体绝大多数为能源、基建、钢铁、电力、电网等行业的特大型企业；另一方面，形成了对发行主体的所有制身份偏好，即国有企业或者国有身份背景的公司更有可能获得发行许可。

但是现行的企业债券规制设计下的两个重要特征是否有利于控制企业债券市场的信用风险与市场风险，以及市场风险与信用风险在两个明显的市场监管特征下是否会出现监管主体所预期的表现形式，以及两类风险的具体表现特征，需要通过现代金融理论及金融工程技术对企业债券市场的信用风险与市场风险进行有效的研究与论证，才能回答。通过建立与这两个监管特征有关的命题与假设并进行严谨的实证，结合研究的结果才能对我国监管部门利率管制、发行主体偏好两个监管特征展开客观的评价，并且可以作为监管部门进行规制设计与调整的决策参考。因此，本书选择基于市场监管的两大特征视角，以两个特征下的企业债券市场风险与信用风险与作为研究对象，具有较强的理论与现实意义。

第二节　主要概念界定

一、企业债券

（一）企业债券的相关概念

企业债券（Corporate Bond）是指从事生产、贸易、运输等经济活动的企

① 存贷款利率市场化目前已经在深圳展开试点。

业发行的债券。在国外成熟市场，由于只有股份公司才能发行企业债券，所以没有企业债券的概念，只有公司债券的概念，企业债券即公司债券。发行公司债券的主体只能是股份有限公司和有限责任公司（应达到规定的条件），独资企业、合伙制企业等不拥有这一权利。造成这一现象的内在原因包括，后一类企业一般实行无限责任制度，其资本金、净资产等难以确定，财务关系、信息披露等受到所有者取向的明显制约，因此，缺乏必要的社会公众性。另一方面，由于国外股份有限公司、有限责任公司等基本都属于民营企业，因此，公司债券也基本由民营企业发行；国有企业因所有权归地方政府，地方财政是其债务的最终承担者，所以，其发行的债券主要纳入地方政府债券或市政债券范畴。

（二）企业债券与公司债券辨析

我国债券市场上则同时存在企业债券和公司债券两个概念。二者从法律地位上看，分属于两个法律法规规范，属于两个不同的债券品种：企业债券由 1993 年 8 月国务院颁布实施的《企业债券管理条例》予以规范，而公司债券则由 1994 年 7 月 1 日开始实施的《中华人民共和国公司法》（以下简称《公司法》）进行规范。《公司法》第一百六十条对公司债券是这样定义的："本法所称公司债券是指公司依照法定程序发行、约定在一定期限还本付息的有价证券。"《企业债券管理条例》第五条对企业债券则这样定义："本条例所称企业债券，是指企业依照法定程序发行、约定在一定期限内还本付息的有价证券。"同时，《公司法》和《企业债券管理条例》还对公司债券和企业债券的发债主体的法律地位作了进一步限定：《公司法》第一百五十九条规定："股份有限公司、国有独资公司和两个以上的国有企业或者其他两个以上的国有投资主体投资设立的有限责任公司，为筹集生产经营资金，可以依照本法发行公司债券"。《企业债券管理条例》第二条规定："本条例适用于中华人民共和国境内具有法人资格的企业在境内发行的债券。除前款规定的企业外，任何单位和个人不得发行企业债券。"

由上述可以看出，在我国，企业债券概念比公司债券概念的外延要大得多。企业债券涵盖公司债券，公司债券只是企业债券的一个特定形式。而且考虑到我国以往发行的企业债券，都有政府担保，发债企业和投资者几乎不用承担债券的风险，因此，如果仿照成熟市场惯例，完全按照市场化运作，纯粹基于公司自己的商业行为而发行的债券才称为公司债券的话，中国目前存在的真正意义上的公司债券较少。另外，除可转换公司债券以外，我国真正意义上的公司债券直到 2007 年以后才发行上市流通，造成对其数据样本选择存在较大局限。

基于上述理由，如果按照严格界定的所谓公司债券的定义，可供分析和研究的范围很小。为了拓宽分析视野，本书将企业发行的债券统一称为企业债券。公司债券作为企业债券中的一个特定部分，在讨论中不作严格的区分。只有在下列三种情况下必须辨别两者的时候，即采用“公司债券”与“企业债券”的不同称谓。其一，涉及公司债券融资理论的引用。前已述及，国外一般不存在两者的区分问题，一般涉及企业债券的理论均称“公司债券”。其二，当我国法规、制度的名称涉及两者时，采用法规原文。其三，有国内文献专门探讨两者的关系与区别时，也采用原称谓。事实上，在我国目前的债券市场上，除了发债主体的法律地位有企业和公司之分外，公司债券和企业债券本身的理论特征应该是没有明显差别的。

企业债券范围界定见图 1－1。

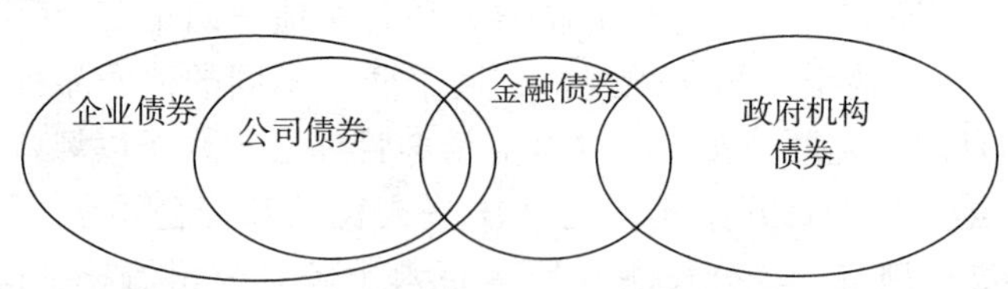

图 1－1　企业债券与其他债券的关系

（三）企业债券的种类

在我国，企业债券泛指各种所有制企业发行的债券。目前我国企业发行的债券可以分为以下四种。

1. 重点企业债券。重点企业债券是由中央直属的石油、化工、电力、冶金、有色金属等行业的大型企业，向企事业单位发行的债券。该类债券期限在 3～10 年，利率一般较低。但债券大部分均带有国家重点企业的产品配额，也就是债券大都以平价能源、原材料等偿还本息。如电力企业债券，就是以电力指标代替债息。

2. 地方企业债券。地方企业债券是由我国全民所有制地方企业发行的债券。主要包括以下几种：

（1）附息票企业债券，期限为 5 年左右，债券上附有各期息票，大多每年支付一次利息。息票上编有与债券券面一致的号码，并载明附息日期及年息金额。息票到期时，由原代理发行债券的金融机构将其剪下并代为支付利息。债券到期时，持券人凭券兑取本金。

（2）存单式企业债券。我国各地企业发行的大多为此种利随本清的债券，期限 1～5 年，债券上载明面额、期限、利率、还本付息日期等，按面额平价发行，到期一次还本付息。

（3）产品配额企业债券。它是由债券的发行企业以本企业产品等价清偿本息的债券。此种债券大多利率很低或没有利息，由发行企业根据投资人认购债券的数额，按期向投资人提供一定数量的本企业产品。债券期满后向投资人偿还本金。

3. 企业短期融资券。企业面向企业、事业单位和个人发行，期限为3~9个月的短期债券，以缓和企业流动资金短缺的状况。

4. 住宅建设债券。如曾经由上海市公积金管理中心负责发行、使用和偿还，由上海市政府担保并委托中国人民建设银行上海市信托投资公司代理发行的债券。该债券每年发行两期，分两段计息，所筹资金用于住宅建设。

二、市场风险

市场风险又称价格风险，是指由于资产的市场价格（包括金融资产价格和商品价格）变化或波动而引起的未来损失的可能性。根据引发市场风险的市场因子不同，市场风险可分为利率风险、汇率风险、股市风险、商品价格风险。在诸多不同类型的金融风险中，市场风险具有极为特殊的地位。不仅所有企业都面临着市场风险，而且金融市场风险往往是其他类型金融风险产生的基础原因。

造成债券市场风险的主要原因有：

1. 重新定价风险，又称期限错配风险，是最主要和最常见的利率风险形式，源于银行资产、负债和表外业务到期期限（就固定利率而言）或重新定价期限（就浮动利率而言）之间所存在的差异。这种重新定价的不对称性使银行的收益或内在经济价值会随着利率的变动而发生变化。

2. 收益率曲线风险。重新定价的不对称性也会使收益率曲线的斜率、形态发生变化，即收益率曲线的非平行移动，对银行的收益或内在经济价值产生不利的影响，从而形成收益率曲线风险，又称利率期限结构变化风险。

3. 基准风险，又称利率定价基础风险，也是一种重要的利率风险。在利息收入和利息支出所依据的基准利率变动不一致的情况下，虽然资产、负债和表外业务的重新定价特征相似，但是因其现金流和收益的利差发生了变化，也会对银行的收益或内在经济价值产生不利的影响。

三、信用风险

现代市场经济从本质上讲就是信用经济，信用在现代社会经济、生活、生产的各个方面扮演着越来越重要的角色，信用的可获得性也大大提升，广泛存在于居民、企业乃至一个国家之中。但另一方面，随着各种信用的日益发展，信用风险（Credit Risk）也越来越引起人们的关注。从借款人不能按时偿付银行本息，到企业不能对投资者按时偿付所发行债券的本息，再到债务国不能偿付债务本息，这一切都影响了社会的正常经济秩序。

最早承担信用风险的是作为金融机构的银行，具体表现为借款人不能按时还本付息。信用风险成为金融机构所面临的最主要风险。证券市场出现以后，出现一些交易对手不能完成已经达成的交易的情况，这就构成了信用风险的另一种主要表现形式。因此，在传统意义上，信用风险被定义为借款人、证券发行人或交易对方因种种原因，不愿或无力履行合同按期还本付息而构成违约，致使银行、投资者或交易对方遭受损失的可能性。由于此时的信用风险被理解为只有当违约事件（Default Event）实际发生时才会发生，因此信用风险又被称为违约风险（Default Risk）。然而，随着现代风险环境和风险管理技术的发展，传统的信用风险的定义已经不能反映现代信用风险的全貌。这是因为，随着信用市场的不断发展，贷款等流动性较差的金融产品也可以像有价证券一样，在二级市场上流动。这样，信用风险持有者就不必再等到这些金融产品的到期日才能确定自己的损失。而纯粹以信用为标的物的产品和市场（如信用衍生产品）的出现，其市场价格是随着债务人的还款能力或信用等级的变化而不断变化的，使得信用资产不仅会因为交易对手（包括借款者、债券发行者等）的直接违约而发生损失，而且也会由于交易对手履约可能性的变化如交易对手的信用等级下降、盈利能力降低等导致信用状况的改变，从而给信用资产带来损失。因此，理解信用风险就不能再局限于由于交易对手的直接违约而发生的损失，它还应该包括由于交易对手履约可能性的变化所带来的损失。这就导出了现代意义上的信用风险的概念，即在关注传统的违约风险的同时，还关注包括债务人的信用状况和履约能力上的变化使债权人的资产价值发生变化而蒙受的损失的可能性。

综上所述，本书将信用风险定义为：信用风险，是指借款人、证券发行人或交易对方因种种原因，不愿或无力履行合同而构成违约，致使银行、投资者或交易对方遭受损失的可能性。在这个意义上，信用风险是违约风险。更为一般地，信用风险还包括由于借款人、证券发行人或交易对方信用评级变动和履约能力变化导致其债务的市场价值变动而引起损失的可能性。在这个意义上，信用风险的大小主要取决于交易对手的财务状况和风险状况，违约很大程度上只是一种可能性，从而为将信用风险分析方法应用于中国目前的企业债券市场提供支持。

第三节 相关文献回顾

一、企业债券相关理论

公司债券①在国际金融业中具有举足轻重的地位，但是在中国处于发展落后的现状。现有的对公司债券的研究成果主要集中于其自身特征，以及公司债券与银行贷款与股权融资等融资方式的比较等领域。我国学者主要从经济管理和制度设计等方面对我国公司债券的发展与推进提出建议。

（一）公司债券特征的研究

金融学相关理论的发展较快，也产生了大量的文献与成果，主要集中于各类主要金融市场的特点功能与绩效、金融市场及发展对经济的影响效应渠道与作用方式及其对经济发展的影响等方面。相对而言，公司债券市场方面的研究成果明显少于其他市场。代表性的研究成果包括：Mondigliani 和 Miller（1958）、Jenson 和 Meckling（1976）、Harris 和 Raviv（1988，1990）、Stulz（1988）、Myers 和 Majluf（1984）、Ross（1977）等从公司的最优资本结构，Diamond（1984）、Fama（1980）、Rajan（1999）、Cantillo 和 Wright（2000）、Hotchkiss 和 Ronen（2002）则通过对银行信贷融资与发行公司债券融资的比较等方面拓展了公司债券理论。

对公司债券本身属性的研究成果包括：公司债券的定价机制研究，如 Andrea Sironi 和 Giampaolo Gabbi（2005）、Eom Young Ho、Jean Helwege 和 Jing－Zhi Huang（2002）；考察公司债券资产的二级市场流动性，如 Chen、Long、David A. Lesmond 和 Jason Zhanshun Wei（2005）；发行者的信息披露等状况对公司债券二级市场价格的作用，如 Edith S. Hotchkiss 和 Tavy Ronen（2002）；公司债券与政府公债、股票市场和信贷市场之间的比较与内在关系，如 Jagtiani Julapa、George Cz Kaufinan 和 Catharine Lemieux（2001），等等。

（二）资本结构理论的角度

目前，在较发达的市场经济体，公司一般将公司债券作为一种通常的负债融资方式，它与发行股票共同组成企业主要的融资渠道。公司债券理论研究也就自然地与资本结构理论密不可分。

---

① 本部分涉及文献综述，因此国外文献部分，均采用公司债券的称谓。

早期资本结构理论。开始于20世纪50年代。1946年，著名的凯恩斯主义学者希克思创作了《价值与资本》，书中最早提出了企业融资的资本结构问题[①]。此后，Durand（1952）把资本结构理论进一步归纳为三类，分别为净收益理论、净营业收入理论以及传统折中理论。其中，净收益理论的基本观点为股东权益融资成本一般高于债务融资的成本，企业负债比例越高，其资本总成本就相应的越低，导致企业价值越高。与之对应，净营业收入理论的基本观点为资本结构所导致的加权融资成本不影响企业价值。而折中观点的基本思想为权衡两种融资方式的边际成本，负债融资边际成本与股权融资边际成本相同时，企业实现资本结构最优状态，此时企业实现市场价值的最大化。

MM理论及其扩展。Modigliani与Miller（1958）开创了资本结构理论中著名的MM定理，其基本观点为：在一定假设条件下，企业价值与融资方式无关。通过改变假设，以及引入不同的分析方法之后，得出了富有创见的结论，从而推动资本结构理论的演变与发展。典型的，Modigliani与Miller（1963）在其基本模型中，考虑到了所得税因素，使模型假设更加接近实际状况，结论为企业负债率越高越好，债务融资优于股权融资。Miller（1977）在进一步考虑公司所得税的同时，引入了个人所得税因素，其结论为个人所得税只能抵消部分的税盾效应。但是，MM理论一直以来没有对负债风险和财务费用问题进行考虑，因此其将之纳入分析，产生了权衡理论，认为在必须综合考虑税盾效应、债务上升所带来的财务危机成本、代理成本，且其相等时，为最优资本结构。

优序融资理论。Stiglitz（1972）首先提出了不对称信息理论，这也给资本结构理论的发展提供了启示。Myers和Majluf（1984）在对资本结构的分析中引入“不对称信息理论”，认为在信息不对称的假设下，债务工具可以约束经理人或代理人。在一般情况下，企业融资的先后顺序应当为：首先考虑内源融资即留存收益，其次为债务融资，最后为股权融资。Diamond（1984）将负债成本从破产成本扩展到代理成本、财务困境成本和非负债税收利益损失，得出与文献相近结论。

代理成本理论。20世纪70年代，委托代理理论被用来分析资本结构。Jenson和Meckling（1976）研究认为，企业的均衡所有权结构是指股权代理成本和债权代理成本达到平衡时的状况，而且，使总代理成本最小，可达到

① 见希克思：《价值与资本》，144页，牛津出版社，1946。转引自沈艺峰：《资本结构理论史》，北京，经济科学出版社，1999。

最优资本结构。

控制权理论。继续 Jenson 和 Meckling（1976）的分析框架，Aghion 和 Bolton（1992）在引入交易成本、合约不完全假设后，分析剩余控制权与资本结构的影响。具体为：发行普通股融资，投资者实际获得剩余控制权。而发行优先股融资，则管理者实际拥有剩余控制权。以债务方式融资，则管理者在不发生违约的前提下，实际拥有剩余控制权；发生违约时，剩余控制权实际由投资者获得。

（三）公司债券与银行信贷的比较理论

资本结构理论主要从融资成本、委托代理成本、税收等因素出发，展开了债务融资和股权融资两种方式的比较。但是，这仅限于债权与股权层面。在所有债务融资方式中，对企业而言，公司债券相对于其他债务工具又具有哪些比较优势与劣势。因此，很多学者对公司债券和其他债务融资方式（主要为银行信贷）各自的特征进行对比研究，发展了相关理论。

银行信贷优势论。其基本思想为：由于现代信贷关系中，最终债务人与最终债权人并不都是直接发生交易，因此他们之间存在天然的信息不对称问题。而银行以其所具有的专业化优势，相对于公司债券融资，具有一定信息优势，可以减少代理成本，从而可以降低代理成本和监督费用，并且能够更好地处理信息；Herring 和 Chatusripitak（2000）则从破产交易费用的角度展开比较，认为银行具有降低这类费用的优势。除此之外，银行在服务上也具有一定优势。

公司债券优势论。与上述理论相反，该理论认为相对于银行信贷，公司债券在降低财务成本、增加资产流动性、增加信息披露与监督、分散债券人的个别信用风险等方面展现了明显的优势。并且，公司债券利率的市场化定价程度更高，利率信号综合反映了包括发行主体的信用风险、经营风险、法律风险等诸多方面的因素，因此具有差异化特征，可以为投资者减少风险。而银行信贷的利率定价则缺乏上述灵活性，无法完全体现不同债务人的各方面信息。基于上述思想，资产规模、声望、经营状况上具有优势的企业通常可以以低于银行贷款的成本发行公司债券，即较低的发行利率。实证研究也证实存在上述现象。Rajan 和 Zingales（1998）认为，市场化的利率定价功能可以依托价格信号，在进行金融资源配置时更具优势，可以较大幅度地减少优质企业的融资成本。此外，公司债券还具有风险分散的作用，尤其在衍生工具不断增加、金融创新不断发展的情况下，可以增强投资者的风险管理能力，有利于金融市场自身以及整个金融体系的稳定。

银行信贷和公司债券选择理论。银行信贷和公司债券两种债务方式具有各自的特点，均有对方不具备的优势和缺点，企业在选择债务融资决策时需要进行全面的评价与比较。如在微观角度，其选择是比较解决信息不对称问题，在债券利率市场信号与银行信息处理优势两者之间进行比较。Boot 与 Thakor（1997）发现，如果道德风险较高，则应当选择银行贷款来增加监督；当道德风险很低时，则应当通过发行债券来降低融资成本。而从宏观角度，需要从国家整体发展程度考量，公司债券市场的发展需要完善的信息披露机制，需要大量的拥有声誉以及经营良好的企业，需要大量的专业的机构投资者。故 Rajan 与 Zingales（1998）指出，处于发展阶段的不同位置的经济体，对银行贷款和公司债券的评价结果是不同的。实际的数据表明发展中国家更多地依赖信贷，而发达国家则首选公司债券。

公司债券最新优势理论。公司债券具有降低金融体系的系统性风险的作用。通过发行公司债券可以匹配企业的长期融资需求、间接地减少对银行信贷的需求、减少银行体系借短贷长所面临的期限结构风险，而债券市场的发展也提供了更多的工具与手段便于调控宏观经济与金融风险。此外，公司债券在流动性上也更具优势。Nils H. Hakansson（1999）阐述了公司债券还具有培育市场力量的能力，也会在抑制系统性风险及减少危机可能性方面产生效果。我国学者王一萱（2003a）和王国刚（2003）沿着上述思想，从降低金融风险的角度分析了中国发展公司债券市场的重大意义。并且王一萱（2003a）还认为，公司债券市场的发展可以保持宏观经济体长期资本结构的稳定，减少信贷大幅扩张等因素所带来的系统风险。

（四）公司债券市场的制度研究

制度经济学分析框架中，将制度视为一种影响经济绩效的重要变量，因此西方学者对公司债券市场制度也进行了大量研究。但是由于其所处均为发达经济体，市场的内生性较强，并且经历了长期的发展后，制度环境比较完善与成熟，制度安排与规制调整一般不受政府主导，因此文献主要集中于定价和交易等制度。Sanjeev Bhojraj 和 Partha Sengupta（2002）研究了治理对发行主体信用评级的影响，认为良好的公司治理结构可以减少代理成本，抑制代理人的机会主义行为，可以提升其信用评级。Schultz（1998）研究表明，机构由于规模效应，可以减少相关交易费用（Trading Fee），前提是投资机构和承销机构之间不存在共谋。Edith S. Hotchkiss 和 Tavy Ronen（2000）研究显示，信息披露程度与公司债券市场的流动性具有正向关系，并且可以促进市场交易。Joao A. C. Santos 和 Kostas Tsatsaronis（2003）的研究发现，欧元的发行，在欧元债券市场降低了发行主体的准入条件，有效利用范围经济效应，并且统一地结算货币减少承销等交易费用，从而对欧元区域公司债券市场发挥了促进作用。Howard Qi、Sheen Liu 与 Chunchi Wu（2005）研究表明，虽然理论上个人所得税因素影响所有发行主体的资本结构，但是其影响评级更高发行主体的程度更甚。Amy K. Edwards、Lawrence Harris 和 Michael S. Piwowar（2004）认为，市场交易规则的透明会减少交易费用，扩大公司债券的交易规模。

（五）中国企业债券市场的制度研究

自 2005 年以来，我国企业债券市场的制度创新举措不断出现，支持与鼓励市场发展的各项政策相继颁布，企业债券市场也随之稳步快速发展。国内相关研究成果也在相应地丰富，从多角度分析我国企业债券市场的问题，尤其集中于制度性问题的分析与研究。

对我国企业债券市场发展现状与问题展开分析的学者包括王国刚（2003，2007）、安义宽（2003）、陈嘉明（2003）、何德旭（2002）等，他们主要对我国股票市场、国债市场的发展与现状比较之后，指出了我国企业债券市场发展滞后的问题。高小强（2003）、吴腾华（2005）、叶宗伟（2003）、张捷与黄燕（2001）等从与其他国家企业债券市场的比较分析中得到类似的结论。陈锐（2002）、胡少华（2002）主要从政府管制的角度展开对我国企业债券市场发展滞后的原因分析。代表性观点认为，政府过度管制、投资主体缺乏、流动性较低和相应金融环境的落后等原因造成了企业债券市场的滞后现状。陈莉和严中兴（2001）、黄燕君和丁华明（2002）、田柳（2002）、王满四和王禅（2003）指出形成我国企业债券市场规模较小（需求不旺以及供给不足）的主要因素：金融政策的间断、非持续，监管主体对所有制等身份特征的偏见与歧视。

对我国发展企业债券市场的重大意义，主要从控制系统性金融风险、优化企业融资结构、推进银行业、企业改革的角度加以分析，具有代表性的有王一萱（2003b）、王国刚（2003）等。并提出了有针对性的建议：修改现行的行政审批制度，实现发行利率的全面市场化，改善监管与信息披露，对二级市场引入做市商增加投资主体等。刘凯（2002）、陈柳钦（2005）则从法律环境的角度分析，认为需要首先完善产权制度，制定相关的法律法规体系。王国刚（2003）对从 20 世纪 90 年代起政府重视股票而轻视企业债券的现状分析，提出了企业债券市场发展的战略规划，主要分三步，每一步都伴随着相关制度的建立和完善。

侯杰（2002）、钱春海（2002）、龚翔（2002）、夏有华（2002）、耿志民（2003）、吴腾华（2005）等的观点为：考虑到经济体制转轨过程，政府主导型的制度变迁现象仍将成为主要的制度供给方式，造成有效供给严重不足，导致市场发展滞后并出现了大量问题，必须对影响市场的运行机制，以及各类主体的行为特征展开严谨分析。他们认为，拖累市场发展的制度障碍体现为：一是监管部门的管制过紧。二是缺乏现代企业制度下的优质企业，导致企业债券缺乏直接的信用来源。三是完善的金融环境尚不具备。为此，提出了制度创新的路径与方式，即必须将企业债券市场由“政府主导型”现状转变为“市场主导型”，加快企业建设与完善现代企业制度，明确国有企业的产权与责、权、利，建立有效强制的信用保障机制，完善和推进金融基础设施建设等。

上述文献的主要贡献在于通过常规性描述揭示了中国企业债券发展相对滞后的现实，并在一定程度上从制度的角度进行了分析。

（六）对我国企业债券市场的风险实证研究

目前国内对于债券风险的研究大量集中在交易所国债市场以及银行间债券市场。如孟生旺（2000）、林涛（2002）、王敏（2002）、杨文瀚（2002）、卞曙（2003）、谢赤（2003）、肖振红（2004）等在久期和凸度等基础上，衡量了债券投资的利率风险；范龙振（2003）利用 Kalman 滤波方法结合时间序列建模对债券的利率进行预测，其模型对利率的变化有较好的预测效果；朱世武等（2004）利用银行间回购数据对期限结构理论进行检验，应用 GARCH－M 模型对期限风险溢价进行预测。

对企业债券的风险进行研究的成果包括：梁世栋（2004）构造了信用风险期限结构的框架性模型，给出了可违约债券的价格解析表达式。任兆璋、李鹏（2006）构造了流动性风险影响下的可违约债券定价模型以及连续复利下可违约债券信用价差的期限结构模型，认为利差的期限结构对流动性风险特别敏感，且同样利差结构的债券可能拥有完全不同的风险结构。郑振龙、林海（2003）采用单独估计法和联合估计法对公司债券的收益率进行估计，认为联合方法估计结果可以减小误差。吕江林（2004）采用 EGARCH 模型对交易所国债与企业债券价格指数收益率进行拟合，并分析了各种指数收益率的波动风险特征。杨星等（2009）从公司债利差入手，探讨了公司违约的风险补偿问题，认为公司债利差中的信用溢价部分是由不可预测的跳跃性违约及市场违约传染所致，它具有系统性风险特征，无法分散；采用即期利率来测度和估算公司债利差，可以有效地避免用到期收益率计算利差的三个缺陷。孙克、冯宗宪（2007）、江乾坤（2009）分别对信用价差的理论进行全面的梳理，分析了“信用价差之谜”产生的根源，最后指出了破解该谜的未来研究方向。

二、市场风险度量方法

经过长期的探索，发达国家的金融市场已经非常成熟，同时伴随着市场风险管理手段与方法的不断发展，新的风险度量的理论与工具也在不断涌现。20 世纪 90 年代，以在险价值（Value at Risk，VaR）为基础的风险度量方法被提出，其基本思想即采用概率统计方法来估计资产在未来时刻可能发生的一定置信度下的最大损失额度。自 1993 年 G30 集团首次提出后，J. P. Morgan 率先将之应用于风险分析软件工具 RiskMetrics 中。

许多国内外研究人员根据各种资产特点在各种假设条件下提出了很多 VaR 的计算方法，如 Venkataraman（1997）提出了混合正态分布法，Butler，J. S（1998）提出了核密度函数估计的方法，以及针对非正常情况下的极值理论对尾部风险的估计方法、平方根法和计算机模拟方法等，还有学者研究了非线性衍生工具的 VaR 计算方法，如 Kwiatkowski（1997）和 Simko（1998）。为了对不同估计方法结果的准确性作出合理评价，很多学者展开了对 VaR 结果检验方法的研究，如 Kupiec、Paul（1995）提出了极大似然比方法，Pritsker M. （1997）则对各种计算方法的准确度进行实证研究和比较与评价。类似的工作还包括 Hendricks. D（1997）等。

除了作为市场风险的管理工具，在其他领域的应用上，VaR 模型也取得了很多进展。代表性的研究成果包括：作为信用风险量化研究工具，如应用于公司信用评级和信用风险管理，作为流动性风险度量模型，基于风险收益框架下的最优套期保值风险优化目标，以及用于公司的资产负债风险管理、用于投资决策以及资产价值评价管理，保险以及商业银行业的风险资本计算与管理等。

目前国内对 VaR 的研究尚处于起步阶段。尽管作为一种风险度量与管理模型，其引起了国内学术界、金融机构以及金融监管部门的广泛关注，但是不可否认，我国在金融市场风险管理与控制方面的理论研究与方法研究与国际前沿还具有明显差距。这与我国相关金融市场的建立与发展较晚，且发展程度还不成熟，相应的管理手段尚未普及有关。20 世纪 90 年代初期以后，伴随着我国金融改革的深化，证券市场一一建立并且获得较快的发展，包括国有银行的改革，我国开始建立以商业银行和其他金融机构（基金、证券公司、融资租赁公司、信托）在内的金融体系，未来金融市场的发展也会逐步与国际接轨。在此背景下，大量与我国金融市场发展状况结合的风险管理文献开始出现。这些研究成果主要包括：

金融风险理论的应用研究，如风险分散投资组合理论、银行资产负债风险管理理论和期权定价理论等在国内金融市场的应用。较早的成果包括唐小我（1994，1995）给出了利用投资组合理论，在不允许卖空即资产权重非负约束条件下，采用树形算法进行最优组合证券投资决策，以及对组合证券投资未来收益的预测方法；荣喜民、张喜彬（1998）的研究则对组合投资最优化模型进行了拓展；吴冲锋等（1999）将期权定价理论方法和原理应用于对电力债券、住房激励定价机制设计以及可转让贷款的定价问题的分析；王霞（1999）基于模拟方法研究了金融机构如何在资产负债结构管理中调整头寸抵御利率风险的最优化问题；张维等（1998）则将研究应用于商业银行贷款资产的信用风险量化分析，分别探讨和比较了判别分析、Logistic 回归、聚类分析、专家系统和神经网络等方法；迟国泰（1999）研究了信贷风险综合决策模型，提出信贷风险管理中基于风险补偿、风险报酬、综合风险衡量和单位风险溢价等最优化目标的决策方法。

宏观金融风险管控体系的研究。主要研究成果包括：张启人等（1998a，1998b）提出免疫系统工程的概念框架，建议加快建设我国金融体系系统风险的控制体系，并运用系统科学、经济控制论等研究如何有效管控我国宏观金融风险。类似的研究与观点在 1997 年东南亚金融危机之后得到快速发展，这种状况也与我国经济环境的不断开放及经济全球化的趋势相适应。

对主流风险管理工具与手段的定性研究与借鉴。研究成果包括：王春峰（1998，2001）分析了价格变化导致的市场风险量化的总体架构，刘宇飞（1999）介绍并分析了 VaR 模型对于金融监管的运用前景及意义，陆晓明（1999）和段兵（1999）等主要阐述了进行全面风险管理的方法体系。同时，出现了大量采用 VaR 模型的实证研究。这些研究成果有效地促进了我国金融风险管理的理论研究，逐渐缩小了我国在金融风险管理方面的差距。

但是国内上述研究还存在明显的局限，如定性研究多于定量研究，并且忽视了将国外先进风险管理模型引入对国内金融市场分析时的改进。事实上，由于国内金融制度体系发展的滞后，我国金融产品的数量与金融创新的程度均远远落后于发达国家，金融产品的定价方式、市场参与主体的构成与其他市场还存在明显差异。因此，势必要对这些方法和技术的研究进行有效的改进。

三、信用风险度量方法

传统的信用风险度量方法主要有评分模型、评级模型、专家制度等。其中评分方法的应用最为广泛，最著名的评分方法模型是 Edward I. Altman（1968）提出的 Z 模型。之后，Altman、Haldeman 和 Narayanan（1977）又发展出了 ZETA 模型。

现代信用风险度量模型中，结构方法假设认为企业价值是连续时间的扩散过程，资产价值的变化则是平稳过程，因此不会出现由于企业价值变化而导致的突然违约事件。结构模型显示了企业价值变化导致违约的发生原理，以及资本结构变化对违约发生的影响作用过程与机制。结构方法按照模型假设的违约发生时间的不同，可以划分为期权理论模型和首越边界时间模型。

期权理论模型的代表为 Black 和 Scholes（1973）及 Merton（1974），他们首次提出了从期权角度对企业债务违约的发生机理的分析模型，被称为 BSM 模型。Geske（1977），Geske 和 Jonson（1984），Ho 和 Singer（1982，1984），Chance（1990），Shimko、Tejima 和 Deventer（1993）分别对 BSM 模型进行了拓展。针对违约仅发生在到期日的假定，考虑到与实际状况的符合程度，许多学者包括 Black 和 Cox（1976），Longstaff 和 Schwartz（1995），Kim、Ramaswamy 和 Sundaresan（1993），Nielsen、Saá – Requejo、Santa – Clara（1993），Briys 和 Varenne（1997）假设企业资产服从特定的随机过程，以及不同的违约条件，因此违约事件可以在到期日前发生。这类模型称为首越边界时间模型（First Passage Time Models）。

结构模型被广泛应用在可违约证券的定价分析以及信用风险管理实践中。然而，随着现代金融创新的不断深化以及更多的信用衍生品的产生和发展，信用风险的影响因素和作用机制更加复杂，各次金融危机和金融突发事件也证实这些模型的局限性，其原因在于结构模型假设与现实市场中信用证券合约设计之间的明显差异。针对上述结构模型中的不足，很多学者开始突破结构模型的基本框架，如强度模型。

与结构模型对应，在强度模型中，违约事件不再假定为企业资产价值变化所导致的内生事件，而被视做外生。一般而言，假定违约事件的发生服从随机过程，而违约的概率则由某种强度因素（Intensity）决定，强度模型进一步可以划分为基于信用等级的强度方法和基于期限结构的强度方法。

基于信用等级的强度方法研究主要包括 Jarrow 和 Turnbull（1995），Jarrow、Lando 和 Turnbull（1997），Das 和 Tufano（1996）等，在这些模型中，违约是一个从较高的信用等级向违约等级转变的过程，而信用等级的变化导致违约。

基于期限结构的强度方法由 Duffe 和 Singleton（1999）提出。其思想为对风险债券直接进行利率贴现，其贴现率为在无风险利率上增加对风险作出的补偿，从而得出信用风险债券的价格。这给信用风险债券定价提供了一个很好的思路，丰富了关于期限结构的理论，使我们可以根据市场可观测的相同期限的信用风险债券收益率和无风险债券收益率来确定违约强度过程，进行违约过程的参数估计。

由于假定违约率和预期回收率均为外生，与结构模型相比，强度模型最重要的发展是违约事件的不确定性。然而正是由于模型中违约强度过程的外生性使得违约过程背后的经济机制被掩盖，在对违约事件发生与公司价值联系上不如结构模型。

Madan 和 Unal（2000）进一步对强度模型与结构模型进行整合，从公司的债务结构出发，通过引入流动资产的概念来分析违约机制，因此具有结构模型对违约机制的良好表征作用，又同时具有强度模型对违约事件突发性假定的特征。因此，这一类模型被称为混合模型。混合模型对违约风险与市场风险的相关性假定要优于 Jarrow 与 Turnbull（1995）模型，关于回收率的假定则优于 Duffe 与 Singleton（1999）模型。但是模型有可能导致出现一个负的违约强度，需要加以改进。

总之，各种不同的信用风险度量模型理论即按照上述理论脉络发展起来，并且更多相关的模型还在进一步发展与改进中。目前国内关于信用风险度量模型本身的研究成果还很少，而且研究对象基本上局限于银行信贷市场，关注的也主要为成熟模型的实证研究。概括起来，主要有下列成果：

陈忠阳（2000）、张玲等（2000）、程鹏等（2002）、段兵（2002）、文忠桥等（2002）、梁世栋（2002）、沈沛龙等（2002）、李大伟等（2004），主要介绍分析了信用风险量化的一些基本理论与思想，阐述了它们的基本原理，并且比较了它们的优缺点，对我国金融机构和金融监管部门的信用风险管理理论与实践提供了有益借鉴。韩立岩等（2002、2003、2005、2006）针对 KMV 违约预测模型中固定违约点的缺陷，将违约点模糊化，通过定义模糊违约点来重新定义违约，以此对违约概率进行预测，并给出了该方法与其他方法的比较评价。王春峰、李汶华（2001）提出了一种基于小样本历史数据条件下的对于信用风险的预测估计技术，即通过对原始样本的重复抽样，控制了结果偏差。实证结果表明该模型精度较高。田宏伟、张维（2000）提出了基于市场收益波动性的公司信用风险动态量化分析的架构。在信用风险量化研究中引入市场波动因素，并对其量

化从而融合了市场风险，并且具备动态特性；通过考察长期转移矩阵，由此得到的违约概率也具有动态属性；通过结合回收率，得到信用风险损失的动态量化，并对方法的实际应用前景进行了探讨。熊大勇（2003）分析了复杂市场环境中的一些基本因素。通过模拟因素变化，分析了资产价值变化造成的信用损失；分别介绍比较信用风险研究的几种常用模型；从风险管理的角度分析了我国银行业的现状，认为面对来自国际银行业激烈竞争的金融市场环境，我国银行应努力提高自身的风险管理水平以增强竞争力。

第四节　全书的结构安排

一、技术路线

（一）提出假设

总体的研究结构为首先基于市场监管的两大特征提出总体的关于企业债券的市场风险与信用风险表现的假设。在提出假设时，基于两类特征条件下，给定了我国企业债券市场的制度环境，分别基于利率与信用风险传导机制、利率管制与经济波动、债券市场中的信息不对称以及体制特征与预算软约束几个理论角度给出了关于企业债券市场在利率管制与发行主体偏好条件下的市场风险与信用风险表现的七个假设。

首先，与市场风险有关的假设，分别为：

假设1：企业债券的市场风险将出现长期上升的趋势。

假设2：企业债券市场风险的行业差异不显著。

假设3：企业债券的市场风险具有准国债属性。

假设4：企业债券的市场风险受到来自存贷款基准利率、存款准备金率调整事件的影响将显著大于其他重大事件的影响。

其中，基于利率管制特征下企业债券市场风险表现的为假设1与假设4，基于发行主体身份偏好特征下企业债券市场风险表现的为假设2、假设3。

其次，与信用风险有关的假设，分别为：

假设5：企业债券市场的信用价差风险将出现风险前期下降，后期上升的过程。

假设6：不同行业发行主体的信用风险表现存在显著差异。

假设7：不同所有制发行主体的信用风险表现存在显著差异。

其中，基于利率管制特征下企业债券信用风险表现的为假设5，基于发行主体身份偏好特征下企业债券信用风险表现的为假设 6、假设 7。

全文假设的安排见图 1－2。

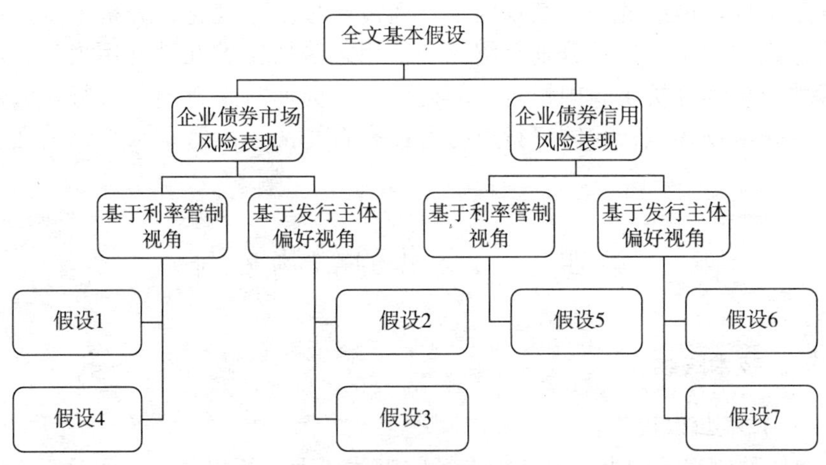

图 1－2　全文假设框架

（二）对企业债券市场风险假设的论证

第一，对假设 1 的论证与企业债券市场风险的趋势与度量有关，并且必须从两个方面考察市场风险的趋势，即宏观层面与微观层面。宏观层面指以企业债券价格指数收益率为代表的市场风险，微观层面指以企业债券个体为代表的市场风险。

第二，对假设 2 的论证与不同行业企业债券市场风险的量化有关，需要采用组合方法考察不同行业样本债券的组合市场风险，之后是基于组合市场风险结果对不同行业市场风险进行比较，以及行业特征因素对债券市场风险的影响效应。

第三，对假设 3 的论证与企业债券市场风险与国债市场风险表现的比较有关，同时也必须量化两个对象的市场风险。这里对两者的市场风险表现从历史趋势、波动幅度几个方面进行比较。

第四，对假设 4 的论证主要基于对各类重大事件发生时企业债券市场风险的表现是否具有显著差异。这涉及两个方面，其一，对包括基准利率、存款准备金率调整在内的各类重大事件发生时对企业债券市场风险的影响的量化。其二，对各类事件对企业债券市场风险影响程度的比较。

由于对假设1、假设2、假设3的研究方法上存在类似之处，因此，在行文结构安排上将三者的论证安排在同一章，对假设4的论证单独成章。

（三）对企业债券信用风险假设的论证

第一，对假设5的论证主要采用代表性企业债券样本，并且这些债券的发行期间与需要论证的信用价差总体趋势的变化区间相符合。

第二，对假设6的论证主要从两个方面展开。其一，对非上市公司发行主体，不同行业发行主体企业债券的信用价差的考察。其二，对上市公司发行主体，从不同发行主体违约概率的角度考察，并且在量化行业违约概率时，考虑了行业内发行主体违约的相关性。

第三，对假设7的论证主要从两方面进行。其一，对发行主体为上市公司的主体，从其实际控制人的角度考察其所有身份特征差异，进而比较不同样本的违约风险。其二，对发行主体为非上市公司的主体，从管理体制的角度考察其所有身份特征差异，进而比较不同样本的信用价差风险。

二、研究方法

规范研究与实证研究相结合，以实证研究为主。在进行实证研究的过程中，将遵循“提出假设—实证研究—验证假设”的研究范式，并结合实证研究结论，给出合理的解释。

定性研究与定量研究相结合，以定量研究为主。债券的市场风险与信用风险问题基本上是一个实证问题。在市场风险度量上，从收益率的统计特征与分布到用各种方法对风险值（VaR）进行估计，并对各种方法进行比较分析；在信用风险度量上，分别采用信用价差与发行主体违约概率作为衡量信用风险的指标。

个体研究与比较研究相结合。这体现在三个层面上：第一，在定量分析方面，比较各种模型、参数估计方法的结果优劣。第二，利用实证数据进行风险指标的横向比较。第三，同类研究对象不同历史期间风险变化趋势的纵向比较。

涉及的统计计算与各种模型的参数估计主要通过matlab7.0、eviews5.0实现。

三、全书结构安排

本书各主要章节具体内容安排如下：

第一章，导论。首先主要介绍了本书研究的现实背景，阐述了研究的理论与现实意义；之后对主要研究对象企业债券、市场风险与信用风险的内涵与外延进行界定，并着重辨析了企业债券与公司债券的差异；文献综述部分主要对企业债券理论以及我国企业债券市场研究的文献作了回顾，之后分别对市场风险度量方法、信用风险度量方法的演进，国内外研究成果进行综述；最后阐述本书研究的技术路线与写作思路、所采用的研究方法及主要章节安排。

第二章，全书研究假设的提出。首先对我国企业债券市场的主要发展阶段进行简要的梳理，之后从监管层面归纳了我国企业债券市场现存的利率管制与发行主体偏好两大特征；分别对利率与企业债券信用风险的传导机制的理论与各国放松利率管制后的市场波动风险上升的经验进行梳理与总结，接下来分别针对利率管制下的企业债券信用风险与市场风险表现提出假设。之后，分别从企业债券市场上主体间的信息不对称与发行主体体制背景与预算软约束的理论角度对发行主体偏好特征进行初步解释，并分别针对企业债券在发行主体偏好特征下的信用风险与市场风险表现提出了假设。之后，对假设的论证与实证研究的路线进行简要阐述。

第三章，市场风险与信用风险度量模型概述。本章主要为对企业债券的市场风险与信用风险实证研究进行理论基础的准备。按照市场风险与信用风险的顺序对两类风险度量模型进行概述。其中市场风险度量模型方面，简述了传统的名义值方法与灵敏度方法、对现代市场风险度量模型主要 VaR 方法、极值方法进行较为详尽的介绍。信用风险度量模型方面，简述了包括专家制度、评级模型、评分模型、期限结构模型、死亡率模型、RAROC 模型等传统方法，详细介绍了现代信用度量模型中的 CreditMetries 模型与 KMV 模型。最后，对上述模型进行比较与选择，采用 VaR 方法与 KMV 模型作为实证研究的主要方法。

实证研究第一部分针对企业债券的市场风险，分别为第四章与第五章，具体安排为：

第四章，企业债券的市场风险的趋势、行业特征与准国债属性。主要对假设 1、假设 2 与假设 3 进行论证。首先，采用 VaR 模型对我国企业债券的市场风险作了全面分析，并对不同 VaR 估计方法的效果进行评价，具体包括以企业债券指数为对象研究了企业债券宏观市场风险，以样本企业债券收益率历史数据对象研究了企业债券微观市场风险。在此基础上，分别分析了两类风险的历史变化趋势，并对假设 1 展开论证。之后，主要基于行业内个体风险与行业组合市场风险两个角度分析和比较了典型行业企业债券的市场风险，以验证假设 2。最后，对企业债券市场风险与国债、典型的成熟市场公司债券的市场风险进行比较研究，对假设 3 进行验证。

第五章，企业债券市场风险的重大事件影响效应。主要对假设 4 展开论证，采用改进之后的事件分析方法对包括基准利率、存款准备金率调整事件在内的五大类事件，共 17 个重大事件样本，企业债券市场风险的影响效应展开研究。通过对事件影响期间的事件窗口定义，分别从窗口期间平均超额收益的显著性与窗口期间 VaR 变化的显著性两个角度分析了各类事件对企业债券市场风险的影响程度。通过对不同事件发生窗口期间企业债券的市场风险的影响效应比较来验证存贷款基准利率、存款准备金率调整事件的影响将显著大于其他重大事件的影响。

实证研究第二部分针对企业债券的信用风险，分别为第六章、第七章，具体安排为：

第六章，企业债券信用风险的趋势与行业特征。主要验证假设 5 与假设 6。首先对非上市公司发行主体样本债券的信用价差进行趋势研究，直接验证假设 5，同时为了进一步分析期限因素对信用价差的影响，进一步考察信用价差的期限结构，分别构建信用价差曲线以及对信用价差进行多元因素分析；采用不同行业信用价差的均值数据对不同行业的信用价差风险作了分析。之后通过改进参数估计方法后的 KMV 模型对上市公司企业债券发行主体的违约概率研究了不同行业发行主体的违约风险，并且同时采用个体违约概率与发行主体间联合违约概率分析行业信用风险的差异，验证假设 6。

第七章，企业债券信用风险的所有制特征。主要验证假设 7。具体的实证环节主要通过对具有不同所有制身份特征的发行主体样本，对其同期信用风险测度进行横向比较。通过对比不同所有制特征债券子样本在历史区间内的风险差异显著性来对命题进行验证。企业债券样本选择了两大类发行主体：其一，上市公司，这里选择其违约概率作为对比的信用风险测度。其二，非上市公司，这里选择企业债券的二级市场信用价差作为信用风险的测度。同时，为了对所有制特征与债券的信用风险研究拓展，还对不同担保主体的所有制特征与企业债券信用风险差异进行研究。

第八章，总结与展望。对全书的研究工作与主要创新点进行归纳与总结，分析研究的不足，并对未来的相关研究工作进行展望。

全书的章节框架见图 1－3。

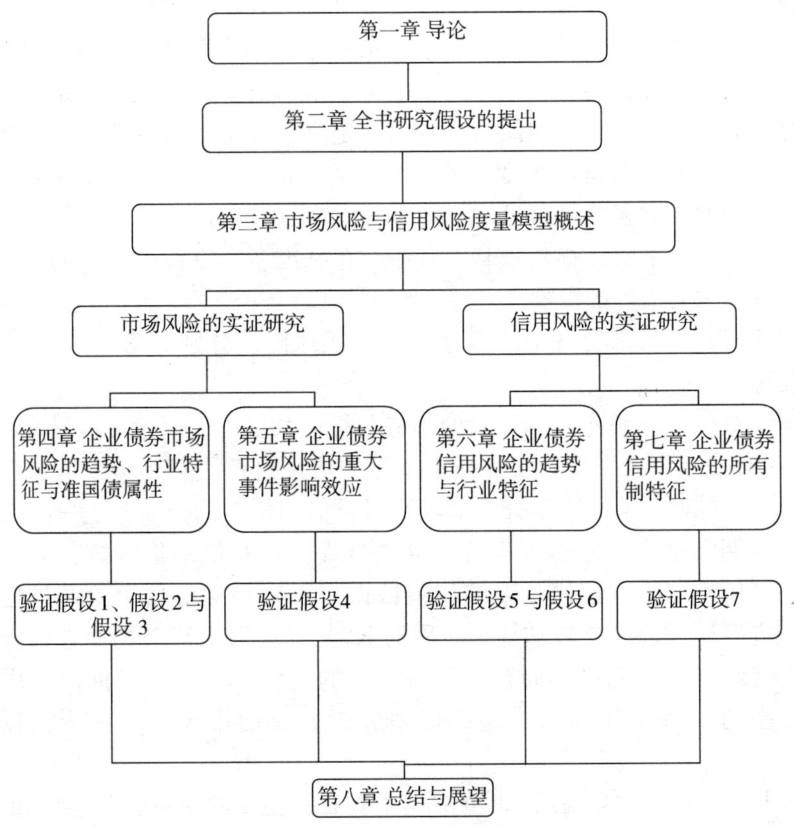

图1-3　全书总体章节与结构安排

第二章

全书研究假设的提出

第一节 企业债券市场监管的两大特征

一、利率管制特征

1987年3月国务院颁布的《企业债券管理暂行条例》明确规定企业债券的利率不得高于银行存款利率的40%，1993年8月颁布的《企业债券管理条例》第十八条也明确规定企业债券的利率不得高于银行相同期限居民储蓄定期存款利率的40%。为保护国债发行，同年，国务院再次规定企业债券的利率不能高于国债利率。这种对利率的严格管制使利率的风险溢价功能基本消失，如此低的利率只有那些风险极低的企业才能发行债券。因此经常见到国家电力、国家电网公司、长江三峡工程开发总公司之类的特大型国有企业发行主体，而中小企业甚至普通大型企业却很难发行债券。

我国目前的大部分企业债券的利率水平基本一致，即在银行定期存款利率基础上上浮40%。利率与企业的信用风险、经营规模等关键因素基本上失去相关性。在市场经济条件下，政府对债券价格如此严格的管制使企业债券失去了最基本的竞争手段，企业债券长期发展所面临的困难可想而知。部分债券发行利率见表2-1。

表2-1　　部分2002—2004年发行企业债券票面利率

债券名称	03浦发债	03沪杭甬	02渝城投	02广核债	02中移动	03沪轨道	03网通	03电网	03苏交通	04中石化
期限	10	10	10	15	15	15	10	10	10	10
票面利率（%）	4.29	4.29	4.32	4.50	4.50	4.51	4.60	4.61	4.61	4.61
发行日期	2003-01-13	2003-01-24	2002-12-09	2002-11-11	2002-10-28	2003-02-19	2003-12-04	2003-12-31	2003-11-21	2004-02-24

从表2-1中可以发现，发行日期接近，并且期限相同的债券具有极为接近的票面利率。因此，企业债券利率管制条件确实导致了票面利率这一重要的价格信号的同质性，投资者无法从这一重要的信息判断发行主体的信用风险差异。

二、发行主体偏好特征

政府严格的利率管制将企业债券的价格置于均衡水平之下，而企业债券的低成本又提高了企业对企业债券的供给意愿。在这种情况下，政府必须运用行政手段按照短边原则进行规模控制，并对发债主体进行严格审批。这种

审批体现在了基于发行主体身份特征的市场准入控制。

（一）所有制特征

严格实行利率管制导致监管部门为了对发行主体控制而提高发行审批门槛，并且对于发行主体的身份特征具有明显的偏好，由此引起对企业债券发行主体所有制政策歧视现象。1987 年颁布的《企业债券管理暂行条例》①、《国务院关于加强股票债券管理的通知》② 均规定，只有具有法人资格的全民所有制企业才有权发行企业债券，明显存在着对国有制（即全民所有制）企业的偏爱。尽管 1993 年颁布的《企业债券管理条例》将发债主体对象扩大到境内具有法人资格的企业，这是一个巨大的进步，但在实际操作中，非国有制企业仍然遭遇着政策歧视。而且，1993 年颁布的《公司法》对国有企业的偏好也非常明显。1999 年和 2004 年对该法的修订案中，仍然对企业债券发债主体方面承袭旧规，没有任何突破。这种状况直到 2005 年修改后出台的《公司法》中才得到改善：将企业债券的发债主体定位为在中国境内设立的有限责任公司和股份有限公司，从而淡化乃至抹去了企业债券的所有制歧视。③

但是，到目前为止，我国获准发行企业债券④的主体全是国有企业，没有其他所有制的企业获得发行许可。由于国有企业是我国经济的主体，政府在资源分配方面一直倾向于国有企业；政府主管部门在审批企业债券发行时，必然会偏向于体制内的国有企业。而其他所有制性质的企业即使经营状况好，有更好的投资项目，也不能获得发行企业债券的批准。

（二）行业特征

现行《企业债券管理条例》虽没有限制发行债券企业所属的行业，但从我国目前企业债券发行的实际操作来看，企业债券发行具有明显的行业限制。管理层在审批发债项目时，总是倾向于基础设施项目和公用事业项目，如交通、通信、水利、电力、能源等行业，致使非上述行业但效益好的企业难以获得批准。基础设施和公用事业项目投资金额数额大、投资期限长，企业债券比银行贷款更适合这类项目。而且这类项目往往有稳定的收益来源，能够

---

① 《企业债券管理暂行条例》（1987）第二条："本条例适用于中国境内具有法人资格的全民所有制企业在境内发行的债券。"

② 《国务院关于加强股票债券管理的通知》第四条："全民所有制企业可以发行债券，机关团体、事业单位、集体所有制企业以及公民个人不得发行债券，也不得委托其他部门代理发行债券。"

③ 详见《公司法》（2005）。

④ 这里不包括 2007 年开始发行的公司债券。公司债券的发行主体一般为有限责任公司，其中大部分为上市公司，所有制特征界定较为复杂。但是，实际上，从发行主体实际控制人的角度观察，这部分发行主体绝大部分为具有国有企业背景的公司，这在本书第七章将作详细研究。

保证企业债券按期还本付息，可以控制企业债券的违约风险。因此，管理层倾向于基础设施项目和公用事业项目无可厚非。但由于国家对企业债券发行规模的控制，多发行基础设施和公用事业债券，就使其他行业的企业很难发行债券，限制了其他企业的融资决策，影响了企业债券市场的发展。

这种行业特征偏好可以从发行规模要求得到证明，1998 年《中华人民共和国证券法》（以下简称《证券法》）规定企业债券实际发行额不少于人民币 5 000 万元，2005 年的修改仍然保持这个规定；但《公司法》则要求“累计债券余额不超过公司净资产的 40%”。由此可知，发债企业净资产规模至少要达到 1.25 亿元，简而言之，大量的中小企业会因满足不了资产规模的要求而被挡在发行企业债券的门槛之外。自 1999 年以来，大公司、大项目的行业特征导向更加明显：政策要求发债主体申报的发行额度至少在 10 亿元以上，发行人的净资产不能少于 25 亿元。政府的这种规定对企业债券发债主体的规模资格必然产生较大的影响，实际造成了项目大、资产规模大、从事基础设施建设的行业主体更有可能获得债券市场融资的机会。

第二节　基于市场监管特征的风险表现假设

一、利率管制下的企业债券风险表现

（一）利率管制与信用风险

1. 理论分析。在理论上，从动态的角度对债券信用风险的研究最早是由 Merton 在 1974 年提出的，主要采用 Black 和 Scholes 的期权定价理论框架，对以信用价差为表征的信用风险的决定因素，以及无风险利率与信用价差之间的动态关系进行分析。

Merton（1974）的模型预先作出几个重要的前提假定：市场没有摩擦，没有交易费用和税收；市场存在足够多的投资者，这些投资者可以按照市场价格从事任何规模交易。这些假设的目的在于不存在套利机会；存在无风险收益率，公司价值与无风险收益率或利率之间不存在相关性；公司的资产价值，记做 V_t，遵循伊藤（ItÔ）过程，即 $dV_t/dt = udt + \sigma dz_t$ ，dz_t 为标准布朗运动；公司具有固定的资本结构，债务结构是由股权 E 和一个零息、无赎回权的债务 D 构成，即 $V_t = D_t + E_t$ ；债务到期日即清偿日为 T，债务账面价值为 F，这些条件显示公司的价值等同于其资产的价值；管理层的经营目标在于使股东价值（市值）的最大化；债务合约是固定的，并且在初始时期假设公司并不发生违约；同时债务清偿仅发生在到期日，其间不发生利息等支付；

破产清偿首先为债权人，最后才是股东，并且破产成本为零。

根据以上假定，在到期日 T，如果公司不违约，可以偿还债务，债权人将获得 F。如果公司发生违约，则债权人将获得 V_t。根据期权定价的思想，零息的债务合约的信用风险价值就等于公司价值的卖出期权价值，该期权的执行价格是债务合约的面值 F，到期日等于债务的到期日 T。与此相对应，股权持有人在公司不破产和破产时分别将获得（$V_t - F$）和0，相当于公司股权的买入期权价值。

根据期权定价的无套利原则，股权价值由式2.1的偏微分方程给出：

$$\frac{1}{2}\sigma_t^2(V)V^2\frac{\partial^2 E_t(V)}{\partial V^2} + rV\frac{\partial E_t(V)}{\partial V} - rE_t(V) + \frac{\partial E_t(V)}{\partial t} = 0 \quad (2.1)$$

其约束条件为：
$$\begin{cases} E_t(V)/V \leqslant 1 \\ E_t(0) = 0 \\ E_t(V) = \max(0, V_T - F) \end{cases} \quad (2.2)$$

在 σ 为常数和风险中性的假定下，根据 Black 和 Scholes 公式，可以得到股权的价值为：

$$E_t(V,T,\sigma,r,F) = V_tN(d_1) - Fe^{-r(T-t)}N(d_2) \quad (2.3)$$

式中，r 为无风险利率，$N(\cdot)$ 为标准正态累积分布函数。

$$d_1 = \frac{\ln(V_t/F) + (r + 0.5\sigma^2)(T-t)}{\sigma\sqrt{T-t}}$$

$$d_2 = d_1 - \sigma\sqrt{T-t}$$

同理可得，债务价值满足如下的偏微分方程（边界条件）：

$$\frac{1}{2}\sigma_t^2(V)V^2\frac{\partial^2 D_t(V,T)}{\partial V^2} + rV\frac{\partial D_t(V,T)}{\partial V} - rD_t(V,T) + \frac{\partial D_t(V,T)}{\partial t} = 0 \quad (2.4)$$

其约束条件为：
$$\begin{cases} D_t(V,T)/V \leqslant 1 \\ D_t(0,T) = 0 \\ D_t(V,T) = \min(V_T, F) \end{cases} \quad (2.5)$$

在 σ 为常数和风险中性的假定下，根据 Black 和 Scholes 公式，在 t 时期债务的价值就是：

$$\begin{aligned} D_t(V,T) &= V_t - E_t = V_t - V_tN(d_1) + Fe^{-r(T-t)}N(d_2) \\ &= V_tN(-d_1) + Fe^{-r(T-t)}N(d_2) \end{aligned} \quad (2.6)$$

由于在连续时间条件下，贴现债券价格与到期收益率 y_t 之间具有如下关系：$D(V,T) = Fe^{-y_t(T-t)}$，可以得到到期收益率为：

$$y_t(T) = -\ln(D_t/F)/T \tag{2.7}$$

将式（2.6）代入其收益率公式，可以得到信用价差的表达式：

$$CS_t = y_t(T) - r = -\frac{1}{T}\ln[N(d_2) + \frac{V_t}{Fe^{-r(T-t)}}N(-d_1)] \tag{2.8}$$

式（2.8）清楚地显示，信用价差是债务比率 $Fe^{-r(T-t)}/V_t$ 的增函数，债务比率越高，信用价差越大。为了得到无风险利率 r 与信用价差的关系，我们将式（2.7）取导数，在式（2.8）右面的括号中，对 r 的导数包含 $dN(d_2)/dr > 0$，而对 $d[V_tN(-d_1)/Fe^{-r(T-t)}]/dr$ 的符号难以确定，但是可以确定 $d(1/e^{-r(T-t)})/dr$ 与 r 是呈指数上升关系的，而 $d[N(-d_1)]/dr$ 却与 r 呈线性速度减少。因此，$d[V_tN(-d_1)/Fe^{-r(T-t)}]/dr$ 大多数情况下均大于 0，所以，可以得到信用价差与无风险利率的反向变化关系，随着无风险利率的提高，信用价差会缩小。

2. 假设提出。由于企业债券市场的信用价差风险与基准利率间存在理论上的反向变化关系，如果发行主体可以自由定价，则基准利率对企业债券市场收益率的影响会受到多方面的削弱，而我国企业债券市场的利率管制的特征则满足了基准利率到市场利率直接传导的制度条件。

根据我国基准利率的调整历史（见图 2－1），自 2002 年 2 月 21 日至 2007 年 12 月 21 日，我国经历了长达 5 年的基准利率加息周期。而本书对交易所上市企业债券的考察周期为 2003 年之后[①]，因此与基准利率的调整周期进行对比可以发现，对交易所企业债券市场考察的前期 2003—2007 年正处于加息周期，2007 年底之后我国开始进入降息周期。基于对基准利率与企业债券信用价差的理论分析，基准利率上调将导致信用价差总体水平的下降，基准利率下调将导致信用价差的上升。

假设[②]：企业债券市场的信用价差风险将出现风险前期下降，后期上升的过程。

（二）利率管制与市场风险

1. 理论分析。我国企业债券市场的发展实际是处于我国利率市场化改革的渐进过程之中的，因此，在分析企业债券市场的利率管制条件下的市场风险表现时，需要结合考虑我国相关市场的利率市场化改革。

---

① 2003 年以后，沪深交易所推出交易所企业债券指数。

② 这里暂不对假设进行编号，由于全书实证研究是按照市场风险与信用风险的顺序组织的，这里基本假设从利率管制与发行主体身份特征偏好两个视角提出，所以本章第四节会专门对所有提出的基本假设进行定义。

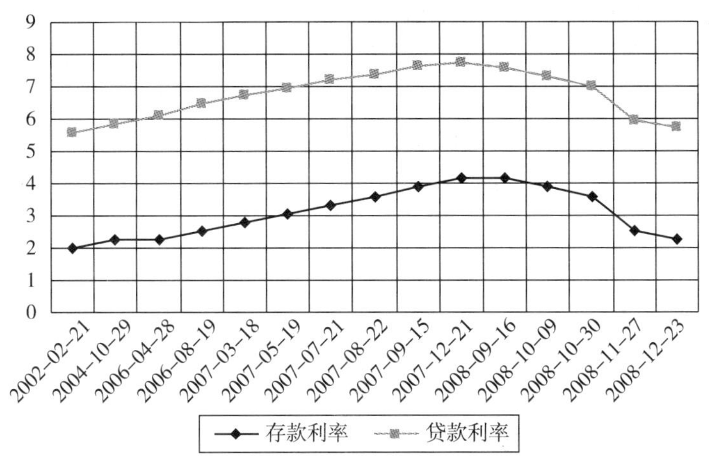

注：分别为1年期存款利率与1～3年期贷款利率。

图2－1 我国存贷款基准利率调整历史

我国相关资本市场利率市场化改革的重要事件可以列举如下：1996年6月1日，取消按同档次再贷款利率加成的利率确定方法，放开银行间同业拆借利率；1997年6月，银行间债券市场正式启动，同时放开了债券市场的债券回购和现券交易利率；1998年3月，改革再贴现利率及贴现利率的生成机制，放开了贴现和转贴现利率；1998年9月，放开了政策性银行发行金融债券的利率；1999年9月，成功实现国债在银行间债券市场利率招标发行；1999年10月，对保险公司大额定期存款实行协议利率；连续数年持续扩大金融机构贷款利率浮动权，简化贷款利率种类，探索贷款利率改革的途径；2000年，成功实现对境内外币利率的三项改革。

在利率市场化过程中，市场风险的表现形式和特点有所不同，即利率市场化初期和全面利率市场化所面临的金融风险是不一样的。前一种风险可以视为阶段性风险，后一种可以视为永久性风险。

阶段性金融风险主要形成于利率市场化初期，它产生于利率体制转型期间。当一部分市场率先解除利率管制，但其他市场的管制尚未放开时，制度改革的滞后性会导致这部分市场出现暂时性的风险，主要表现在利率大幅度上升。利率管制的一个主要结果是使得管制利率长期低于实际的市场利率水平。而利率市场化后对利率管制的逐步解除导致实际利率向其真实水平回归，从而造成市场利率上升，甚至是大幅度上升的情况。在这种背景下，虚拟资本的规模会在对金融资本投资需求的推动下而迅速膨胀，并且与其经济基础——真实产业经济相脱节，投机行为的高涨引发泡沫经济。这是多数实施利率市场化改革国家最为头痛的问题。

在阶段性风险之后，永久性风险成为市场风险的主要特征。永久性风险是基于利率波动而产生的。由于利率市场化，利率的稳定性大大降低，而波动性大大增加。利率每时每刻的变化都对经济金融部门的成本和收益产生不确定性的影响，由此形成的风险称为永久性风险。它主要表现在以下两个方面：

其一，重新定价风险。重新定价风险是最主要和最常见的利率风险。它来源于金融机构资产、负债和表外业务中固定利率的期限与浮动利率重新定价的时间差。尽管对金融机构而言，此类重新定价的不对称性是经常的，但在利率变动时，它们会使金融机构的利差收入和资本净值发生意外变动。当利率变动时，会使债券持有者面临利率风险。

其二，期权性风险。期权赋予持有者买入或卖出某一工具或金融合约的现金流量的权利，而非义务。期权包括带有可赎回（Call）或可卖出（Put）条款的各种类型的中长期债券，此类期权允许对借款人提前还款的贷款和允许存款人随时提款而不收任何罚金。由于期权属于保证金交易，因此带有极强的杠杆效应，这会进一步扩大期权头寸对金融机构财务状况的不利影响，隐含期权风险常常在市场利率发生较大水平变化时出现。

当然，永久性风险的来源远不止于此，还包括金融创新的发展、衍生工具的增加、国际间利率风险传导的增强等方面。因此，从利率管制放松的角度考察市场风险，显示市场风险会在此进程中上升。

这里比较了4个国家放松利率管制后，对经济造成的影响。其中，波动风险增加以及主要金融市场风险增加均是主要特征（见表2－2）。

表2－2　　　　四个国家利率管制放松的进程与效应①

国家	利率管制放松的主要进程	影响效应
美国	1973年5月，放松所有大额存单的利率管制；1973年7月，取消1 000万美元以上，期限5年以上的定期存款利率上限；1978年6月，允许存款机构引入货币市场存款账户（6个月期1万美元以上），不受支票存款不允许支付利息的限制；1982年5月，允许存款机构引入短期货币市场存款账户（91天期限，7 500美元以上），并放松对3年6个月以上的定期存款的利率管制；1983年10月，取消所有定期存款的利率上限。	名义利率和实际利率1982年以前上升，1983年有所下降，1984年又有上升，此后逐年下降直至1987年。 利率敏感性提高。债券市场利率波动风险上升。

① 表中数据根据樊卫东．中国利率市场化研究［D］．中国社会科学院，整理得到。

续表

国家	利率管制放松的主要进程	影响效应
日本	1975 年，废除日本银行对贷款利率的指导性限制；1978 年，银行间拆借利率和票据买卖利率市场化；1985 年，引入大额货币市场存单（5 000 万日元以上）和取消大额定期存款利率管制（10 亿日元以上）；1989 年，引入较小额的货币市场存单（300 万日元以上）和取消大额定期存款和货币市场存单的利率管制（1 000 万日元以上）；1992 年，引入自由、浮动利率的储蓄存款；1994 年，取消除活期存款外的所有存款的利率管制。	利率走势：1975 年后走势基本平稳，并有下降趋势；利率弹性增加，债券市场得到发展；促进金融全面自由化。宏观经济波动加剧，银行经营风险加大，道德风险助长“泡沫经济”。
韩国	1981 年，放开商业票据贴现利率；1984 年，银行间拆借利率和未担保的企业债券发行利率市场化；1986 年 3 月，大额存单利率、有担保的企业债券利率和金融债的利率市场化；1988 年 12 月，放开除一些政策性贷款外的所有贷款利率和两年以上的存款利率。 从 1991 年 11 月开始的第二次利率市场化改革采取渐进方式，特点是较早地、一次性地放开了贷款利率，存款利率和债券利率大致遵循从长期到短期、从大额到小额的顺序。	1989 年市场利率大幅上升，利率重新被管制起来，第一次利率市场化改革宣告失败。第二次改革造成 1997 年存贷款利率大幅上升，金融市场大幅动荡，并发生金融危机，发生经济衰退。
泰国	1989 年，放开了一年期以上定期存款的利率上限；1990 年 3 月，放开了所有定期存款的利率上限；1992 年 1 月，取消了储蓄存款的利率上限；1992 年 6 月，取消所有贷款利率上限。	利率走势：波动幅度增大，但没有过大的动荡，国内利率与国际市场利率的联系日益紧密，平均利差增大。1997 年爆发金融危机。

2. 假设提出。各国利率管制放松的过程，均出现了前期的阶段性风险与后期的永久性风险，具体表现为在信贷利率、债券发行利率管制放松的条件下，各国的金融市场均出现了明显的宏观经济波动风险与金融市场风险上升的轨迹，甚至引发了经济危机与政治动荡。而我国相关市场利率定价市场化已经开始，包括银行间同业拆借、银行间债券、回购利率均已经实现市场化定价。这些相关市场的市场利率与企业债券二级市场收益率之间存在密切的联系。而由于企业债券市场发行利率的管制，企业债券的发行利率与其他市场如银行间拆借市场与银行间债券市场收益率之间存在定价的不同步，而投资者“用脚投票”将会使企业债券的二级市场收益率与这些市场趋近，而企业债券发行利率却与基准利率挂钩，因此将导致企业债券的价格波动加剧，将累积更多的市场利率波动风险、重新定价风险与期权性风险。下面给出假设：

假设："企业债券的市场风险将出现长期上升的趋势。"

由于企业债券市场对发行利率管制的存在，基准利率对企业债券二级市场收益率的传导机制更为直接，而企业债券市场风险会受到各种重大事件的影响，包括重大政治、经济、政策调整事件等。据此分析，在所有影响企业债券市场风险的相关事件因素中，存贷款基准利率与存款准备金率调整事件对企业债券市场风险的影响将会显著地超过其他事件的影响。下面给出假设：

假设："企业债券的市场风险受到来自存贷款基准利率、存款准备金率调整事件的影响将显著大于其他重大事件的影响。"

二、发行主体偏好下的企业债券风险表现

（一）发行主体偏好与信用风险

1. 理论分析。信息经济学的基本理论告诉我们，金融产品定价效率的高低在本质上取决于交易双方信息的对称程度。交易双方之间的信息透明度越高，根据风险确定的价格就越准确，否则就会出现价格扭曲，甚至造成大的风险。因而，提高市场的信息透明度就异常重要。

企业债券投资者与发行主体之间也存在天然的信息不对称问题。发行主体企业对于自身初始资源禀赋、盈利水平、经营管理水平（企业家才能及主观努力水平）、战略远景、未来财富占有的波动可能性、宏观因素影响等方面都拥有私人信息（包括企业商业秘密），即在债券发行事前阶段拥有信息优势。因此，希望在发行企业债券时，能以低的成本，也就是票面利率，取得更多资金募集、实现自身利润最大化目标，故主观上具有掩藏、隐瞒自身诸方面缺点的动机。这些被掩藏、隐瞒的缺点则成为企业的私有信息，而不可能成为债券投资者与企业的共同知识，这就形成了事先的信息不对称。

而投资者为了对发行主体的私人信息增加了解，可以从两个方面入手。其一，增加信息获取的投入，如全方位地对发行企业进行调查与分析。但是想要获取这些私人信息就必须付出较高的成本，而很多情况下付出成本也未必能获得充分的私人信息。这与企业债券的信息披露制度及信用评级体系有着很大关系。

（1）由于中国企业债券发行主体的特殊性，公开上市的股份公司较少①，投资者在购买前和持有期间想要了解企业的相关信息很困难。特别是在债券发行上市后，企业筹集资金的运用和经营状况对大部分投资者来讲，无从了

① 这里指2007年《公司债券管理办法》颁布前的企业债券，是狭义的概念。

解。在信息严重不对称的情况下，投资者对购买企业债券缺少热情，持有债券的信心不足。

（2）我国的信用评级机构的评级结果具有很大的同质性。以企业债券为例，发行期间的评级均为AAA级。因此，投资者对于发行主体风险的另一个重要信息来源也缺乏信任度，无法根据评级结果对企业债券的个体风险作出判断。

（3）由于企业债券市场利率管制的规制，债券市场上的另一个显示发行主体风险的重要信号也被屏蔽，同样会造成投资者的逆向选择行为。即发行利率相同，选择市场到期收益率最高的债券，而收益率越高显示债券折价越高，信用价差越大，信用风险越高，从而对优质的发行主体形成反向的激励效应。

而从管理体制上分析，企业债券发行主体的监管主体政府部门，通常为发改委、人民银行与证监会，它们对具有国企所有制特征与重大项目行业特征的企业债券发行主体具有天然的信息优势。

首先，从所有制特征分析，国企发行主体的管理体制通常隶属于国务院以及地方国有资产监督管理委员会，中央与地方政府部门掌握了此类国有企业的人事任免等重大决策权限，因此对这部分企业债券发行主体的经营状况、内部治理等方面具有更多的了解。

其次，从行业特征分析，从事重大项目建设投资行业的企业，其重大项目的审批权限一般归属于发改委①等部门，并且企业债券募集资金要求用于特定项目建设投资领域，不能用于其他用途，因此对此类企业的重大项目与资金运用的信息获取具有便利性。

综合上述分析，从企业债券市场参与各方之间的信息不对称程度的角度推断，这里存在市场监管主体、发行主体、投资主体三者之间信息不对称状况的差异关系：

（1）监管主体与发行主体之间的信息不对称程度显然低于投资者与发行主体之间的信息不对称程度。

（2）监管主体与国企特征发行主体之间的信息不对称程度显然低于监管主体与非国企特征发行主体之间的信息不对称程度。

（3）监管主体与涉及重大项目投资建设行业发行主体之间的信息不对称程度显然低于监管主体与其他行业发行主体之间的信息不对称程度。

① 包括国务院机构改革前的国家计委。

基于上述信息不对称差异关系，监管主体会偏好具有重大项目行业特征以及国企所有制特征的发行主体，因此，在企业债券市场规制设计上体现出了这种强烈的发行主体特征偏好。而投资者无法直接获得对发行主体信息的了解，但是通过监管主体对企业债券市场规制特征以及对获准发行的主体分布特征的判断，了解到监管主体的发行主体偏好特征，这里同样假设投资者认同监管主体同自己比较具有对发行主体的信息优势。所以，投资者会将监管主体的取向作为间接考察发行主体风险的途径：对投资者而言，发行主体的身份特征具有一种信息不对称条件下识别信用风险的信号作用。

当然，监管主体对发行主体的身份特征偏好还可以从另一个角度解释，即科尔奈（1979）提出的软预算约束概念。他认为，是社会主义国家的“父爱主义”导致了软预算约束这种效应，体现在企业债券市场的结果就是：监管主体作为国家代理人与具有国企身份的发行主体之间形成了“父子”关系，导致实际监管上对所有制身份不同的发行主体实施具有歧视的规制设计，而这种导向对投资者实际产生了两方面的影响：

其一，预算软约束的存在，增加了企业债券发行主体的道德风险，发行主体的管理者，会将企业债券融资视做一种变相的财政资助，而我国企业改革的进程也显示政府有充分的动机救助体制内的企业。因此，发行主体并没有提高投资效率的充分动机，并且利率管制保证其具有较低的融资成本，所有这些因素增加了其未来违约的风险。

其二，由于预算软约束的存在，发行主体的信用风险本身已经不再是投资者考虑的主要因素，他们同样认同国家会救助体制内发行主体的事实。因此，在债券价格（票面利率）同质化的条件下，他们会更多地考虑扩展后的企业债券的信用状况（包括发行主体、担保主体以及其可能得到的政府救助）的结果即国有企业背景的发行主体总体信用风险会优于其他类型主体。

2. 假设提出。根据之前的分析，由于投资者、监管主体与发行主体之间存在信息不对称，监管主体偏好于具有重大项目行业与国企两个身份特征的发行主体。这里的偏好的发生从时间上应该是在企业债券发行之前，即监管主体对所有企业的信用风险均没有充分了解的条件下，即事前的甄别。首先假设这种信息优势确实存在，并且在事后监管的过程中，监管主体在规制设计上体现出的行业偏好源于对不同行业发行主体实际信用风险的了解，而从企业债券发展历史观察，监管主体矢志不渝地保持了对发行主体的行业与所有制偏好，则这种事后的发行主体偏好特征实际显示了不同行业与所有制特征发行主体信用风险存在真实的差异，这种差异主要体现在发行主体自身的违约风险上，采用发行主体的违约概率表征；由于利率管制削弱了债券发行

定价对其信用风险的信号作用，所以，投资主体只能将对发行主体信用风险的考察间接基于监管主体监管行为所体现出的发行主体偏好的示范或信号作用，其投资行为会体现出这样的特征，即给予具有监管主体所偏好身份特征类型的发行主体较高的信用风险评价，而投资者“用脚投票”的结果即不同特征主体发行的企业债券将具有不同的风险溢价，即债券的信用价差具有差异。而这两个方面均显示不同身份特征的发行主体信用风险，综合上述推论，给出与发行主体行业与所有制身份特征有关的假设：

假设：“不同行业特征的发行主体信用风险表现存在显著差异。”

这里主要指所偏好的行业特征与其他特征主体间存在风险差异。

假设：“不同所有制发行主体的信用风险表现存在显著差异。”

具体而言，基于所有制的信用风险差异实际上指两类差异，即具有国企身份的发行主体与非国企身份的发行主体之间存在差异，并且从预期看，应该是国企具有更低的信用风险。而另一类差异即均具有国企身份的发行主体之间，由于体制内身份特征差异，其信用风险也会不同。具体而言，层级较高的主体具有较低的风险。当然，基于上述预算软约束的分析，这里也可能出现与预期相反的结果，即上述两类假设风险较低的主体实际上因为预算软约束因素具有更高的信用风险。

（二）发行主体偏好与市场风险

1. 理论分析。基于行业特征的角度，我国企业债券发行主体的行业集中在能源、交通、基建等行业。这些行业大多数属于垄断行业，市场准入门槛较高，并且受经济周期的影响较小；从宏观政策与产业政策上看，这些企业往往可以获得很多特权，如产品定价、资源的无偿使用等，造成这些行业发行主体的收益稳定、经营风险较低，从而实际违约风险较低。对投资者而言，这可以保证其债券收益的稳定性。

由于主要从事重大项目、基础建设的投资，如电力、电网、能源、交通、铁路行业等，对政府而言，实际上是为了采用市场融资替代财政资金对基础设施的投入，以减轻政府直接负债的压力。因此，基于这个目的，发行主体对债券融资的使用也受到诸多限制，政府监管对企业债券的影响使其在很大程度上类似于专项国债资金，即主要是弥补基本建设资金的不足，故而严格限制其用途。《企业债券管理条例》第十二条规定：“企业发行企业债券所筹资金应当按照审批机关批准的用途，用于本企业的生产经营。企业发行企业债券所筹资金不得用于房地产买卖、股票和期货交易等与本企业生产经营无关的风险性投资。”

这样的属性定位，在企业债券严格限制用途的情况下，发行主体必须将募集资金利用在技术改造、专项投资项目等领域，使得企业债券在降低发行主体融资成本、优化企业资本结构、业务优化调整等方面的功能大打折扣，实际造成企业债券发行主体的发行意愿不高，或者仅仅愿意选择最低的发行利率。同时，企业债券在其融资次序中也排在股权融资、银行贷款之后。另外，对于企业债券的投资者而言，发行主体的行业特征保证了其固定收益的稳定性，但是同时这种收益是较低的。

市场价格（发行利率）扭曲下的债券市场出清（见图2－2）。

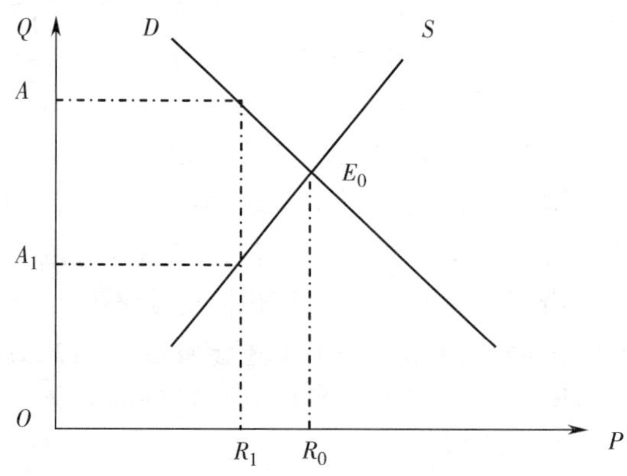

图2－2　管制下的市场出清

S 表示某种企业债券的供给曲线，D 是需求曲线，供给和需求的基本特征和其他产品一样。在竞争性市场条件下，在价格 R_0 处实现市场出清。但是，政府为了实现其效用最大化而进行价格管制 R_1，使其低于均衡价格 R_0，此时金融产品的需求大于供给，缺口数量为 AA_1。潜在的发行主体等资金需求者表现出强烈的投资需求，而政府对企业债券的发行实施数量配额，通过设置门槛，使某些需求者（主要是国有企业）满足需求，从而实现市场出清。在价格控制情况下，按照短边原则，产品总量为 OA_1，政府（或国有企业）获得 OA_1R_1 的垄断利润，称为超额租金。

由于之前所分析的政府与国有企业之间存在"父子关系"，从而形成了在信用风险角度的国有企业的预算软约束现象，而这种体制偏好带来的另外一个较明显的特征即债券市场的均衡利率低于在无管制条件下市场出清时的均衡利率。换句话说，如果没有政府有意识的限制和歧视，企业债券市场的实际均衡利率会更高。在这样的政府偏好体系中，就可以解释为政府以数量配额即采用所有制特征歧视提高发行主体审批门槛。

通过上述分析，国有企业在企业债券发行过程中享有低于市场均衡利率

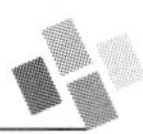

发行债券的超额租金，因此，国有企业发行主体在债券市场上不会展开利率竞争。这实际上造成了发行利率同质化，所有同一期间发行的年限相同的企业债券发行利率、付息方式均为同期储蓄基准利率上浮 40%，没有企业有意愿提高发行利率或折价发行。因为管制条件下的市场供给不足，由于数量短缺，仍然能够实现融资目标。对投资者而言，只能接受较低的风险收益。

2. 假设提出。基于上述分析，对发行主体而言，具有重大项目行业特征造成其发行企业债券的资金用途受到严格限制，因此导致企业对发行债券的意愿不高，不愿提高票面利率（在满足利率上限管制条件时），因而同期发行的债券一般均采用相同的票面利率，使其市场风险不具有明显差异。而目前企业债券市场的发行主体绝大多数具有重大项目投资建设行业的背景，符合这种假设的条件。因此进一步推论，就目前发行的企业债券行业特征而言，市场风险不存在行业间的显著差异，给出假设：

假设：“企业债券市场风险的行业差异不显著”。

而所有制特征分析表明，国企发行主体可以在不提高利率的条件下由于市场的数量管制而获得稳定的超额租金，同样导致发行主体提高利率的意愿不高。因此可以进行推论，由于发行利率不高，导致较低的债券市场收益率，其市场风险较低，并且考虑到企业债券资金筹集与使用上与国债有较强的相似性，因此，推断企业债券的市场风险与国债具有相似性，而与成熟市场的公司债券市场风险存在较大差异，给出假设：

假设：“企业债券的市场风险具有准国债属性”。

第三节　假设的定义

由于假设是针对企业债券市场的利率管制与发行主体偏好两个特征提出的，因此假设中既有涉及市场风险的命题，也有涉及信用风险的命题。而为了将对命题的验证与对企业债券市场中哪个风险与信用风险的量化研究结合起来，避免结构上的凌乱，因此实证研究的总体结构将按照先分析市场风险再分析信用风险的顺序来安排。最后，分别按照下文实证研究的顺序定义全文的假设：

假设 1：企业债券的市场风险将出现长期上升的趋势。

假设 2：企业债券市场风险的行业差异不显著。

假设 3：企业债券的市场风险具有准国债属性。

假设 4：企业债券的市场风险受到来自存贷款基准利率、存款准备金率调整事件的影响将显著大于其他重大事件的影响。

假设5：企业债券市场的信用价差风险将出现风险前期下降，后期上升的过程。

假设6：不同行业发行主体的信用风险表现存在显著差异。

假设7：不同所有制发行主体的信用风险表现存在显著差异。

第三章

市场风险与信用风险度量模型概述

第一节　传统市场风险度量模型

一、名义值方法

由于投资者可能损失市场交易活动中资产组合的全部价值，所以，人们最初选择了名义值（Notional Amounts）度量法来测度市场风险，即采用资产（组合）的价值作为该资产（组合）的市场风险价值。但是，显然损失掉资产的全部价值仅是市场风险的最极端情况，绝大多数情况下资产仅仅会损失部分价值。因此名义值度量方法的缺点在于过高地估计了市场风险。除非投资者对市场风险有极高的风险厌恶，否则名义值方法显得过于谨慎，不过其最大的优点在于计算方法十分简便。

二、灵敏度方法

灵敏度方法（Sensitive Measures）是最常出现在债券利率风险度量中的方法，其基本思想为根据定价理论将资产（组合）的价值由一些市场风险因子的函数给出，然后根据泰勒（Taylor）展开为市场因子的二阶形式，则可以得到市场价值与风险因子之间的一阶与二阶变化关系。最常见的灵敏度模型为久期与凸度模型。

（一）久期

久期（Duration）是投资预期现金流发生的加权平均时间。权重是现金流的相对值，时间越长，权重越小。其作用主要是用于度量金融资产的市场价格对利率变化的弹性，或者说度量利率风险。久期越长，利率风险越大。久期按其作用范围可分为不同种类。

1. 麦考莱久期。麦考莱久期（Frederick Macaulay Duration ）是最基础的久期，定义为：

$$D = \sum_{t=1}^{n} \frac{c_t t}{(1+r)^t} \Big/ \sum_{t=1}^{n} \frac{c_t}{(1+r)^t} = \frac{\sum_{t=1}^{n} \frac{c_t t}{(1+r)^t}}{P} \tag{3.1}$$

式中，c_t 表示 t 时期的现金流，r 表示到期收益率，P 为债券价格，n 为到期期间数，t 为现金流的时期。

2. 修正久期。

$$\frac{dP}{dr}\frac{1}{P} = -\frac{1}{1+r}\left[\frac{c_1}{1+r} + \frac{2c_2}{(1+r)^2} + \cdots + \frac{nc_n}{(1+r)^n}\right]\frac{1}{P} \tag{3.2}$$

两者间的关系为：$D_{修正}=-\frac{D}{1+r}$

3. Chua 封闭久期。

$$D=\frac{1}{P}\left[c_t\frac{(1+r)^{n+1}-(1+r)-rn}{r^2(1+r)^n}+\frac{Fn}{(1+r)^n}\right] \tag{3.3}$$

4. 有效久期。

$$D_{有效}=\frac{P_- - P_+}{P_0(r_+ - r_-)} \tag{3.4}$$

式中，P_- 为利率下降 1 个基点时的债券价格，P_+ 为利率上升 1 个基点时的债券价格，r_+ 为初始收益率加上 1 个基点，相应地，r_- 为初始收益减去 1 个基点，P_0 为债券初始价格。

（二）凸度

由于久期只是债券价格对利率小幅波动时敏感性的一种度量，此时可以假设这种变化是线性的。但债券价格变化对利率变化并非完全线性关系。当利率变化越大时，这种差异越明显。凸度正是价格对利率变化关系的二阶估计，它可以对久期进行校正。凸度等于修正久期对利率的导数，或者债券价格对利率的二阶导数值除以债券价格久期等于债券价格——收益率曲线的斜率，凸度衡量了曲线的弯曲程度。考虑债券价格的二阶展开式：

$$dP=P(r+dr)-P(r)\approx\frac{dP}{dy}\cdot dr+\frac{1}{2}\frac{d^2P}{dr^2}\cdot(dr)^2 \tag{3.5}$$

同时将久期的公式代入（3.5）式，可以得到：

$$dP=-\left(\frac{D}{1+y}-\frac{1}{2}C\cdot dr\right)\cdot P\cdot dr \tag{3.6}$$

式中，C 为凸度的计算式，即

$$C=\frac{1}{P}\frac{d^2P}{dr^2}=\frac{1}{P}\frac{1}{(1+r)^2}\sum_{t=1}^{n}\frac{t(t+1)}{(1+r)^t} \tag{3.7}$$

第二节　现代市场风险度量模型

一、风险价值 VaR 方法

（一）定义及特点

VaR 风险价值（Value at Risk）是对市场风险的一种测度。其目标是试图将由于市场因素的改变而带来的投资（组合）市场价值变化的敏感度同市场因素变化概率结合起来。当然 VaR 也是一种带有一些明显局限性的方法。比如，这种方法需要持续性的压力测试与情景测试作为支持。但从整体上说，VaR 方法是最实用的独立风险度量技术之一。正是由于这样的原因，VaR 方法才得到了巴塞尔委员会的认可，用于确定旨在防范市场风险所需的最低资本标准。VaR 指的是在一定的置信度内，由于市场波动而导致整个资产组合在未来某个时期内在给定概率下可能出现的最大价值损失。数学描述如下：

$$P(\Delta V > VaR_{\alpha}) = 1 - \alpha \tag{3.8}$$

式中，P 为概率测度，$\Delta V = V(t + \Delta t) - V(t)$ 表示投资（组合）在未来期间 Δt 内的投资损失，$V(t)$ 为资产目前市场价值，α 为置信水平。

第一，由于 VaR 方法能简单清晰地表示市场风险的大小，又有严谨的概率统计理论作依托，更重要的是，它把损失和发生损失的概率联系起来，解决了传统风险测度方法所不能解决的许多问题。

第二，计算得出的 VaR 只在表征正常市场条件下的风险时有效，无法准确度量市场极端风险的大小。

第三，VaR 是反映所有市场风险来源后的总体度量指标，因此可以用于比较不同市场、不同资产组合的市场风险。

第四，计算的 VaR 值受到持有期长短与置信度两个因素的影响。

正是基于上述特点，因而该方法得到了国际金融界的广泛支持和认可，极大地方便了金融监管部门对各金融机构的有效监管，因此各监管部门纷纷应用其进行风险监管。在 1995 年 4 月，国际银行业监管的权威组织巴塞尔委员会在其发布的文件中建议各银行可应用内部模型来计算各自的 VaR，向银行提出资本充足性的要求。

（二）置信度与持有期

1. 持有期。从投资者的角度来说，持有期应由资产组合自身的特点来决定。资产的流动性越强，相应的持有期越短；反之，流动性越差，持有期则越长。在国外，由于资产的高流动性，一般选择为一个交易日；而各种养老基金所选择的持有期则较长，一般为一个月。在应用正态假设时，持有期的选择越短越好，因为资产组合的收益率不一定服从正态分布。但在持有期非常短的情形下，收益率渐进服从正态分布。这时的持有期一般选为一天。另外，持有期越短，得到大量样本数据的可能性越大。巴塞尔银行监管委员会选择 10 个交易日作为资产组合的持有期，这反映了其对监控成本及实际监管效果的一种折中。持有期太短则监控成本过高，持有期太长则不利于及早发现潜在的风险。

以日数据为例，在正态假设下，如果收益率之间相互独立，那么：

$$\sigma_{t_1}^2 = t_1\sigma^2 \tag{3.9}$$

式中，$\sigma_{t_1}^2$ 为期组合收益率的方差，σ_1^2 为组合收益率的日方差，则

$$VaR = -\alpha\sigma_1\sqrt{t_1}W \tag{3.10}$$

不难得出：

$$VaR_{t_2} = -\alpha\sigma_1\sqrt{t_2}W = -\alpha[VaR_{t_1}/(-\alpha\sqrt{t_1}W)]\sqrt{t_2}W = \sqrt{\frac{t_2}{t_1}}VaR_{t_1} \tag{3.11}$$

通过上式，不同持有期的 VaR 值之间可以进行转换。

2. 置信度。置信水平的选取反映投资者对风险的厌恶程度。由前面所述 VaR 的定义我们可以看出，置信水平的选取对 VaR 值有很大影响。同样的资产组合，选取的置信水平不同计算出的 VaR 值也不同。国外已将 VaR 值作为衡量风险的一个指标对外公布，因此各金融机构有选取不同的置信水平以影响 VaR 值的内在动力。例如，国外各银行选取的置信水平就不尽相同。美洲银行和 J. P. 摩根银行选择 95%，花旗银行选择 95.4%，大通曼哈顿银行（Chemical and Chase）选择 97.5%，信孚银行（Bankers Trust）选择 99%。由 VaR 的定义可知，置信水平越高，资产组合的损失小于其 VaR 值的概率越大，也就是说，VaR 模型对极端事件的发生进行预测时失败的可能性越小。因此，巴塞尔银行监管委员会要求采用 99% 的置信水平。

在正态分布假设下，不同置信水平下的 VaR 值可以很方便地互相转化。例如要将置信水平为 95% 的 VaR 值转化为置信水平为 99% 的 VaR 值，由 VaR 的计算公式：

$$VaR = -\alpha\sigma W$$

可得

$$\frac{VaR_{99}}{VaR_{95}} = \frac{\alpha_{99\%}\sigma W}{\alpha_{95\%}\sigma W}$$

则：

$$VaR_{99} = \frac{\alpha_{99\%}}{\alpha_{95\%}}VaR_{95}$$

3. 计算方法。计算 VaR 的主要方法就是通过合适的方法取得对于资产未来收益（损失）分布的描述，之后计算相应置信水平下的最大损失，即 VaR。数学描述为，如果资产收益服从概率密度函数为 $f(r)$ 的分布，则由前述对于 VaR 的定义可得

$$1-\alpha = P(\Delta V \leqslant -VaR_\alpha) = P(\Delta V \geqslant VaR_\alpha) = \int_{-\infty}^{-VaR_\alpha} f(r)dr \tag{3.12}$$

之后，分析获得资产未来收益分布的方法，主要分为两大类：

第一，直接对资产组合中各类历史收益数据进行拟合，即收益率映射估值法。这是各类确定 ΔV 方法中使用最广泛也最为直接和简单的方式。但是该方法也存在明显的局限性。首先，难以获得各类资产收益的足够历史数据。其次，用来确定拟合历史数据的合适分布类型。

第二，风险因子映射估值方法，其主要思想是通过确定影响资产组合未来价值的影响因子，再将资产组合的未来价值表示为各风险因子的函数，之后的步骤与直接映射法基本相同，拟合各风险因子的分布，再计算组合价值未来价值的分布，得到 VaR。

具体而言可以分为三类。

（1）方差—协方差法。方差—协方差法的基本思想是对组合内资产收益率的分布作出假设，并且令投资组合收益率是各资产收益率的线性组合。从前面我们知道，如若假设资产分布服从正态分布，投资组合的 VaR 为

$$VaR_{\alpha} = -\alpha\sigma W$$

因此，求 VaR 也就相当于求该组合收益率的标准差。一旦得出了投资组合收益率的标准差，相应的 VaR 值也就确定了。由投资组合理论可知，资产组合的标准差是通过组合内各资产的方差—协方差矩阵求出的，因此这种方法被称为方差—协方差法。

方差—协方差法的基本步骤如下：首先，利用历史数据求出资产组合收益的方差、标准差和协方差。其次，在正态分布假设下求出一定置信水平对应的临界值。最后，将在前两步中求得的数据代入 VaR 的计算公式，求出相应的 VaR 值。

（2）历史模拟法。应用历史模拟法计算 VaR 不需要对资产组合收益的分布作出假设。这种方法借助过去一段时间内的资产组合收益的频度分布，通过确定历史上一段时间内的平均收益以及既定置信区间内的最低收益水平来推断 VaR 的值。该方法的本质是用收益率的历史分布来代替收益率的真实分布，以此来求得资产组合的 VaR 值。显然，这种方法无须对各风险因子的概率分布进行估计，是一种非参数全值估计方法。

对历史模拟法应用效果的实证研究结论并不一致。Hendricks（1996）在回报偏离正态分布情形下，用历史模拟法估计的 99% 置信度的 VaR 的有效性高于分析方法。而 Kupiec（1998）的研究结论却相反，他使用正态分布和 t 分布的模拟研究发现，当回报分布是厚尾时，历史模拟法估计的 VaR 具有大的变化和向上偏差。

（3）Monte Carlo 模拟法。Monte Carlo 模拟法（Monte Carlo Simulation）是一种与历史模拟法相对应的全值估计方法。Monte Carlo 模拟法不采用历史数据，

而是采用适当的随机模型模拟资产组合风险因子的未来分布，之后计算 VaR 值。

Monte Carlo 模拟法最早于 1942 年由研制原子弹的科学家创制并加以应用，其名称 Monte Carlo 来自法国南部著名的赌城。在金融市场上，Monte Carlo 模拟法用来模拟不同情形下的资产组合价值。Monte Carlo 模拟法是计算 VaR 的各种方法中最为有效的方法。对资产组合的不同分布状况以及各种非线性的情形，Monte Carlo 模拟法都可以得到令人满意的结果。

现在以单变量资产价格服从几何布朗运动为例说明模拟的具体步骤：

第一步，由于几何布朗运动刻画的是连续型价格变化，而为了便于模拟资产价格时间序列，需要将之离散化，连续型的几何布朗运动表示与离散化表示分别为：

$$dV_t = \mu V_t dt + \sigma dz_t = \mu V_t dt + \sigma\varepsilon\sqrt{dt}, t \in [0, T] \tag{3.13}$$

$$V_{t+(i+1)\Delta t} - V_{t+i\Delta t} = \mu V_{t+i\Delta t}\Delta t + \sigma V_{t+i\Delta t}\varepsilon\sqrt{\Delta t} \tag{3.14}$$

式中，t、T 分别表示初始及结束时刻。为了离散化表示，将连续区间均匀地划分为 n 等份，每个区间长度为 $\Delta t = (T-t)/n$，$V_{t+(i+1)\Delta t}$、$V_{t+i\Delta t}$ 分别为区间中任意两时点 $t+(i+1)\Delta t$、$t+i\Delta t$ 的资产价值，μ、σ 分别为表示资产在 t 时刻变化的期望与标准差，$dz_t = \varepsilon\sqrt{dt}$ 为标准布朗运动随机过程，ε 是一个标准正态随机变量。

第二步，确定模拟的初始时点 t，资产的初始价格 V_t，而后选择合适的时间序列方程拟合资产价值的历史数据，并估计出参数 μ、σ。

第三步，生成 n 个独立同分布的标准正态随机数 $\varepsilon_0, \varepsilon_1 \cdots, \varepsilon_{n-1}$，由离散化的资产价值变化方程，经过迭代得到 $V_{t+\Delta t}$，$V_{t+2\Delta t} \cdots, V_{t+n\Delta t}$，则得到该资产价值序列的一个模拟值。

第四步，不断重复步骤三，则可以得到不同的资产价值序列。最后根据 VaR 定义通过寻找相应置信度的资产价值，得到 VaR。

Monte Carlo 模拟法的优点有：可产生大量情景，比历史模拟法更精确和可靠；是一种全值估计方法，可以处理非线性、厚尾问题；可模拟回报的不同行为（如白噪声、自回归和双线性等）和不同分布。主要缺点有：数据序列是伪随机数，可能导致错误结果；随机数中存在群聚效应而浪费了大量的观测值，降低了模拟效率；依赖特定的随机过程和所选择的历史数据；计算量大、计算时间长，比分析方法和历史模拟方法更复杂。

二、极值理论

（一）极值理论定义

前文述及 VaR 主要是度量市场价值正常风险的测度，因此当市场波动剧烈，或者收益分布难以满足正态分布或者对数正态分布的情况下，按照前述方法计算的 VaR 并不能够合理地描述市场中价值波动的极端风险，同时正态分布假设也不能很好地拟合大多数市场风险因子所具有的厚尾特征。所以，需要寻求一种可以合理描述厚尾特征的分布来刻画风险因子，在此条件下计算 VaR 以指示出市场的极端风险。厚尾分布通常包括 t 分布、广义误差分布（GED）、广义极值分布等。对于厚尾分布的界定，一般有两种观点：一种观点认为与正态分布相比，只要比其峰度高就算是厚尾分布。另一种观点认为需要有严格的定义，如 Ramazan Gencay 定义只有当分布函数满足

$$\int_0^{+\infty} e^{sx} f(x)\,dx = +\infty, (\forall s > 0) \tag{3.15}$$

的分布才算厚尾分布。

极值理论是 Fisher 和 Tippett（1928）研究分布的尾部行为时提出的，最早运用于水利与水文数据研究，之后被应用于地震、火灾等灾变预测与分析，后来又被金融、经济、气象、环境等领域的学者引进，目前已经成为除了压力测试以外度量金融市场极端风险的主要手段。极值理论主要包括分块样本理论与 POT（Peak Over Threshold）方法。下面主要介绍 POT 模型，以及 POT 模型下的 VaR 计算方法。

（二）POT 模型

POT（Peak Over Threshold）模型（即超过阈值法）对样本数据中超过某一充分大阈值的数据进行建模，即只考虑尾部的近似表达，而不是对整个分布进行建模。

1. POT 模型的理论基础。假设序列 $\{z_t\}$ 的分布函数为 $F(x)$，定义 $F_u(y)$ 为随机变量 Z 超过阈值 u 的条件分布函数，它可以表示为

$$F_u(y) = P(Z - u) \leqslant y \mid Z > u) \quad y \geqslant 0$$

根据条件概率公式我们可以得到：

$$F_u(y) = \frac{F(u+y) - F(u)}{1 - F(u)} = \frac{F(z) - F(u)}{1 - F(u)}$$

$$\Rightarrow F(z) = F_u(y)[1 - F(u)] + F(u), z \geqslant u \tag{3.16}$$

根据定理 Pickands（1975）：对于一大类分布 F 条件超限分布函数 $F_u(y)$，存在一个 $G'_{\xi,\sigma}(y)$，使得

$$F_u(y) \approx G'_{\xi,\sigma}(y) = \begin{cases} 1 - (1 + \frac{\xi}{\sigma} y)^{-1/\xi} & \xi \neq 0 \\ 1 - e^{-y/\sigma} & \xi = 0 \end{cases} \quad u \to \infty \tag{3.17}$$

当 $\xi \geqslant 0$ 时，$y \in [0, \infty)$；当 $\xi < 0$ 时，$y \in [0, -\sigma/\xi]$。函数 $G'_{\xi,\sigma}(y)$ 称

为广义帕累托分布（Generalized Pareto Distribution，GPD）。ξ 的不同取值决定了分布尾部的厚度，ξ 越大尾部越厚，ξ 越小尾部越薄。由 $G'_{\xi,\sigma}(y)$ 函数可以得到，当 $\xi < 0$ 时，y 的最大取值为 $-\sigma/\xi$，有上界。①对于给定的一个符合广义的帕累托分布的样本 $\{z_1,\cdots,z_n\}$，其对数似然函数 $L(\xi,\sigma \mid z)$ 为

$$L(\xi,\sigma \mid y) = \begin{cases} -n\ln\sigma - (1+\frac{1}{\xi})\sum\limits_{i=1}^{n}\ln(1+\frac{\xi}{\sigma}y_i) & \xi \neq 0 \\ -n\ln\sigma - \frac{1}{\sigma}\sum\limits_{i=1}^{n}y_i & \xi = 0 \end{cases} \tag{3.18}$$

2. POT 模型的参数估计与 VaR 计算。根据 Danielsson J. 和 C. G. de Vries（1997）的研究，阈值 u（threhold）的估计可以根据 Hill 图、根据样本的超限期望图两种。这里介绍超限期望函数图确定阈值 u，将样本值按大小排列，令 $X_{(1)} > X_{(2)} > \cdots > X_{(n)}$，样本的超限期望函数定义为

$$e(u) = \frac{\sum_{i=k}^{n}(X_i - u)}{n-k-1}, \qquad k = \min\{i \mid X_i > u\} \tag{3.19}$$

超限函数期望图为点 $[u, e(u)]$ 构成的曲线，选取充分大的 u 作为阈值，使得当 $x \geqslant u$ 时 $e(x)$ 为近似具有线性函数特征。如果 $e(u)$ 当 $x \geqslant u$ 时向上倾斜，说明参数 ξ 为正；如果当 $x \geqslant u$ 时，$e(u)$ 向下倾斜，说明参数 ξ 为负，即 GPD 分布的尾部较短。以上确定阈值 u 的方法是根据 GPD 分布在参数 $\xi < 1$ 时，它的超限期望函数 $e(m)$ 是一个线性函数②：

$$e(m) = E(X - m/X > m) = \frac{\sigma + \xi m}{1+\xi} \qquad \sigma + \xi m > 0 \tag{3.20}$$

u 确定以后，利用 $\{z_t\}$ 的值，进行最大似然估计得到 $\hat{\xi}$ 和 $\hat{\sigma}$。同时，我们得到 $\{z_t\}$ 的值中比阈值 u 大的个数 N_u，并用频率代替 $F(u)$ 的值，可以得到 $F(z)$ 的表达式：

$$F(z) = F_u(y)[1-F(u)] + F(u) = \begin{cases} \frac{N_u}{N}\left\{1 - \left[1 + \frac{\xi}{\sigma}(z-u)\right]^{-1/\xi}\right\} + \left(1 - \frac{N_u}{N}\right) \\ \frac{N_u}{N}(1 - e^{-(z-u)/\sigma}) + \left(1 - \frac{N_u}{N}\right) \end{cases}$$

---

① Lee、Saltoglu（2002）指出，在金融资产收益率时间序列上直接使用 EVT 时，由于收益序列的尖峰厚尾，使得估计出来的 ξ 一定是大于零的。

② 这里 $\xi < 1$，是对于广义 Pareto 分布只存在［$1/\xi$］阶矩，如果 $\xi < 1$ 则存在一阶矩，否则就无法计算超限期望函数。

$$= \begin{cases} 1 - \dfrac{N_u}{N}\left[1 + \dfrac{\xi}{\sigma}(z-u)\right]^{-1/\xi} & \xi \neq 0 \\ 1 - \dfrac{N_u}{N}e^{-(z-u)/\xi} & \xi = 0 \end{cases} \tag{3.21}$$

对于给定某个置信水平 p，由 $\{z_t\}$ 的分布函数公式可以得到 p 分位数的估计：

$$X_p = VaR_p = u + \frac{\sigma}{\xi}\left[\frac{N}{N_u}(1-p)^{-\xi} - 1\right] \quad \xi \neq 0 \tag{3.22}$$

可以得到 POT 模型下条件风险值 cVaR，Uryasev（2000）（conditional value at risk）的估计为：

$$cVaR = VaR_p + \frac{\sigma + (VaR_p - u)\xi}{1-\xi} = \frac{VaR_p}{1-\xi} + \frac{\sigma - \xi u}{1-\xi} \tag{3.23}$$

第三节　传统信用风险度量模型

一、专家制度

5C 法是这类专家分析方法的典型代表。5C 是指债务人道德品质（Character）、盈利及还款能力（Capacity）、资本实力（Capital）、抵押品（Collateral）和经营环境条件（Condition）。通过对五个方面的分析，判断其信用风险程度并决定是否发放贷款。

专家制度在信用分析中发挥很大作用，但是也存在许多缺点：效果不稳定。这是因为专家的素质高低及经验多少将直接影响效果。专家制度在信用分析时，难以确定统一的标准，造成信用评估结论的主观、随意和不一致；专家制度加剧了银行在贷款组合方面过度集中的问题，使银行面临更大的风险。

二、评级模型与评分模型

内部评级模型（Internal Rating Systems，IRS）是金融机构在美国货币管理办公室（Office of the Controller of Currency，OCC）最早开发的评级系统的基础上拓展而来的。OCC 最早将贷款分为五级：正常贷款（Pass/Performing Assets）、关注贷款（Other Assets Especially Mentioned，OAEM）、次级贷款（Substandard Assets）、可疑贷款（Doubtful Assets）和损失贷款（Loss Assets）。也有一些机构分级更细，分为九级或十级。评级分级模型实际上是对资产组

合的信用状况进行评价，并针对不同级别的贷款提取不同的损失准备。我国大多数商业银行采用五级分类办法。

1968 年，纽约大学 Edward I Altman 教授提出了著名的 Z 评分模型（Z - Score Model）；1977 年又进行了修正和扩展，建立了 ZETA 模型（ZETA Credit Risk Model）。ZETA 信用风险模型（ZETA Credit Risk Model）的变量由原始模型的 5 个增加到了 7 个，它的应用范围更广，对不良借款人的辨认精度也大大提高。由于 ZETA 模型无论在变量选择、变量稳定性方面，还是在样本的开发和统计技术方面都较 Z 评分模型有了很大的改进，所以 ZETA 模型比 Z 评分模型更加准确有效。

在实践中，Z 评分模型和 ZETA 模型也存在以下一些问题：两个模型都依赖于财务报表的账面数据而忽视日益重要的各项资本市场目标，这必然削弱模型预测结果的可靠性和及时性；模型缺乏对违约和违约风险的系统认识，理论基础比较薄弱；两个模型都假设在解释变量中存在着线性关系，而现实的经济现象是非线性的，这也在客观上削弱了预测结果的准确程度，使得模型不能精确地描述经济现实；两个模型都无法计量表外信用风险，对某些特定行业、企业也不适用，使它们的使用范围受到限制。

三、期限结构模型

期限结构（Term Structure）模型的基本思想是风险债券与无风险债券利差可以反映风险债券的风险程度，因而通过对有风险企业债券与风险债券之间利差的分析可以推测借款人的信用风险。期限结构模型的早期文献可参见 Jonkhart（1979），后来 Iben 和 Litterman（1989）又进行了改进与发展。这类模型主要是通过对无风险债券和有风险企业债券的远期利率的预测来测算企业债券的信用风险状况。如一年期的无风险债券和有风险企业债券的承诺收益分别为 $1+i$ 和 $1+k$，那么企业债券的信用风险即违约概率为 $1-p=1-[(1+i)/(1+k)]$。

四、死亡率模型

死亡率模型（Mortality Rate Model）的基本思想很简单，即通过分析某一信用级别的债券或贷款的历史违约情况来推断和测度具有同一级别的金融工具的信用风险程度。该类模型的文献可参见 Altman（1989）、Altman 和 Suggitt（2000）等。大多信用评级机构如穆迪（Moody）、标准普尔（Standard 和 Poor）等都采用并改进死亡率模型来分析债券类金融工具的信用风险。目前，这类模型用来分析贷款违约情况的主要困难是缺乏必要的历史记录材料。

五、RAROC 模型

RAROC 模型是指经过风险调整的资本收益率（Risk – Adjusted Return on Capital）模型。其主导思想是通过计算单位贷款风险的收益率（RAROC），并与基准相比来决定是否发放贷款及贷款定价。

$$RAROC = 贷款收益(通常一年)/贷款风险(或风险资本) \quad (3.24)$$

式中，分子反映了某项贷款一年的预期收益，包括利差收益、手续费等并扣除预期损失及运营成本等。分母是对不可预期的损失或在险资本的度量，其确定的主要方法有基于金融市场的方法和基于历史或实验的方法。前者是通过计算贷款在下一年的市场价格向不利方向的变化来计量不可预期的损失，后者是通过基于历史违约数据的试验模型。

第四节　现代信用风险度量模型

一、Credit Metrics 模型

Credit Metrics 模型以金融机构的信用评级结果为前提，将信用评级转移概率矩阵、违约概率以及违约时的公司资产价值等因素均结合考察，分析了信用风险度量。

（一）假设

第一，市场风险与信用风险无关。模型中，唯一的变量是信用。

第二，某一特定时间内贷款组合价值的分布与将来债务人的信用等级变化相关，信用等级在未来可能上升、下降或不变。同等级债券发行者信用状况相同，且有相同的转移概率及违约概率。信用等级的变动过程符合马尔可夫过程。

第三，风险期限是固定的，一般为一年。

第四，为了计算组合的多样化对结果的影响，需要估计所有债务人两两之间信用变化的相关性。Credit Metrics 模型是利用股权价值收益率估计相关性。

第五，每个信用级别对应一条零息票收益曲线，以及特定的违约回收率。

第六，违约事件发生在债务期末。

（二）计算信用风险值

第一，确定信用等级评价系统。专业的信用评级机构对主体信用评级作

出结论。其间评级结果变化可有转移矩阵表征。并且假设转移概率具有马尔可夫性，因此一年期转移概率，可以由实际发生的各等级的历史违约数据平均得到一年期信用等级转移概率矩阵各个元素（见表3－1）。

表3－1　　1年期信用等级转移概率矩阵

初始等级	一年以后的信用等级转移概率（%）						
	AAA	AA	A	BBB	BB	B	CCC
AAA	90.81	8.33	0.68	0.06	0.12	0.00	0.00
AA	0.70	90.65	7.79	0.64	0.06	0.02	0.00
A	0.09	2.27	91.05	5.52	0.74	0.01	0.06
BBB	0.02	0.33	5.95	86.93	5.30	0.12	0.18
BB	0.03	0.14	0.67	7.73	80.53	1.00	1.06
B	0.00	0.11	0.24	0.43	6.48	4.07	5.20
CCC	0.22	0.00	0.22	1.30	2.38	64.86	19.79

资料来源：Credit Metrics™ – Technical Document，J. P. Morgan，Inc.，1997.

第二，确定各个等级的主体在违约实际发生后债券的回收率，计算风险债券价值（见表3－2）。

表3－2　　不同信用等级的1年期零息票利率

信用等级	第一年	第二年	第三年	第四年
AAA	3.60	4.17	4.73	5.12
AA	3.65	4.22	4.78	5.17
A	3.72	4.32	4.93	5.32
BBB	4.10	4.67	5.25	5.63
BB	5.55	6.02	6.78	7.27
B	6.05	7.02	8.03	8.52
CCC	15.05	15.02	14.03	13.52

资料来源：Credit Metrics™ – Technical Document，J. P. Morgan，Inc.，1997.

第三，综合上述两方面因素可以得到信用等级变化引起的债券现值分布，最终得到信用风险值。

（三）违约概率

选择主体的股票市值作为公司资产价值间接估计。通过各个发行主体股票价格收益率得出主体之间的违约相关性，进而推导转移概率与违约概率，

采用 Merton（1974）提出的基于期权理论的债务定价方法①。基本结论是违约概率可表示为

$$P = \Phi\left[-\frac{\ln(V_0/DPT_T) + (\mu_A - \sigma_A^2/2)T}{\sigma_A \sqrt{T}}\right] \tag{3.25}$$

式中，DPT_T 为违约点。

两个以上债务人时，这里以两个为例，债务人间的收益率 $r_1 r_2$ 及其相关系数 ρ，那么主体间资产市值正态化的对数收益率服从以下联合正态分布：

$$f(r_1, r_2, \rho) = \frac{1}{2\pi\sqrt{1-\rho^2}}\exp\left\{-\frac{1}{2(1-\rho^2)}(r_1^2 - 2r_1 r_2 \rho + r_2^2)\right\} \tag{3.26}$$

二者违约的联合概率为

$$P(def_1, def_2) = P(V_1 \leqslant V_{def_1}, V_2 \leqslant V_{def_2}) = \Phi(-d_2^1,\quad d_2^2, \rho) \tag{3.27}$$

违约相关性为

$$\rho(def_1, def_2) = \frac{P(def_1, def_2) - P_1 \cdot P_2}{\sqrt{P_1(1-P_1)P_2(1-P_2)}} \tag{3.28}$$

式中，$r_i, i = 1,2$ 为正态化的资产收益率，$d_i, i = 1,2$ 为违约距离，$\Phi(x, y, \rho)$ 表示二维正态分布函数，ρ 是 x 和 y 的相关系数。

由于非上市公司发行主体的资产价值不能够直接观测到，较多情况下需要得出一个维数相当大的相关系数矩阵。Credit Metrics 模型使用了多因素分析方法，将公司的资产收益率进一步分解为系统风险因子和非系统风险因子。与非系统风险相关的个别风险可以通过多样化分散掉，而系统风险因子所产生的系统风险则不能够分散掉。非系统风险因子因公司的不同而不同，因公司所在的国家和行业的不同而不同，不会影响资产收益率的相关系数，因为它们之间是相互独立的。考虑两个系统风险因子的情况下，所有公司的资产收益率可表示为

$$r_k = \alpha_k + \beta_{1k} I_1 + \beta_{2k} I_2 + \varepsilon_k, \quad k = 1, 2, \cdots, N \tag{3.29}$$

式中，N 为发行主体的个数，r_k 为主体 k 的资产收益率，α_k 是独立于系统因子的收益率，I_1 和 I_2 均代表不同的系统因子，β_{1k} 和 β_{2k} 是系统风险因子变化时对资产收益率的影响，ε_k 为非系统因子，其期望为零，且与其他风险因子相互独立。这样有：

$$VaR(r_k) = \sigma_k^2 = \beta_{1k}^2 VaR(I_1) + \beta_{2k}^2 VaR(I_2) + VaR(\varepsilon_k) + 2\beta_{1k}\beta_{2k}\mathrm{cov}(I_1, I_2) \tag{3.30}$$

① 具体过程将在下节的 KMV 模型中加以详细说明。

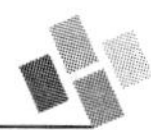

$$\operatorname{cov}(r_i, r_j) = \beta_{1i}\beta_{1j}VaR(I_1) + \beta_{2i}\beta_{2j}VaR(I_2) + (\beta_{1i}\beta_{2j} + \beta_{2i}\beta_{1j})\operatorname{cov}(I_1, I_2) \tag{3.31}$$

主体 i 和 j 的资产收益率的相关系数为

$$\rho_{ij} = \frac{\sigma_{ij}}{\sigma_i \sigma_j} \tag{3.32}$$

（四）Credit Metrics 模型存在的问题

首先，该模型假设等级转移概率服从稳定的马尔可夫过程，即贷款或债券目前等级转移与其过去的转移概率不相关。但是实际的历史数据表明，一笔贷款过去如果发生过违约事件，那么它目前等级下降的概率比那些没有发生过违约行为的贷款要高。

其次，在计算贷款或债券的信用风险值时，假设等级转移概率矩阵是稳定的，即不同借款人之间和不同时期之间的等级转移概率是不变的。而实际上，行业因素、国家因素以及商业周期等因素会对等级转移矩阵产生重要的影响。

再次，在生成债券的信用等级转移概率矩阵时，所使用的债券组合也会对矩阵的准确性产生影响。Altman（1992）发现，债券的发行时间对债券的信用等级转移概率有重要的影响，即债券样本选择直接影响转移概率。

最后，模型度量信用风险的期间为一年，不能根据贷款或债券的即时变化对其风险价值作相应的调整。它是一种基于历史数据的向后看（Backward - Looking）的方法。

二、KMV 模型

该模型由 KMV① 公司研究开发，运用期权理论对公司债券进行定价，先估计违约距离 DD（Distance to Default），进而得到违约概率 EDF（Expected Default Frequency）。KMV 模型认为，实际违约概率和历史平均违约概率的差异较大，并且相同信用等级的企业也存在很大差异，仅依据评级结果无法合理显示发行主体间的个体差异。

（一）债务与期权之间的关系

可以把股东对公司的股权视为一种期权。债券持有人相当于向股东卖出一个以公司资产为标的看涨期权，执行价格为债券面值。据此我们可以利用期权定价公式，反向推导出公司资产的隐含波动性。因为波动性要受到公司

① 已经被穆迪收购。

资产的市场价值、权益的市场价值波动性及负债的账面价值的影响，所以利用与可观测到的期权价格来推算期权隐含波动性相一致的思考模式，可以将公司资产价值的变化表示为

$$dV_A = \mu V_A dt + \sigma_A V_A dz \tag{3.33}$$

式中，V_A 和 dV_A 分别表示资产市场价值和资产市场价值的变化，dz 为服从正态分布的随机变量，其他参数 μ_A 和 σ_A 为资产价值变化的均值和波动率。

根据 Balack - Scholes 期权定价公式，我们可以得到在到期日 T 时，公司资产市场价值和权益市场价值之间的关系式：

$$V_E = V_A N(d_1) - Xe^{-rT}N(d_2) \tag{3.34}$$

其中：

$$d_1 = \frac{\ln(V_A/X) + (r + \sigma_A^2/2)T}{\sigma_A\sqrt{T}}$$

$$d_2 = d_1 - \sigma_A\sqrt{T}$$

式中，V_E 为股东权益的市场价值，可以通过流通股数乘以每股市场价格来计算；X 为负债的账面价值，即买权的执行价格；r 为无风险利率。上式中只有资产价值 V_A 和资产价值的波动性 σ_A 是未知的。根据伊藤原理，权益的波动性与资产价值的波动性之间的关系可由下式表示：

$$\sigma_E = \frac{V_A}{V_E}\Delta\sigma_A \tag{3.35}$$

这样，解上述两式的联立方程就可求得隐含的资产市场价值 V_A 和资产价值波动 σ_A，解决两个变量不可观测的问题。

（二）违约距离的计算

期权理论框架中，违约发生于资产价值小于公司负债之时，这实际指破产发生，但实际中违约并不等于破产。KMV 公司通过观测几百个公司样本，认为当资产价值达到总债务位于短期债务之间的某一点时公司才发生违约。因此 KMV 在计算 EDF 之前添加了一个计算 DD 阶段。所以 DD 可以表示为 1 年中企业资产的预期价值 $E(V_A)$ 与违约点 DP 之间的距离：

$$DD = \frac{E(V_A) - DP}{\sigma_A} \tag{3.36}$$

式中，$DP = STD + 0.5 \times LTD$，$STD$ 表示短期债务，LTD 表示长期债务。假设 V_A 服从对数正态分布，根据期权理论，违约距离可改写为

$$DD = \frac{\ln(V_0/DPT_T) + (\mu_A - \sigma_A^2/2)T}{\sigma_A\sqrt{T}} \tag{3.37}$$

式中，V_0 为资产的初始市值，μ_A 为资产的期望收益率。因此，违约点 DP 以下的区间可以直接由 $\Phi(-DD)$ 求出。

（三）违约概率

假设企业的市场价值服从正态分布，我们就可以根据上面介绍的违约距离 DD 来直接计算 KMV 模型中的期望违约频率 EDF。而 EDF 也就是违约概率，等于资产价值在时刻 T 小于违约点部分的累积概率。具体如下：

$$EDF = P\left[\frac{\ln(V_0/DP) + (\mu_A - \sigma_A^2/2)T}{\sigma_A\sqrt{T}} \leqslant \varepsilon\right], \varepsilon \sim N(0,1) \quad (3.38)$$

KMV 方法根据违约概率，将所有 EDF 低于 0.02% 的公司的信用级别记为 AAA 级，EDF 在 0.03% ~0.06% 为 AA 级等，依此类推将所有公司归入不同的信用等级，利用 EDF 变化的历史数据就可以得到一个信用等级转移概率矩阵，据此来计算信用风险值。

（四）信用风险值

KMV 方法与 Credit Metrics 方法有明显的不同。债券定价总体分为三步：首先对无风险的部分进行定价，然后是对具有违约风险部分定价，最后得到整个债券的价值。

第一，计算风险中性违约概率。在风险中性的假设条件下，某一给定时间内所有债券的期望收益率为无风险利率 r，设风险中性违约概率为 Q 。由上面的论述可知，即为时点 T 上资产价值低于违约点 DP 的概率：

$$Q_T = \Phi(-DD) = \Phi\left[-\frac{\ln(V_0/DPT_T) + (r - \sigma_A^2/2)T}{\sigma_A\sqrt{T}}\right] \quad (3.39)$$

第二，无风险部分与风险部分定价。设 N 年的现金流分别为 $[c_1, c_2, \cdots, c_N]$，LGD 为违约后损失，则无违约风险那部分的现值为

$$PV_1 = (1 - LGD) \cdot \sum_{i=1}^{N} \frac{c_i}{(1+r)^i} \quad (3.40)$$

违约风险现金流为

$$PV_2 = LGD \cdot \sum_{i=1}^{N} \frac{(1-Q_T)c_i}{(1+r)^i} \quad (3.41)$$

则受违约风险影响的零息债券的现值为

$$\begin{aligned} PV &= PV_1 + PV_2 \\ &= (1 - LGD) \cdot \sum_{i=1}^{N} \frac{c_i}{(1+r)^i} + LGD \cdot \sum_{i=1}^{N} \frac{(1-Q_T)c_i}{(1+r)^i} \end{aligned} \quad (3.42)$$

由此还可以得到不同信用等级的贴现率 R：

$$R = r + CS \tag{3.43}$$

CS 为信用价差（Credit Spread），对于不同期限的 CS 我们都可以通过下式计算得到：

$$PV = \sum_{i=1}^{n} \frac{c_i}{(1 + r + CS)^i} \tag{3.44}$$

至此，我们就可以利用上述的结论来计算资产信用风险值。

（五）KMV 模型的评价

KMV 的优点在于：首先，KMV 可以充分利用资本市场上的信息，对所有公开上市企业进行信用风险的量化和分析。其次，所获取的数据来自当下，因而更能反映企业当前的信用状况，具有前瞻性，其预测能力更强、更及时，也更准确。最后，理论基础建立在期权定价理论之上，具有很强的经济解释能力。

但是，KMV 模型与其他已有的模型一样，仍然存在许多缺陷。

首先，由于没有公开数据，对非上市公司的分析往往要借助一些会计信息或其他能够反映借款企业特征值的指标来替代模型中一些重要变量，在一定程度上会降低计算的准确性。其次，此类模型中没有对公司长期债务结构进行区别分析。最后，假定公司债务结构不变，而实际上公司不断清理长久债务，不断出现新债务。另外，KMV 模型中还有一个潜在的问题。根据模型的假设，公司资产价值的变化是服从连续时间对数正态分布的，因而在分析靠近时间原点的较小时间段时，公司资产价值低于债务价值的可能性就会大大降低，从而得出的短期风险债务的信用价差将很小，在很短的时间范围内可能趋向于零。然而实证研究表明，短期信用价差并不是零。一些学者用市场流动性与交易成本的影响来解释这一点，有的学者则对公司资产价值变化过程的假设提出了质疑，Zhou（1997）用跳空扩散过程（Jump - Diffusion）来假设资产过程，推导出不同债券信用价差的期限特征。Jarrow 和 Turnbull（1998）也提出了部分改进。

第四章

企业债券市场风险的趋势、行业特征与准国债属性

第一节　引言

一、本章假设

本章主要目标为验证假设 1“企业债券的市场风险将出现长期上升的趋势”、假设 2“企业债券市场风险的行业差异不显著”与假设 3“企业债券的市场风险具有准国债属性”，并对假设分别作细化和分解。具体如下：

1. 将全书假设 1 分解成两个子假设，分别为：

（1）假设 1. 1：企业债券的宏观市场风险总体上呈现上升的历史趋势。

（2）假设 1. 2：企业债券的微观市场风险总体上呈现上升的历史趋势。

2. 将全书假设 2 分解成两个子假设，分别为：

（1）假设 2. 1：不同行业企业债券的组合市场风险差异不显著。

（2）假设 2. 2：行业因素对债券个体市场风险的影响不显著。

3. 将全书假设 3 分解成两个子假设，分别为：

（1）假设 3. 1：企业债券指数市场风险与国债指数市场风险具有相似性。

（2）假设 3. 2：企业债券指数与典型公司债券收益率指数具有显著不同的市场风险表现。

二、本章结构安排

第一节，引言，介绍假设与实证结构安排。

第二节，企业债券的宏观市场风险。首先采用 GARCH 模型对企业债券指数收益率的动态 VaR 序列进行估计，通过对价格指数动态 VaR 的考察，分别从平均 VaR 的历史变化趋势、每日 VaR 时间序列的极端值的分布特征以及对 VaR 时间序列的趋势性检验三方面共同验证假设 1. 1。

第三节，企业债券的微观市场风险。首先通过对交易所目前交易企业债券进行选择，定义微观市场风险的考察样本，之后采用企业债券个体的动态 VaR 序列验证假设 1. 2。验证的方式主要为趋势性检验以及考察极端 VaR 值的分布特征。

第四节，典型行业企业债券市场风险。首先采用组合 VaR 估计的方法对各个主要行业的企业债券组合的每日 VaR 序列进行估计，之后通过不同行业 VaR 历史均值的方法对主要行业市场风险的差异进行比较，再采用对债券个体 VaR 总体均值的多元回归考察行业特征、期限、票面利率等因素对市场风险的影响效应，通过两方面的结果验证假设 2。

第五节，企业债券市场风险的比较研究。首先，为了验证企业债券市场风险具有国债属性，分别选择交易所国债指数与穆迪 AAA、BAA 公司债券到期收益率指数作为考察对象；之后分别进行企业债券指数与两者收益率动态 VaR 序列的比较研究，从而验证企业债券市场风险接近于国债抑或是接近于市场化程度更高的公司债券，即本章假设 3.1 与假设 3.2。

第二节　企业债券的宏观市场风险

一、指标、数据选择与说明

上海证券交易所企业债指数（以下简称沪企债指数）是按照科学客观的方法，从国内交易所上市企业债中挑选出满足一定条件的具有代表性的债券组成样本，按照债券发行量加权计算的指数。指数基日为2002 年 12 月 31 日，基点为 100 点，指数代码为 000013。深圳证券交易所企业债指数（以下简称深企债指数），代码 399481，选取在深圳交易所上市交易且符合下列条件的企业债券，选为成分债券，纳入指数计算范畴：固定利率且不附带转股、优先购买股票权利，剩余期限在一年以上（含一年）。

沪企债与深企债指数数据来源于国泰安金融数据库。沪企债指数样本起始日期为 2003 年 6 月 9 日至 2009 年 9 月 30 日；深企债指数样本起始日期为 2003 年 2 月 17 日至 2009 年 9 月 30 日，采用每日收盘价数据。在估计样本期内的动态 VaR 时，假设资产头寸为单位 1 元，以收益率的 VaR 作为资产的风险测度，计算周期为一天，首先通过原始每日收盘价（收盘指数）数据得到标准化的对数收益率数据。计算方法如下：

$$R_i = \ln(P_i/P_{i-1}) \tag{4.1}$$

式中，R_i 为第 i 天的收益率，P_i、P_{i-1} 分别为当天和前一交易日的收盘价。在得到两市企债指数收益率后，分别对其总体性统计指标进行考察。具体指标如表 4 - 1 所示。

表 4 - 1　　沪企债和深企债指数收益率总体统计指标

指数	样本数	均值	方差	标准差	最小值	最大值	峰度	偏度
沪企债	1 614	0.000160	0.000004	0.001914	-0.01938	0.01673	21.7148	-0.8341
深企债	1 683	0.000134	0.000004	0.001950	-0.01809	0.01610	19.1151	-0.3183

从中可以观察到沪、深企债指数收益率分布存在明显的尖峰特性，其峰度分别为21.7148、19.1151；同时具有显著的左偏性。总体而言，沪企债指数的尖峰、偏性较深企债指数明显，这些特征在实际频率分布图（见图4－1）上体现得非常明显。之后对两个收益率序列进行标准正态分布的K—S检验，结果同时拒绝了两个指数收益服从标准正态分布的假设，检验结果略。

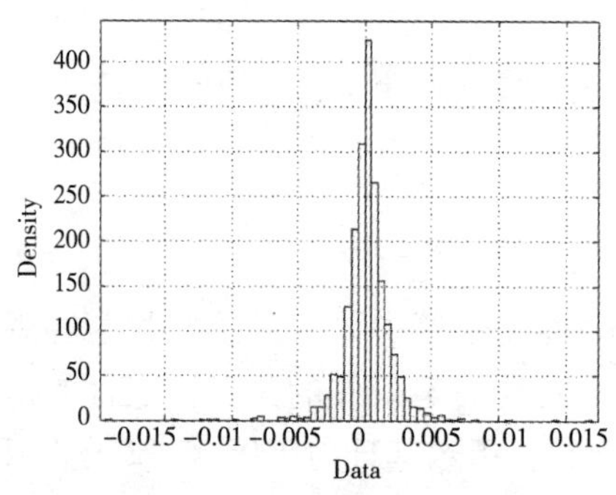

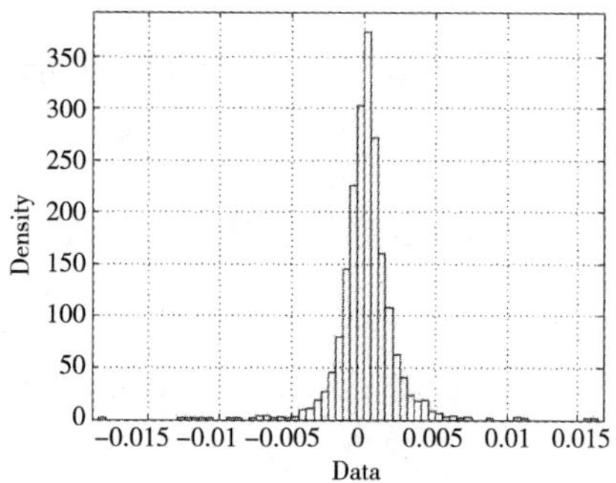

注：从左至右分别为沪企债、深企债指数收益率。

图4－1　沪企债、深企债指数收益频率分布图

二、基于GARCH模型的VaR序列估计

估计收益率VaR时，涉及收益率时间序列模型的参数估计，这里选择GARCH模型作为企业债券指数收益率序列的拟合模型。

在选择拟合收益率序列之前，首先对数据进行单位根检验，以考察序列的平稳性。两序列ADF统计量分别为，拒绝原假设，两收益率序列均不存在单位根，可以建立收益率的平稳时间序列模型，如ARMA、GARCH类模型等。之后分别计算两序列的自相关与偏相关系数，滞后阶数均选择100，计算结果略，给出沪企债指数与深企债指数收益序列自相关与偏相关系数（见图4－2）。

上述相关性分析显示，沪企债指数收益序列自相关系数在二阶以后趋向于0，偏相关系数在二阶后趋向于0；深企债指数收益序列自相关系数在二阶以后趋向于0，偏相关系数在二阶后趋向于0。因此，初步确定建立ARMA时间序列模型p、q[①]值分别为2。

金融市场收益序列通常具有波动聚类性，因此，接下来继续对两个收益

① 为了便于与GARCH模型参数作出区分，ARMA模型参数均用小写字母p、q表示；大写P、Q分别代表GARCH方差方程参数。

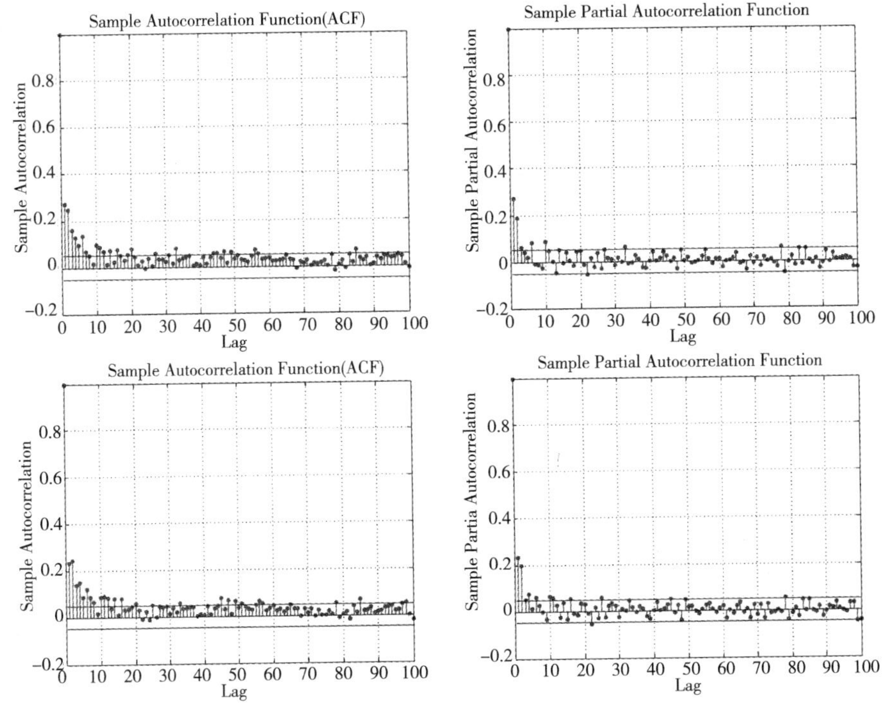

注：从左至右分别为自相关与偏相关系数，从上至下分别为沪企债、深企债指数。

图4-2　沪企债、深企债指数收益序列自相关与偏相关系数

序列的波动聚类性进行分析。从两序列的时序收益图（见图4-3）可以明显观察到具有波动从集性与波动聚类性，分别对两序列作ARCH效应检验，检验阶数为一阶，沪企债收益序列统计量为263.6822，远大于χ^2检验统计量2.7055，所以拒绝原假设，存在明显的ARCH效应；类似地，深企债收益序列统计量为338.0292，远大于χ^2检验统计量2.7055，同样存在明显的ARCH效应。

根据对数据的预先分析，确定采用的时间序列分析模型。一类为均值方程ARMA，其滞后阶数分别选择（1，1），（2，2）；另一类采用仅仅包含常数项的均值方程。两类模型的方差方程均采用GARCH（1，1）形式，并且对残差的分布类型作出两种假设，分别为标准正态和T分布。

采用GARCH时间序列模型对获得条件波动率的进一步预测，再与所假设残差分布的特定分位数相结合计算时变的不同置信度VaR序列，这样可以对估计的VaR序列进行规范的后验测试，并通过测试结果比较和评价不同方法、

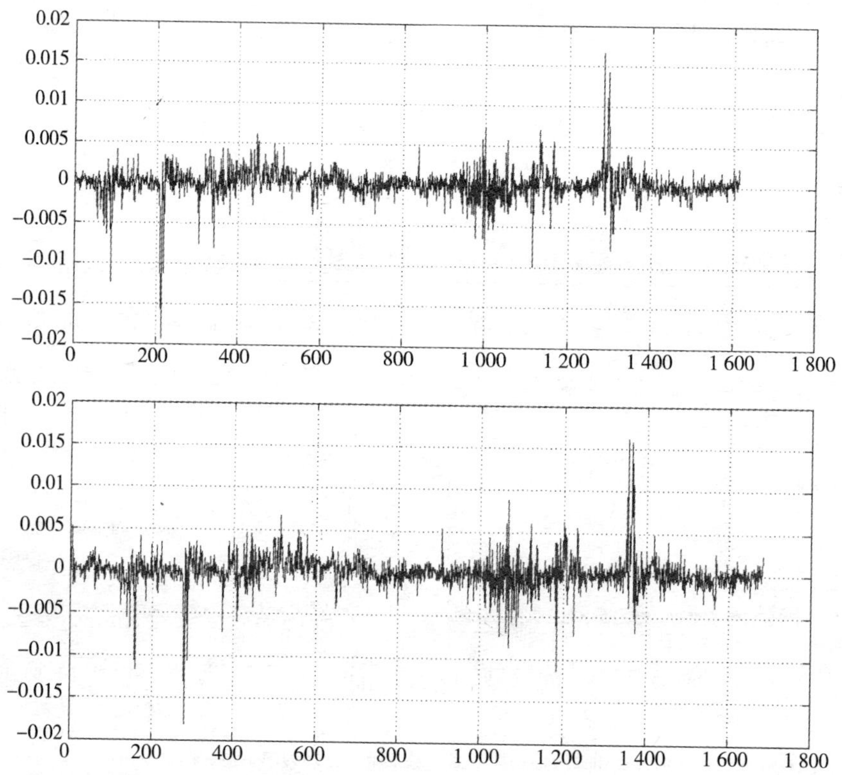

注：从上至下分别为沪企债、深企债指数收益率。

图 4-3 沪企债、深企债指数收益率序列波动聚类现象

模型、参数组合在计算 VaR 中的优劣。

估计各类时间序列模型的参数，具体如表 4-2 所示。这里参数估计值均在 0.05 水平下显著，同时实际估计结果显示 ARMA（1，1）模型的参数均显著，而其他滞后阶数组合不显著，所以仅列出 ARMA（1，1）与仅含常数项均值方程的模型估计结果。

表 4-2 沪企债、深企债指数收益率时间序列模型参数

	模型类型	C	AR（1）	MA	K	GARCH	ARCH	V
沪企债指数	ARMA-N	1.72E-05	0.8806	-0.7216	2.00E-07	0.6933	0.2521	—
	ARMA-T	7.79E-06	0.9530	-0.8743	2.00E-07	0.7068	0.2666	3.896
	GARCH-N	0.0001496	0	0	2.00E-07	0.6893	0.2687	—
	GARCH-T	0.0001385	0	0	2.00E-07	0.7063	0.2743	3.908

续表

	模型类型	C	AR (1)	MA	K	GARCH	ARCH	V
深企债指数	ARMA - N	8. 18E - 06	0. 9053	-0. 7950	2. 00E - 07	0. 7284	0. 2202	—
	ARMA - T	5. 18E - 06	0. 9525	-0. 8819	2. 00E - 07	0. 7235	0. 2454	3. 937
	GARCH - N	9. 10E - 05	0	0	2. 00E - 07	0. 7154	0. 2428	—
	GARCH - T	9. 28E - 05	0	0	2. 00E - 07	0. 7143	0. 2596	4. 064

根据 GARCH 模型所估计的时变条件波动率，结合残差分布假设，根据下式对 VaR 进一步预测：

$$VaR_t = \hat{\mu}_t - Z_p \sigma_{t-1} \tag{4.2}$$

式中，z_p 为残差假设分布的相应置信度的分位数，σ_{t-1}^2 为 $t-1$ 时的时变条件方差，$\hat{\mu}_t$ 为 $t-1$ 时刻的条件均值，VaR_t 为进一步预测的风险值。为了对估计结果进行检验，根据以下公式计算实际溢出天数 N。

$$N = \sum_{t=1}^{T} E_t, E_t = \begin{cases} 0, & -VaR_t \leq r_t \\ 1, & -VaR_t > r_t \end{cases} \tag{4.3}$$

回测检验方法是由 Kupiec（1995）提出的基于失效率的似然比率验证方法。检验统计量为

$$LR = -2In[(1-p)^{T-N}p^N] + 2In\left\{\left[1-\left(\frac{N}{T}\right)\right]^{T-N}\left(\frac{N}{T}\right)^N\right\} \tag{4.4}$$

根据式 4. 2 计算实际损失超过 VaR 的天数 N 以及式 4. 3 计算的统计量，给出了各类估计模型的后验测试结果，如表 4 - 3 所示。

表 4 - 3　　沪企债、深企债指数收益率 VaR 后验测试结果

模型类型		总均 VaR			交易日	溢出天数			Kupiec 统计量		
		90%	95%	99%	T	90%	95%	99%	90%	95%	99%
沪企债指数	ARMA - N	0. 002	0. 0026	0. 0037	1 626	108	64	30	22. 833	4. 167	9. 387
	ARMA - T	0. 0025	0. 0035	0. 0063	1 626	65	34	3	82. 371	36. 752	16. 488
	GARCH - N	0. 0021	0. 0027	0. 0038	1 626	102	61	24	28. 546	5. 818	3. 246
	GARCH - T	0. 0026	0. 0037	0. 0065	1 626	63	30	3	86. 362	44. 468	16. 488
深企债指数	ARMA - N	0. 0021	0. 0027	0. 0038	1 683	116	62	28	20. 045	6. 728	6. 241
	ARMA - T	0. 0026	0. 0036	0. 0064	1 683	69	33	5	81. 926	42. 137	11. 607
	GARCH - N	0. 0022	0. 0028	0. 0039	1 683	113	64	24	22. 565	5. 517	2. 726
	GARCH - T	0. 0026	0. 0037	0. 0064	1 683	75	29	3	70. 993	50. 393	17. 427

从后验测试结果观察，所有时间序列模型中，残差假设 t 分布的估计结果后验测试结果劣于采用正态残差分布假设的同类模型，且造成 Kupiec 检验统计量不显著的原因均为过高地估计了 VaR 值，导致实际溢出天数偏少，远低于理论预期溢出天数；与残差分布假设不同造成 VaR 后验测试结果较大差异不同，均值方程采用自回归移动平均回归还是仅有常数项对检验结果影响很小。总体而言，选择仅包括常数项的均值方程以及 GARCH（1，1）方差方程，并假设残差为正态分布所得检验结果最优。尤其在 99% 的 VaR 估计上，所估计的沪企债指数与深企债指数的 Kupiec 检验统计量均小于 3.84。

三、宏观市场风险的历史趋势

（一）VaR 均值历史变化

综合上一部分的实证结果，选择 GARCH－N 模型所估计的 VaR 结果作为表征交易所企业债券宏观市场风险历史变化趋势的指标。由于采用时变方法估计每日 VaR，所以较长的历史数据量太大，无法一一列出，因此，选择了计算较长周期内日均 VaR 的方式替代。这样可以比较月内日平均 VaR、季度内日平均 VaR、年度内日平均 VaR，可以更加清晰地显示期间内市场总体风险的变化。表 4－4 分别列示了沪企债指数、深企债指数各年度的日均 VaR 相关数据。

表 4－4　　沪企债、深企债指数各年度日均 VaR

	年份	年均 VaR			交易日	溢出天数			溢出率		
		90%	95%	99%	T	90%	95%	99%	90%	95%	99%
沪企债指数年均 VaR	2003	0.0021	0.0027	0.0039	142	13	10	8	0.0915	0.0704	0.0563
	2004	0.0025	0.0032	0.0045	243	20	11	6	0.0823	0.0453	0.0247
	2005	0.0021	0.0027	0.0038	242	5	2	1	0.0207	0.0083	0.0041
	2006	0.0016	0.002	0.0029	241	14	7	1	0.0581	0.0290	0.0041
	2007	0.0024	0.003	0.0043	242	26	16	5	0.1074	0.0661	0.0207
	2008	0.0027	0.0034	0.0048	246	12	7	3	0.0488	0.0285	0.0122
	2009	0.0015	0.0019	0.0027	244	12	8	0	0.0492	0.0328	0
深企债指数年均 VaR	2003	0.0020	0.0026	0.0036	211	14	11	6	0.0664	0.0521	0.0284
	2004	0.0024	0.0031	0.0044	243	19	10	4	0.0782	0.0412	0.0165
	2005	0.0022	0.0028	0.0039	242	5	2	1	0.0207	0.0083	0.0041
	2006	0.0016	0.0021	0.0030	241	12	8	3	0.0498	0.0332	0.0124
	2007	0.0025	0.0033	0.0046	242	33	17	6	0.1364	0.0702	0.0248
	2008	0.0028	0.0036	0.0051	246	11	6	3	0.0447	0.0244	0.0122
	2009	0.0017	0.0021	0.0030	243	19	10	1	0.0782	0.0412	0.0041

从沪企债月均 VaR、季均 VaR 风险走势（见图 4－4），可以直观发现，日均 VaR 历史走势上，企业债券宏观市场风险自 2003 年以来，主要经历了 5 次较大的波动区间。按照时间顺序，依次可以划分为 6 个阶段。由于各置信度下的 VaR 趋势相同，所以仅针对 VaR_{95} 的趋势进行分析，具体为：

第一阶段，自推出企债指数起，第一个风险高点出现在 2003 年 10 月。此时季度日均 VaR 达到 0.0034，2003 年 10 月的月均 VaR 达到 0.0055。随后市场风险持续下降，至 2003 年第四季度达到 0.002 的较低点。

第二阶段，从 2003 年第四季度的较低点后市场风险经历了急剧上升的过程，在 2004 年 4 月达到第二个历史高点。此时月均 VaR 达到 0.007，季均 VaR 达到 0.0048。随后，宏观市场风险平稳下降。

第三阶段，2004 年 7 月至 2007 年 6 月，宏观市场风险保持平稳状态，月均 VaR 在 0.0017 ~0.0038 平稳波动，季均 VaR 在 0.0023 ~0.0034 波动。

第四阶段，2007 年 7 月至 2008 年 2 月，月均 VaR 总体有小幅上升。2007 年 7 月月均 VaR 达到 0.0053，2008 年 2 月为 0.0046，其间有小幅回调过程。

第五阶段，在第四阶段市场风险高点之后，至 2008 年 9 月，回调过程结束。月均 VaR 自 2008 年 9 月开始升高，并在 2008 年 10 月达到历史最高点 0.0082。

第六阶段，经过 2008 年 10 月的历史最高点，2009 年后的月均 VaR 保持在 0.002 附近平稳波动。

深企债与沪企债 VaR 的历史走势基本相同。经过度量，两市收益率相关性高达 0.941。所以除了具体风险值大小略有差异之外，对于沪企债指数 VaR 历史走势趋势的分析也可以基本反映深企债指数风险趋势。

（二）极端风险值的分布

以指数收益率平均 VaR 表征的市场风险的历史趋势显示，2003—2009 年，宏观市场风险的均值总体是上升的，这里部分验证了本章的假设 1。但是，这里是通过 VaR 序列的固定期间的平均值考察风险趋势，缺乏对各个 VaR 峰值在各阶段的量化。

因此，为了准确量化企业债券指数收益率 VaR 极端值在历史区间内的分布状况，将动态 VaR 的考察区间划分为两个阶段，前一阶段为 2006 年 7 月 1 日之前，后一阶段为 2006 年 7 月 1 日后。选择风险极端值的方式为沪企债指数与深企债指数样本期间每日 VaR 的从大到小排列的前 1/5 的样本，以及从小到大排列的前 1/5 样本，分别计算了两类 VaR 极端值在前后阶段的分布，仍然采用 VaR_{95} 数据计算。

结果显示，在 2006 年 7 月 1 日之前，沪企债与深企债指数 VaR 序列的所有

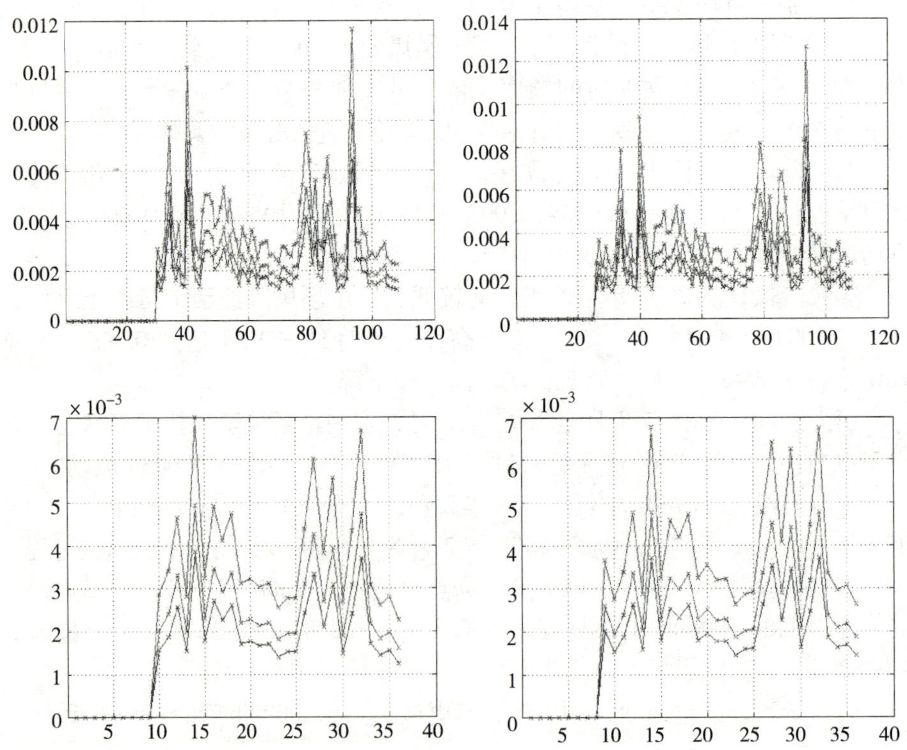

注：从左至右分别为沪企债、深企债指数，从上至下分别为季均 VaR、月均 VaR。

图 4－4　沪企债、深企债指数收益率季均 VaR 与月均 VaR 历史变化趋势

322 个极端 VaR 中，分界点之前的阶段包含 44. 41% 的风险高点共 143 个，52. 47% 的风险低点共 169 个；之后的阶段包含 55. 59% 的风险高点共 179 个，47. 53% 的风险低点 153 个。沪企债与深企债两指数风险值极端值历史分布完全相同。

（三）趋势性检验

最后，为了确认 VaR 序列具有趋势性，又对 VaR_{95} 序列进行单位根检验。ADF 与 PP 单位根检验的结果均显示沪企债指数与深企债指数 VaR_{95} 序列不存在单位根，接受了两序列平稳的假设，检验结果见表 4－5。

表 4－5　　沪企债、深企债指数动态 VaR 序列平稳性检验

指数名称	ADF 检验		PP 检验	
	t 统计量	*P* 值	*T* 统计量	*P* 值
沪企债指数	－5. 321	0. 0000	－5. 799	0. 0000
深企债指数	－5. 107	0. 0000	－5. 836	0. 0000

因此，从趋势性检验的角度看并不支持假设1.1。

四、结论

经过上述三个方面的研究与分析，可以验证：

1. 利用沪企债指数与深企债指数收益率VaR的固定期间均值，包括季度平均VaR以及月度平均VaR分析了企业债券市场宏观市场风险的历史过程，显示企业债券市场风险从2003年以来经历了5次主要的波动区间，可以分为6个主要阶段，并且总体趋势是上升的。

2. 沪企债指数收益率VaR序列排在前20%的高点与低点的历史分布结果显示，分界点2006年7月1日之前的风险高点与低点分别占所有风险极端值的比为44.61%与52.47%；而分界点后期的风险高点与风险低点分别占比为55.59%与47.53%。而深企债指数极端值分布与沪企债指数完全一致。

3. 对沪企债指数与深企债指数收益率VaR动态序列的趋势性检验结果显示，ADF与PP平稳性检验均拒绝了两类序列存在单位根的假设，显示VaR序列平稳，不具有趋势性。

综合上述三方面的验证，可以基本证实本章假设1.1，对市场风险趋势的全面验证还需要进行微观市场风险研究。

第三节　企业债券的微观市场风险

一、企业债券样本选取

第二节着重研究我国交易所企业债券的宏观市场风险，考察企业债券指数收益序列的VaR，以及对本章假设1作了验证。但是总体市场风险并不能涵盖所有上市企业债券的个体市场风险。各个企业债券在发行年限、融资规模、付息方式、发行主体信用评级等方面存在诸多不同之处，并且企业债券的发行主体涉及能源、电力、市政建设、电信运营、电网等多个行业，这些因素均会对其发行的企业债券的市场表现产生影响。所以，在分析市场总体风险状况之后仍然需要关注企业债券个体的微观市场风险情况。在研究企业债券个体风险之前，首先涉及对交易所市场交易的企业债券进行选择，满足一般性和代表性等条件。在选择作为实证研究对象的样本企业债券时，注意了以下几个方面：

第一，至收集数据时间为止，目前[①]仍然在上市中，这样计算其债券个体VaR，可以与之前所得两市指数收益率为代表的宏观市场风险进行比较分析。

第二，债券存续期间，交易天数较多。我国企业债券的总体发展状况滞后，很多上市企业债券流动性差、成交量小、交易天数偏少。因此，有必要选择市场成交比较活跃、流动性较好的企业债券进行市场风险研究。

第三，在交易所，企业债券市场具有典型性、代表性。这要求所选债券个体涵盖发行企业债券主体的各个主要行业，既可以用来研究债券个体市场风险，也可以作为行业代表进行不同发行主体行业市场风险的比较。

所选择债券包括26只，其中上海交易所市场20只、深圳交易所市场6只。发行年份从2001年涵盖至2005年，涉及电力运营（包括水电、火电、核电）、电网建设及运营、旅游、交通运营（公路建设运营、城市轨道交通、铁路建设）、城市建设开发（市政建设、房地产开发、大型展会运营）、石油化工、电信运营、机械制造及进出口等主要发行公司债券的行业类型；发行年限最短为7年，最长为20年，其中7年期债券1只，10年期债券16只，15年期债券8只，20年期债券1只；发行规模（融资额）从2.12亿元至50亿元；所有样本债券发行主体信用评级均为AAA级；付息方式均为年付，共有浮动票面利率债券8只，其余均为固定票面利率。选择企业债券作为企业债券样本1[②]，详细列于表4－6。

表4－6　　样本企业债券基本信息[③]

代码	名称	期限（年）	发行主体	发行量（亿元）	行业	到期日
111015	01三峡	10	中国长江三峡工程开发总公司	35	水电开发	2011－11－08
111022	04首旅债	10	北京首都旅游集团有限责任公司	10	旅游	2014－02－18
120101	01中移动	10	广东移动通信有限责任公司	50	电信运营	2011－06－17
120305	03电网	10	国家电网公司	2.12	电网	2013－12－30
120311	03网通	10	中国网络通信集团公司	10	电信运营	2013－12－03
120482	04通用债	10	中国通用技术（集团）控股有限责任公司	10	装备制造	2014－03－30
120488	04京地铁	10	北京市基础设施投资有限公司	20	轨道交通	2014－12－15

① 实证数据的截止时间为2009年9月30日。

② 基于不同发行主体，本书共选取两个总体样本，之后凡说样本1均指本处所选债券样本。

③ 样本债券信息根据上海证券交易所与深圳证券交易所数据整理，截至2009年9月30日。

续表

代码	名称	期限（年）	发行主体	发行量（亿元）	行业	到期日
120510	05 国网	10	国家电网公司	10	电网	2015 - 07 - 07
111018	02 电网	15	国家电网公司	35	电网	2017 - 06 - 18
111019	02 广核债	15	中国广东核电集团有限公司	40	电力	2017 - 11 - 10
111026	05 粤交通	15	广东省交通集团有限公司	15	公路交通	2020 - 06 - 28
111027	03 石油债	10	中国石油天然气股份有限公司	15	石油化工	2013 - 10 - 27
120102	01 三峡债	15	中国长江三峡工程开发总公司	30	水电开发	2016 - 11 - 08
120201	02 三峡债	20	中国长江三峡工程开发总公司	50	水电开发	2022 - 09 - 20
120203	02 中移动	15	广东移动通信有限责任公司	50	电信运营	2017 - 10 - 28
120205	02 渝城投	10	重庆市城市建设投资公司	15	城建、城投	2012 - 12 - 09
120288	02 金茂债	10	中国金茂（集团）股份有限公司	10	不动产开发	2012 - 04 - 28
120301	03 沪轨道	15	上海久事公司	40	轨道交通	2018 - 02 - 19
120304	03 电网	10	国家电网公司	3.43	电网	2013 - 12 - 30
120307	03 浦发债	10	上海浦东发展（集团）有限公司	15	城建、城投	2013 - 01 - 12
120308	03 沪杭甬	10	浙江沪杭甬高速公路股份有限公司	10	公路交通	2013 - 01 - 23
120309	03 苏交通	10	江苏交通控股有限公司	18	公路交通	2013 - 11 - 20
120310	03 网通	10	中国网络通信集团公司	40	电信运营	2013 - 12 - 03
120483	04 中石化	10	中国石油化工股份有限公司	35	石油化工	2014 - 02 - 23
120486	04 国电	15	中国国电集团公司	15.56	电力	2019 - 09 - 21
120528	05 世博债	7	上海世博（集团）有限公司	10	建设运营	2012 - 12 - 27

二、债券个体 VaR 序列估计

在选定企业债券样本 1 数据之后，采用基于 GARCH 模型的收益率建模方法计算每个企业债券的动态 VaR 值，并对所有 VaR 序列进行后验测试。考虑到上节对各类模型估计 VaR 效果所作比较的结果，且为了便于比较不同债券个体的 VaR，并将选用不同估计模型所造成的差异减小，对所有企业债券收益数据均建立 GARCH（1，1）模型，均值方程仅保留常数项，残差分布选择标准正态，置信度仍然选择 90%、95%、99% 三种标准。表 4 - 7 列出所有企业债券个体在上市期间的总平均 VaR 值①，以及后验测试检验结果。

① 采用动态预测方法进行日 VaR 的进一步预测，计算所有样本期间的每日 VaR，再对样本期间求平均值。

表4－7　　　　所有企业债券总平均VaR结果

	总均VaR			交易日	溢出天数			Kupiec统计量		
债券代码	90%	95%	99%	T	90%	95%	99%	90%	95%	99%
111015	0.0060	0.0077	0.0108	1 559	66	41	16	71.979	22.130	0.011
111018	0.0108	0.0138	0.0196	1 183	62	40	19	35.411	7.329	3.708
111019	0.0103	0.0133	0.0188	1 237	58	36	23	47.343	13.299	7.363
111022	0.0175	0.0225	0.0318	423	29	19	14	5.165	0.238	14.202
111023	0.0121	0.0155	0.0219	887	49	34	20	23.185	2.755	10.404
111026	0.0168	0.0216	0.0306	438	35	21	10	2.095	0.039	5.344
111027	0.0114	0.0147	0.0207	623	37	18	14	13.168	6.846	7.229
120101	0.0046	0.0060	0.0084	1 901	87	47	22	76.286	31.167	0.452
120102	0.0055	0.0071	0.0100	1 827	107	62	32	40.339	11.136	8.515
120201	0.0066	0.0085	0.0120	1 661	82	46	21	57.082	20.609	1.081
120203	0.0077	0.0099	0.0140	1 386	89	58	26	22.300	2.048	8.540
120205	0.0103	0.0132	0.0187	1 049	59	33	18	26.091	8.696	4.473
120288	0.0063	0.0080	0.0114	1 340	75	50	26	33.788	4.959	9.388
120301	0.0068	0.0088	0.0124	1 369	84	48	23	25.983	7.149	5.310
120304	0.0094	0.0121	0.0171	1 000	56	32	9	25.177	7.777	0.105
120305	0.0115	0.0148	0.0209	796	39	22	10	27.809	9.931	0.488
120307	0.0097	0.0124	0.0176	700	45	29	10	11.214	1.147	1.147
120308	0.0085	0.0109	0.0154	629	36	22	9	14.880	3.325	1.041
120309	0.0080	0.0103	0.0145	792	50	34	19	13.585	0.874	11.249
120310	0.0102	0.0132	0.0186	574	30	19	8	17.297	3.898	0.801
120311	0.0117	0.0151	0.0213	318	24	19	7	2.303	0.600	3.453
120482	0.0159	0.0204	0.0288	672	18	14	5	54.875	15.283	0.488
120483	0.0152	0.0195	0.0276	826	37	24	11	34.513	8.924	0.832
120486	0.0369	0.0473	0.0669	262	25	16	9	0.062	0.633	9.611
120488	0.0170	0.0218	0.0308	467	26	19	11	11.949	0.909	6.275
120510	0.0142	0.0182	0.0258	446	20	13	5	18.598	4.772	0.064
120528	0.0085	0.0109	0.0154	702	35	21	9	23.606	6.922	0.518

对所有样本债券的历史总平均VaR分析结果显示：90%置信度时最大值为0.0369，最小值为0.0046，平均值为0.0119；95%置信度时最大值为0.0473，最小值为0.006，平均值为0.0153；99%置信度时最大值为0.0669，

最小值为 0.0084，平均值为 0.0216。

其中，深市样本情况为：90% 置信度时最大值为 0.0369，最小值为 0.0046，平均值为 0.0119；95% 置信度时最大值为 0.0473，最小值为 0.006，平均值为 0.0153；99% 置信度时最大值为 0.0669，最小值为 0.0084，平均值为 0.0216。

沪市样本情况为：90% 置信度时最大值为 0.0369，最小值为 0.0046，平均值为 0.0119；95% 置信度时最大值为 0.0473，最小值为 0.006，平均值为 0.0153；99% 置信度时最大值为 0.0669，最小值为 0.0084，平均值为 0.0216。

总体上，样本内企业债总平均 VaR 均超出所在市场的宏观市场风险水平。从后验测试结果看，90% 置信度 VaR 通过检验为 4 只债券，95% 为 13 只，99% 为 14 只。所有没有通过检验的情况均是出现了明显的风险高估，造成实际溢出率明显偏小，远低于理论预期溢出率。根据这里的检验结果，在使用 VaR 序列分析风险历史趋势时倾向于采用较高置信度的 VaR 序列。

三、微观市场风险的趋势性

这里为了对本章假设 1.2 作出回答，同样对各个样本债券的市场风险趋势作了分析。但是由于样本债券发行年限不同，为了与对宏观市场风险的趋势分析相吻合，这里选取样本 1 中所有发行时间在 2002 年以前的企业债券，划分期间的时点仍然选择 2006 年 7 月 1 日，同样对所有债券个体的样本期间的 VaR 序列按照大小的顺序进行排列，分别选择各债券样本总量的 1/5 作为考察对象，分析了极端 VaR 值出现时间的历史分布。考虑到 VaR 对市场风险估计的准确性，这里采用 95% 置信度的 VaR 序列。所有结果见表 4－8。

表 4－8　　样本债券极端风险值的历史分布特征

			风险高点分布		风险低点分布	
代码	名称	样本数	前段	后段	前段	后段
111015	01 三峡	311	0.363	0.637	0.566	0.434
111018	02 电网	236	0.203	0.797	0.873	0.127
111019	02 广核债	247	0.158	0.842	0.559	0.441
120101	01 中移动	380	0.550	0.450	0.605	0.395
120102	01 三峡债	365	0.342	0.658	0.712	0.288
120201	02 三峡债	332	0.337	0.663	0.645	0.355
120203	02 中移动	277	0.238	0.762	0.942	0.058
120205	02 渝城投	209	0.287	0.713	0.502	0.498
120288	02 金茂债	268	0.265	0.735	0.672	0.328

从风险前20%的高点分布观察，所选择的9只样本企业债券，除01中移动以外，风险值高点在分析前期的分布均低于后期，并且风险高点在前期分布的比例均低于40%。而在2006年7月1日之后，风险高点的分布比例显著高于前期。除01中移动外，分布比例均在60%之上；从风险值较低前20%出现时点的分布观察，所有债券的低点均集中在2006年7月1日以前。除02渝城投低点的分布前期与后期差异不大之外（分别为50.2%与49.8%），其他债券前期低点均占55%以上，其中02中移动的前期风险低点甚至占到94.2%。这里初步对假设2作出肯定的结论。同样，还对9只2002年以前上市的企业债券的 VaR_{95} 序列进行了是否含有趋势性检验，分别采用ADF与PP检验，检验结果如表4-9所示。

表4-9　　样本企业债券VaR序列的平稳性检验结果

		ADF 检验		PP 检验	
代码	名称	*t* 统计量	*P* 值	*T* 统计量	*P* 值
111015	01 三峡 10	-4.39702	0.0000	-4.64280	0.0000
111018	02 电网 15	-5.71612	0.0000	-5.68630	0.0000
111019	02 广核债 15	-5.25535	0.0000	-5.15760	0.0000
120101	01 中移动 10	-6.42300	0.0000	-6.77369	0.0000
120102	01 三峡债 15	-5.85785	0.0000	-5.31035	0.0000
120201	02 三峡债 20	-5.32928	0.0000	-5.04284	0.0000
120203	02 中移动 15	-4.86998	0.0000	-5.67211	0.0000
120205	02 渝城投 10	-5.66732	0.0000	-5.13995	0.0000
120288	02 金茂债 10	-5.67400	0.0000	-5.25105	0.0000

这里的检验结果显示，9只样本债券中没有任何一只债券VaR序列存在单位根，拒绝平稳性假设。这说明，从平稳性的角度无法支持可能这部分债券的市场风险在考察期间具有趋势性。

四、结论

经过上述对9只样本债券两个方面的研究与分析，可以得到以下结论：

1. 各企业债券收益率VaR序列排在前20%的高点与低点的历史分布结果显示，分界点2006年7月1日之前的风险高点比例占50%以下的有8只，且在40%以下有5只。而分界点前期的风险低点占比50%以上的有9只，即全部债券；占比60%以上的有6只。

2. 对各只债券收益率 VaR 动态序列的趋势性检验结果显示，ADF 与 PP 平稳性检验均拒绝了所有序列存在单位根的假设，显示 VaR 序列平稳，不具有趋势性。

综合上述两方面的结论，可以部分验证本章假设 1.2，以企业债券个体为代表的微观市场风险总体上呈现上升的历史趋势。但是，其上升具有明显的波动特征，因此趋势性检验的结果并不显著。

第四节 企业债券的行业市场风险

在对交易所上市企业债券行业市场风险进行比较研究时，本部分从两个角度展开分析，其一是每个行业内所包含的各个上市企业债券的个体市场风险，所采用的研究方法与之前分析指数收益市场风险相同；其二是分析所有企业债券样本 1 中行业市场风险，方法是采用行业所属的各企业债券组合的 VaR 值作为显示行业市场风险的测度，而各只债券个体风险在行业风险中所占的权重由其融资额占所属行业总融资额确定①。为了方便列示，行业风险测度仍然采用组合 VaR 的固定期间的每日平均值。根据之前对债券不同置信度 VaR 序列后验测试结果，这里均采用 95% 的 VaR 作为市场风险趋势指标。

一、组合 VaR 序列的估计方法

由于正态分布满足椭圆形分布下 VaR 计算结果的可加性，因此在投资组合情况下，对各个债券个体收益序列仍采用正态分布的残差假设。

根据组合的 VaR 计算方法，$\sigma_P^2 = \omega^T \sum \omega$。其中，$\omega$ 表示 n 只债券行业组合内各债券的权重向量，$\sum$ 表示各债券收益率的协方差矩阵，则行业组合的日波动率 $\sigma_P = \sqrt{\omega^T \sum \omega}$。进一步，根据债券个体的条件期望 $\hat{\mu}_i$，可以求出组合的期望 $\mu_P = \sum_{i=1}^{n} \hat{\mu}_i$，结合组合的波动率以及残差分布假设分位数 Z_α，则可以计算每日的组合 VaR，$VaR_P = \mu_P - Z_\alpha \cdot \sigma_P$。

在对组合 VaR 估计时，需要计算组合内各债券的收益率序列的协方差矩阵，以及组合内各个债券所占组合的比例。债券的权重由其融资额占组合中所有债券的融资额比例确定。这里协方差矩阵的估计采用间接的方式，即首

① 这里总融资额均为样本所选债券总融资额。

先估计各债券的相关系数矩阵，设相关系数矩阵的元素为 r_{ij}，表示债券 i、j 的日收益率相关系数，则协方差矩阵的元素 $\sigma_{ij} = r_{ij} \cdot \sigma_i \sigma_j$，其中，$\sigma_i$、$\sigma_j$ 分别为债券 i、j 的日波动率，由各自收益率序列的 GARCH 模型估计。

需要说明的是：

1. 这里相关系数矩阵是非时变的，即相关系数矩阵中的元素均是由各债券收益率序列所有期间的数据估计。而债券个体的日波动率是时变的，因此，这里估计的协方差矩阵具有一定误差。

2. 由于各个债券的交易天数并不统一，在计算组合内债券的相关系数矩阵以及计算组合波动率时，均选择了所有组合内各债券具有相同交易日的期间。因此，组合 VaR 序列的长度明显小于任何一只债券的时间序列天数。

二、各行业债券个体与组合的年均 VaR

（一）电力行业

电力行业企业占企业债券发行数量比例较大。在所选实证分析债券样本中，共有 5 只企业债券来自电力行业，涉及水电、火电、核电等领域，占据样本总量约1/4；发行规模达 170.56 亿元，占所有样本债券融资额的 31.7%。样本债券来源于 4 家发行主体，样本债券代码分别为 111015、111019、120102、120201、120486，样本债券融资额分别为 35 亿元、40 亿元、30 亿元、50 亿元、15.56 亿元。根据各只债券融资额所占权重计算电力行业企业债券的组合 VaR 序列，计算周期从 2005 年 9 月 9 日至 2009 年 9 月 30 日①。表 4－10 列出了电力行业各企业债券个体年度日均 VaR 以及行业组合的日均 VaR 的年度历史数据。

表 4－10　电力行业债券个体以及行业组合各年度日平均 VaR

年度	债券个体					行业组合
	01 三峡 10	02 广核债 15	01 三峡债 15	02 三峡债 20	04 国电 15	
2005	0.0072	0.0105	0.0063	0.0076	0.0347	0.0104
2006	0.0072	0.0147	0.0095	0.0083	0.0353	0.0122
2007	0.0082	0.0185	0.0093	0.0101	0.0617	0.0162
2008	0.0086	0.0147	0.0075	0.0094	0.0404	0.0129
2009	0.0079	0.0142	0.0049	0.0075	0.0394	0.0115

① 由于电力行业中 04 国电债的上市日期为 2005 年 9 月 9 日，所以电力行业组合的 VaR 起始日期也从此开始。

（二）电网行业

电网行业企业占企业债券发行数量比例小于电力行业。在所选实证分析债券样本中，共有 4 只企业债券来源于电网行业，分别来自两家发行主体，占据样本总量约 1/6；发行规模达 50.5 亿元，占所有样本债券融资额的 7.6%。样本债券代码分别为 111018、120304、120305、120510，样本债券融资额分别为 35 亿元、3.43 亿元、2.12 亿元、10 亿元。根据各只债券融资额所占权重计算电网行业企业债券的加权季度日均 95% 的 VaR，计算周期从 2004 年 9 月 10 日至 2009 年 10 月 1 日①。表 4－11 列出了电网行业各企业债券个体季度日均 VaR 以及行业加权日均 VaR 的历史走势。

表 4－11　电网行业债券个体以及行业组合各年度日平均 VaR

年度	债券个体				行业组合
	03 电网 10	05 国网 10	02 电网 15	03 电网 10	
2004	0.0546	0.0000	0.0120	0.0142	0.0115
2005	0.0144	0.0113	0.0105	0.0098	0.0107
2006	0.0199	0.0278	0.0133	0.0105	0.0162
2007	0.0174	0.0396	0.0155	0.0153	0.0203
2008	0.0098	0.0170	0.0217	0.0120	0.0196
2009	0.0096	0.0096	0.0294	0.0124	0.0234

（三）城建、城投行业

单纯城建、城投行业企业占企业债券发行数量比例较小，本部分将市政建设、城市开发、房地产开发、城市展会综合开发的样本债券均归入此类。在所选实证分析债券样本中，共有 4 只企业债券来源于此类行业，分别来自 4 家发行主体，占据样本总量约 13%；发行规模总量达 50 亿元，占所有样本债券融资额的 7.52%。样本债券代码分别为 120205、120288、120307、120528，样本债券融资额分别为 15 亿元、10 亿元、15 亿元、10 亿元。根据各只债券融资额所占权重计算城建、城投行业企业债券的加权季度日均 95% 的 VaR，计算周期从 2006 年 1 月 18 日至 2009 年 9 月 30 日②。表 4－12 列出了城建、城投行业各企业债券个体季度日均 VaR 以及行业加权日均 VaR 的历史走势。

---

① 03 电网 120304、120305 均为 2004 年 9 月 10 日上市。

② 05 世博债于 2006 年 1 月 18 日上市交易。

表 4-12　城建、城投行业债券个体以及行业组合各年度日平均 VaR

年度	债券个体				行业组合
	02 渝城投	02 金茂债	03 浦发债	05 世博债	
2006	0.0116	0.0070	0.0089	0.0091	0.0093
2007	0.0190	0.0122	0.0211	0.0101	0.0164
2008	0.0132	0.0094	0.0124	0.0125	0.0120
2009	0.0122	0.0068	0.0107	0.0130	0.0108

（四）轨道交通与公路交通行业

交通建设运营行业企业占企业债券发行数量比例较大，共涉及 3 个子行业：城市轨道交通、公路建设运营、铁路建设。在所选实证分析债券样本中，共有 2 只企业债券来源于城市轨道交通行业，分别来自两家发行主体。发行规模达 60 亿元，占所有样本债券融资额的 9.03%。样本债券代码为 120301、120488，样本债券融资额分别为 40 亿元、20 亿元。共有 3 只企业债券来源于公路建设运营行业，分别来自 3 家发行主体。发行规模达 43 亿元，占所有样本债券融资额的 6.47%。样本债券代码为 111026、120308、120309，样本债券融资额分别为 15 亿元、10 亿元、18 亿元。计算周期从 2005 年 8 月 31 日至 2009 年 10 月 1 日①。表 4-13 列出了交通建设运营各子行业各企业债券个体季度日均 VaR 以及行业加权日均 VaR 的历史走势。

表 4-13　交通建设运营行业债券个体以及行业组合各年度日平均 VaR

年度	轨道交通			公路交通			
	债券个体		行业组合	债券个体			行业组合
	04 京地铁	03 沪轨道		05 粤交通	03 沪杭甬	03 苏交通	
2005	0.0218	0.0078	0.01243	0.019379	0.007469	0.009121	0.0123
2006	0.0260	0.0083	0.014213	0.018898	0.009551	0.008657	0.0124
2007	0.0255	0.0095	0.014811	0.022095	0.011036	0.011953	0.0152
2008	0.0184	0.0108	0.013317	0.023306	0.012549	0.011057	0.0156
2009	0.0189	0.0085	0.012006	0.021439	0.014393	0.009601	0.0148

① 04 京地铁 2005 年 8 月 31 日上市。

（五）电信运营行业

电信运营行业企业占企业债券发行数量比例较大。在所选实证分析债券样本中，共有 4 只企业债券来源于电信运营行业，涉及 3 家发行主体①，占据样本总量约 1/8；发行规模总量达 150 亿元，占所有样本债券融资额的 22.59%，是除电力行业以外融资规模最大的行业。样本债券代码分别为 120101、120203、120310、120311，样本债券融资额分别为 50 亿元、50 亿元、40 亿元、10 亿元。根据各只债券融资额所占权重计算了电信运营行业企业债券的加权季度日均 95% 的 VaR，计算周期从 2006 年 6 月 29 日至 2009 年 10 月 1 日②。表 4－14 列出了电信运营行业各企业债券个体季度日均 VaR 以及行业加权日均 VaR 的历史走势。

表 4－14　电信运营行业债券个体以及行业组合各年度日平均 VaR

年度	债券个体				行业组合
	01 中移动	03 网通 15	02 中移动	03 网通	
2006	0.0063	0.0165	0.0097	0.0115	0.0095
2007	0.0057	0.0218	0.0180	0.0143	0.0131
2008	0.0061	0.0261	0.0137	0.0135	0.0119
2009	0.0051	0.0073	0.0083	0.0122	0.0082

（六）石油化工与其他行业

在所选实证分析债券样本中，共有 2 只企业债券来源于石油化工行业。涉及两家发行主体，占据样本总量约 1/14；发行规模总量达 50 亿元，占所有样本债券融资额的 7.52%。样本债券代码分别为 111027、120483，样本债券融资额分别为 15 亿元、35 亿元。

此外，还有 2 只企业债券没有包括在上述行业中，分别属于旅游、机械制造行业。为了完整地比较各行业市场风险，由于篇幅限制，在此一并分析。根据各只债券融资额所占权重计算石油化工行业企业债券的加权季度日均 95% 的 VaR，计算周期从 2005 年 12 月 12 日至 2009 年 10 月 1 日③。表 4－15 列出了石油化工行业及旅游、机械各企业债券个体季度日均 VaR 以及行业加权日均 VaR 的历史走势。

① 网通债发行时尚未进行电信业整合。

② 两只网通债券均于 2006 年 6 月 29 日上市。

③ 05 石油债于 2005 年 12 月 12 日上市。

表4－15 石油化工、旅游、装备制造行业债券个体以及行业组合各年度日平均VaR

年度	石油化工			旅游	装备制造
	债券个体		行业组合		
	05 石油债	04 中石化		04 首旅债	04 通用债
2005	0.0134	0.0167	0.015719	0.0265	0.0224
2006	0.0138	0.0188	0.017257	0.0331	0.0339
2007	0.0153	0.0216	0.019682	0.0330	0.0271
2008	0.0159	0.0171	0.016767	0.0165	0.0145
2009	0.0139	0.0195	0.017838	0.0148	0.0129

三、不同行业市场风险的比较

（一）行业组合VaR年均值的比较

基于之前计算的各主要行业企业债券组合的动态VaR数据，采用计算季度平均值的方式进行同期各行业企业债券的市场风险比较，从而对本章假设4进行回答。由于各行业所含企业债券样本上市时间不同，所以计算组合VaR的起始时间不同。在比较各行业组合季度VaR平均值时，起始时间点选择最晚上市03网通债的2006年6月29日为开始。在分析各代表行业的绝对市场风险之后，进一步比较分析各行业债券的历史风险趋势差异。表4－16以及图4－5分别列示了各典型行业债券组合的年度加权平均风险值。

表4－16 各行业债券组合各年度日平均VaR

年度	城建、城投	电力	电网	公路交通	轨道交通	电信运营	石油化工	旅游	装备制造
2006	0.0094	0.0123	0.0162	0.0124	0.0142	0.0095	0.0173	0.0331	0.0339
2007	0.0165	0.0162	0.0203	0.0153	0.0148	0.0131	0.0197	0.0330	0.0271
2008	0.0120	0.0130	0.0196	0.0157	0.0133	0.0120	0.0168	0.0165	0.0145
2009	0.0108	0.0116	0.0235	0.0148	0.0120	0.0082	0.0178	0.0148	0.0129

从各行业组合年度平均VaR值观察：

2006年，市场风险最大的是装备制造行业，其当年平均VaR达到0.033944；排列其后的是旅游行业，其VaR均值达到0.033139，与装备制造行业相差无几；当年风险最低的行业为城建、城投行业与电信运营行业，其年均VaR分别仅为0.009387、0.0095；其余行业当年差异不显著，均在0.012～0.017。

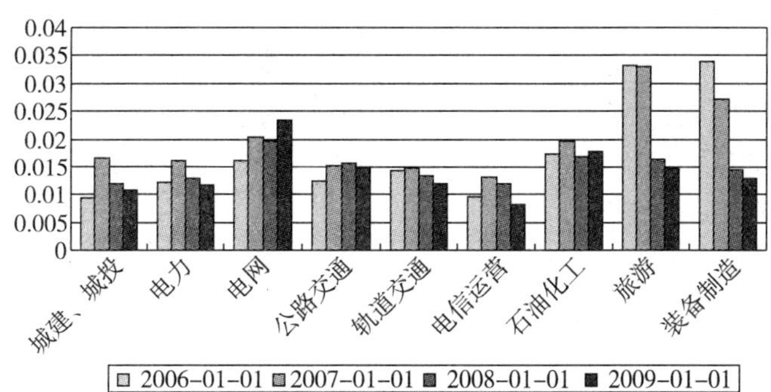

图 4-5　各行业债券组合各年度日平均 VaR

2007 年，市场风险最大的是旅游行业，其当年平均 VaR 达到 0.032996；排列其后的是装备制造行业，其 VaR 均值达到 0.027128；当年风险最低的行业为电信运营行业，其年均 VaR 仅为 0.013149；其余行业风险分布在0.015 ~ 0.02。

2008 年，市场风险最大的是电网行业，其当年平均 VaR 达到 0.019645；排列其后的是石油化工行业与旅游行业，其 VaR 均值分别达到 0.016767 与 0.016462；当年风险最低的行业为电信运营行业，其年均 VaR 仅为 0.011952。

2009 年，市场风险最大的是电网行业，其当年平均 VaR 达到 0.023494、排列其后的是石油化工行业，其 VaR 均值达到 0.017838；当年风险最低的行业为电信运营行业，其年均 VaR 仅为 0.008213。

（二）债券个体 VaR 均值多元因素分析

企业债券市场发行主体中与其他行业市场风险走势明显不同的是装备制造与旅游行业。但是由于两个行业中各仅包含 1 个样本债券，所以无法对其结果说明行业市场风险的准确性作出可靠的保证。而其他行业的市场风险均与沪企债指数市场风险存在较大的相关性，基本趋势相同，所以无法说明各个行业的企业债券市场风险存在明显的差异。考虑对所有样本 1 中的企业债券 VaR 的总平均值进行包含行业虚拟变量的多元回归分析，变量设计如下：

1. 共在多元回归中引入 8 个代表行业特征的虚拟变量，分别为 $T_1, T_2\cdots, T_7$，分别定义为电力行业、电网行业、城建城投行业、轨道交通行业、公路交通行业、电信运营行业、石油化工行业、旅游行业。如果样本债券发行主体属于某一行业，则虚拟变量 $T_i = 1$，否则该虚拟变量 $T_i = 0$。由于共有 8 个行业样本，所以不可能出现 $\sum_i T_i$ 肯定等于 1 的情况。

2. 加入融资额虚拟变量 E。债券的融资额如超过 20 亿元，则其取值为

1，其余取值为0。

3. 由于债券存在期限不同、票面利率是否为浮动方式等可能影响市场风险回归结果的因素，因此考虑引入与期限有关的虚拟变量 D_1、D_2、D_3，分别当债券期限为7年、10年、15年取1；引入与票面利率是否浮动有关的变量 F，如果为浮动利率，其值为1。

首先进行不含期限与票面利率与融资额的虚拟变量回归，结果见表4－17。

表4－17　债券VaR均值的行业特征虚拟变量回归结果

参数	估计值	标准差	T 统计量	P 值
C	0.012243	0.000512	23.89057	0
T_1	－0.000729	0.002292	－0.318061	0.7534
T_2	0.001233	0.001123	1.097985	0.2841
T_3	－0.001091	0.002292	－0.47604	0.6387
T_4	0.001428	0.001554	0.919231	0.3684
T_5	1.91E－05	0.001655	0.011545	0.9909
T_6	0.002264	0.002132	1.061986	0.3003
T_7	0.002829	0.002132	1.326875	0.1988
T_8	0.001683	0.001569	1.072498	0.2957
调整 R^2＝6.7%　　F 检验的 P 值＝0.23697				

从结果可以发现，除常数项外，所有虚拟变量的系数均不显著，并且调整 R^2 也较小，仅为0.067，说明回归模型对VaR总均值的解释程度非常差。因此，初步判断，行业特征不是造成市场风险差异的主要原因。

加入期限与票面利率与融资额有关的虚拟变量再次得到回归结果（见表4－18），这里仅列出系数显著的参数。

表4－18　所有显著的虚拟变量回归参数结果

参数	估计值	标准差	T 统计量	P 值
C	0.026380	0.002142	5.151126	0
D_2	0.012958	0.001023	12.664000	0
F	0.021294	0.001498	7.540386	0
调整 R^2＝26.437%　　F 检验的 P 值＝0.66325				

回归结果中，T_i 的 P 值均在0.25以上，所以仍然不显著，仅有 D_2 与 F 的系数显著。不过该模型的调整后 R^2 仍然仅有0.264，所以再次证明行业特征不是影响企业债券市场风险的主要因素。不过回归结果可能与样本选择的局限有关。样本包含10年期债券共17只，占样本比例较大，因此，债券VaR均值与其具有显著线性关系几乎是必然的。这里值得注意的是，浮动票面利率虚拟变量 F 的系数显著，并且其系数超过 D_2，浮动票面利率因素对债券的市场风险有正向的线性关系。

四、结论

本节实证研究围绕不同行业的企业债券市场风险展开，分别从两个角度对假设3展开验证。

1. 结合GARCH模型的组合VaR方法计算各行业企业债券组合的VaR序列，并选择年度VaR均值对各行业市场风险进行比较，结果显示各期间不同行业债券的市场风险差异明显。但是，不同期间行业间市场风险的大小关系并不稳定，因此，认为行业特征因素本身并未对企业债券市场风险产生影响。
2. 对所有债券VaR均值进行包含行业特征的多元回归，结果表明行业特征虚拟变量、融资额虚拟变量对VaR均值的影响效应不显著，而期限因素与票面利率浮动因素对企业债券个体的市场风险影响显著，进一步证明不同行业的市场风险差异与所在行业特征无显著关系，不同行业债券的市场风险与行业内债券个体的期限分布以及浮动利率债券所占的比例有关。

综合考虑上述结果，行业组合市场风险具有明显差异性。但是行业内企业债券个体的市场风险与其行业特征之间不存在显著的线性关系，仅能部分证实假设2。

第五节　企业债券市场风险的准国债属性

一、比较对象及说明

为了对本章假设3.1、假设3.2作出验证，需要考察企业债券与国债的市场风险是否具有明显差异，因此直接的实证研究的对象为上交所国债指数，比较沪企债指数与国债指数市场风险的差异。同时，采用相反的论证方向，即通过比较与国债具有明显差异品种的市场风险。如果企业债券市场风险表现明显不同于与国债差异明显的品种，则可以反向证实企业债券市场风险表

现具有准国债属性。这里考虑选择穆迪评级AAA级、BAA级公司债券市场到期收益率指数作为研究对象。

（一）国债指数

上证国债指数是以上海证券交易所上市的所有固定利率国债为样本按照国债发行量加权而成，自2003年1月2日起对外发布，基日为2002年12月31日，基点为100点，代码为000012。上证国债指数编制方法[①]如下：

样本为在上海证券交易所上市的国债品种，目前暂不考虑发行量限制，国债的剩余期限在一年以上。付息方式均为固定利率付息和一次还本付息，基期指数为100点；采用100为初值可以直观地看出指数值的百分比变动，采用派许加权综合价格指数公式计算。以样本国债的发行量为权数进行加权，计算公式为：

1. 报告期指数 =（报告期成分国债的总市值 + 报告期国债利息及再投资收益）/基期数据 × 基期指数

2. 报告期成分国债的总市值 = ∑（全价 × 发行量）

3. 全价 = 净价 + 应计利息

报告期国债利息及再投资收益表示将当月样本国债利息收入再投资于债券指数本身所得收益。每月最后一个交易日，将剩余期限不到一年的国债剔除。国债指数选取区间为2003年2月24日至2009年9月30日的收盘价数据。

（二）穆迪评级AAA级、BAA级公司债券到期收益率

美国穆迪评级AAA级、BAA级公司债券利率样本选择期限在10年以上的公司债券。当剩余期限在10年以下时，穆迪将其剔除出样本，其余剔除出样本的情况还包括债券可能被赎回以及利率发生重大改变（具体编制方法不详）。基期为1983年1月3日，实证数据选择期间为2002年1月1日至2009年9月30日，数据来源于美国圣·路易斯银行网站。

二、各指数收益率序列的VaR估计

首先，按照与计算企债指数收益率相同的方法得到各类比较指数的收益率序列，并对其进行平稳性检验[②]，然后对其建立时间序列模型。这里为了简化分析，对各类指数收益率序列仍然建立仅含常数项的均值方程以及GARCH（1，1）的方差方程，残差假设正态分布，时间序列参数估计结果列于表

① 上海证券交易所网站。

② 检验结果略。

4－19。

表4－19 各指数收益率时间序列参数估计结果

指数	C	K	GARCH	ARCH	AIC	BIC
国债指数	9.02E－05	1.74E－07	0.6226550	0.2846729	－18565.00	－18543.25
穆迪AAA	0.0001552	4.67E－07	0.9570966	0.0389855	－12263.58	－12241.38
穆迪BAA	0.0001662	4.15E－07	0.9584219	0.0353086	－13088.32	－13066.12

之后，根据相同方法，对每日VaR进一步预测，计算历史VaR序列，并对估计结果进行后验测试。这里为了方便列示，仅列出了各类指数收益率的历史每日总平均VaR，与后验测试结果同时列于表4－20。

表4－20 国债指数总平均VaR及后验测试结果

指数类型	总均VaR			交易日	溢出天数			Kupiec统计量		
	90%	95%	99%	T	90%	95%	99%	90%	95%	99%
国债指数	0.0015	0.0019	0.0027	1 698	89	57	28	50.8134	10.8596	6.0418
穆迪AAA	0.0129	0.0166	0.0235	1 901	180	96	28	0.6059	0.0100	3.7484
穆迪BAA	0.0102	0.0130	0.0184	1 901	182	94	31	0.3884	0.0123	6.4159

为了便于与企债指数收益的历史风险变动进行比较，同时计算了各类指数收益率的历史期间的年度日平均VaR、季度日平均VaR、月内日平均VaR。年度、季度数据及实际溢出数据见表4－21。

表4－21 各指数年度日平均VaR数据

年份	沪企债指数	国债指数	穆迪AAA	穆迪BAA
2003	0.0027	0.0019	0.0157	0.0130
2004	0.0032	0.0027	0.0141	0.0116
2005	0.0027	0.0023	0.0144	0.0119
2006	0.0020	0.0015	0.0117	0.0099
2007	0.0030	0.0015	0.0133	0.0110
2008	0.0034	0.0017	0.0213	0.0160
2009	0.0019	0.0016	0.0268	0.0178

三、不同指数收益率序列的风险比较

（一）沪企债指数与国债指数

基于VaR历史数据计算结果，这里同样选择95% VaR序列作为比较指

标。图4－6列出了国债指数月均VaR与企债指数月均VaR的同比数据，从图上可以直观地了解两者在各年度历史风险的异同。

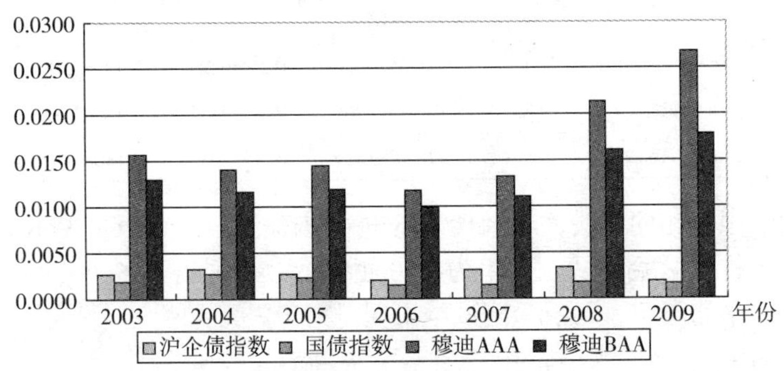

图4－6　沪企债指数与国债指数对比指数95%年均VaR

首先比较沪企债指数收益率风险值与国债指数风险值的数量差异。从年均值观察，沪企债风险值在2003—2009年均高于国债指数。但是两者相差的幅度最低在2004年，沪企债指数较国债指数市场风险仅高出约17.39%；而两者相差幅度最大为2007年、2008年，沪企债指数较国债指数市场风险均高出约100%。但是，考虑到国债市场风险绝对值较低，这种幅度上的差异并没有造成企业债券市场风险与国债市场风险相差一个数量级以上，而2007年、2008年两年由于我国重启企业债券融资，大力发展公司债券，这些因素均会显著地增加企业债券市场风险。因此，如果不考虑这两年的差异，企业债券与国债在市场风险的绝对数量方面存在较明显的近似特征。

其次，将国债指数收益率的历史风险值变动趋势与沪企债指数相比较，可以发现：企债指数收益的市场风险在各历史区间均高于国债指数。只有在少数时期，如2004年3月、2004年6月、2005年12月、2009年12月的国债指数风险值超过企业债券风险值。企债指数与国债指数的市场风险历史峰值出现在不同区间，企业债券的市场风险在分析期间内经历了5次阶段性峰值，且总体上这些区间峰值差异不大。但是国债指数风险峰值出现在2004年6月，其余期间总体风险差异较小。2009年9月以后，企债指数与国债指数市场风险开始趋近，在季均VaR图上反映为国债指数开始从企债指数下方超越，而在月均VaR上国债指数仍然处于企债指数下方。但是，这显示在最近的交易期间，国债指数风险有大幅上升的趋势。

最后，从两者的市场风险波动上观察，企债指数市场风险的上下波动较国债指数剧烈。如前所述，企债指数总体风险经历了5次较大的波动区间，

而国债指数自2003年以来仅仅在分析之初即2003年至2004年9月期间存在明显波动。之后的分析期内，国债指数总体风险保持比较稳定的趋势，总体上保持在0.0002的水平上。从这个角度考察，企业债券与国债的市场风险存在较明显的差异。

（二）沪企债指数与穆迪评级AAA级、BAA级公司债券到期收益指数

从总体趋势上看，我国企业债券宏观市场风险在研究期间与穆迪评级BAA级公司债券市场风险有相近的总体变化趋势，穆迪BAA债券市场风险达到历史高点的时间与沪企债指数相同。之前共经历2次较大规模的风险上升区间，首次较沪企债指数早，为2003年8月；后一次在2007年8月，与沪企债指数相同。而穆迪评级AAA级公司债券市场风险达到历史峰值在2009年2月，稍迟于沪企债指数。

从月均VaR数量分布上观察，沪企债指数总均值为0.0027，历史峰值为0.082，长期保持在0.002左右；穆迪评级AAA级公司债券总均值为0.0166，历史峰值为0.0335，总体较沪企债高出约1.3个百分点；穆迪BAA公司债券总均值为0.013，历史峰值为0.0221，总体较沪企债高出约1个百分点。

造成沪企债指数市场风险与穆迪评级AAA级、BAA级公司债券利率市场风险差异的主要原因可以归结为三方面：

1. 微观市场结构差异。第一，美国公司债券市场交易机制和技术系统较完备发达，交易成本低，交易报价变化幅度大于我国企业债券市场。第二，前者有健全的市场定价机制，企业债券的发行价格自由定价。第三，前者有较健全的企业信用评级体系，且市场上对影响企业债券价格变化的信息披露充分，客观上增加了债券价格变化的不确定因素。

2. 面临不同的宏观经济环境。以对债券市场影响最大的市场利率来看，尽管美国已经完全实现了利率市场化，但是基准利率对公司债券市场风险的影响仍然不能忽略，而中美两国央行利率调整的时间和幅度均有明显的不同，所以对债券二级市场价格的影响也会存在显著差异。

3. 与国际市场的接轨。由于两国的汇率形成机制不同，对资本项目下资金流动的管制方式也不同，因此，美国公司债券市场风险受到其他市场的宏观因素影响更加显著。而我国企业债券市场基本上是封闭运行的，对其他市场的波动与全球重大经济事件的反应不明显。①

① 这一点在第五章还会进行专门研究。

四、结论

本节主要通过对比沪企债指数收益率与国债指数收益率、穆迪评级 AAA 级、BAA 级公司债券到期收益率市场风险的表现差异，分别验证假设 3.1 与假设 3.2。

1. 以沪企债指数收益率与国债指数收益率 VaR 为研究对象，两者所代表的企业债券市场风险与国债市场风险之间在风险值的数量上有较大的相似性；但是从历史风险的趋势角度分析，两者具有明显的差异，体现在历史峰值出现的时点；从市场风险本身的波动观察，企业债券明显高于国债。因此，对假设 3.1 的验证显示，企业债券的市场风险仅在数量上具有国债属性，但是在市场风险变化幅度、历史变化趋势两方面差异明显。

2. 以沪企债指数收益率与穆迪信用评级 AAA 级、BAA 级公司债券到期收益率 VaR 为研究对象，两者所代表的我国企业市场风险与成熟企业债券市场风险之间在风险值的数量上、历史趋势上、市场风险本身的波动幅度上均有较强的差异性。因此，对假设 3.2 的验证显示，我国企业债券的市场风险与成熟企业债券市场风险具有显著差异。

3. 综合上述两方面的验证认为，企业债券的市场风险部分具有国债属性，其市场风险接近于国债而非成熟市场的公司债券。

第五章

企业债券市场风险的重大事件影响效应

第一节　引言

一、本章假设

本章的实证研究主要是为了验证全书假设4“企业债券的市场风险受到来自存贷款基准利率、存款准备金率调整事件的影响将显著大于其他重大事件的影响”。

为了对上述假设展开验证，本章主要采用对于企业债券市场风险的事件分析方法，并对包括基准利率、存款准备金率调整事件在内的多种事件进行研究。

首先，采用事件分析方法研究基准利率与存款准备金率调整对企业债券市场风险产生的影响。其次，采用事件分析方法研究其他重大事件对企业债券市场风险产生的影响。其他事件的类型主要包括三个方面：与企业债券市场有关的制度调整事件，与汇率改革有关的标志事件，与经济危机有关的标志事件。再次，比较分析这些事件影响的差异，主要立足于两个方面：定性的方面，即是否存在显著影响；定量的方面，影响程度的量化。

二、本章结构安排

第一节，引言。介绍本章假设与实证研究结构安排。

第二节，事件分析方法与改进。主要阐述事件分析方法，并且基于实证研究对象进行有针对性的改进。其一，在对事件窗口期间平均超额收益的预测模型中引入与市场波动有关的变量。其二，提出对事件窗口期间的 VaR 显著性变化的检验方法。

第三节，基准利率与存款准备金率调整事件。本节主要采用改进的事件分析方法对2003—2008年的6次基准利率调整事件、3次存款准备金率调整事件对企业债券市场风险的影响进行分析与检验，分别从窗口期间超额收益显著性、VaR序列在窗口期间差异的显著性两个角度考察事件对企业债券市场风险的影响。

第四节，债券市场规制调整事件。共选择了4个规制样本事件，其中两次直接与企业债券市场有关，两次与企业债券市场间接相关，采用相同方法研究企业债券相关规制调整事件对企业债券市场风险的影响效应。

第五节，汇率改革与经济危机标志事件。共选择了4个样本事件，其中汇率改革标志性事件两个，经济危机标志性事件两个，采用相同方法研究两

类事件对企业债券市场风险的影响效应。

第六节，结论。对各类事件发生期间对企业债券市场风险的影响效应进行比较分析，并直接验证假设4。

第二节　事件分析方法与改进

一、定义及一般步骤

（一）事件分析法的定义

事件分析法是指根据某一重大事件发生前、后时期的统计资料，利用一些定量分析方法测度政策事件对证券市场影响的一种实证分析方法。由于证券市场上经常会有各种政策、消息等事件发生，而事件的影响又会很快在证券的价格上反映出来，因此，事件分析法在对证券市场的研究中得到了广泛的应用。近年来，魏玉根（2001），史代敏（2002），楼迎军（2003），薛锋、董颖颖等（2004），严武、肖民赞（2005），俞鸿琳（2006）就曾利用事件分析法从不同角度较好地解决了相关政策对证券市场影响等问题。事件分析法目前被广泛应用于会计学、经济学、金融学领域，用于对各个市场产生重要影响事件的发生而导致价格及其他指标的变化，即对事件前后相应市场价格因子的变化程度考察对象事件对市场超额收益的影响，并依此判断市场对此类事件的反应与事件的总和影响效应。

（二）事件分析法的步骤

在进行事件分析时，首先要确定市场的考察期间与特定事件发生期的一一对应关系。[①] 因此事件研究一般选择事件日（发生或公布日），假设为 t 日，考察市场变化的区间为 t 日之前的数天与之后的数天，天数分别假设为 n_1、n_2，以该区间为一个研究事件窗口。考察目标即确定这一事件是否引起投资者对市场预期抑或是投资行为的改变，从而引起显著的企业债券价格变化，影响考察期间的价格风险。

之后，需要确定考察市场因子超额收益的定义：定义 AR_{it} 为考察对象 i 在事件日 t 的超额收益，ARR_t 为 t 日的平均超额收益，$CAAR$ 为窗口期间的累积超额收益，N 为考察对象个数，则其具体定义为：

① 对于证券市场而言，事件发生日相对于事件公布日，后者往往产生更为重要的影响。加之可能存在信息泄露的情况；事件发生后，市场对事件发生的反应也可能存在滞后效应，不一定当下作出反应，一般符合渐进累积的过程。

$$ARR_t = \frac{1}{N}\sum_{1}^{N} AR_{it} \tag{5.1}$$

$$CAAR = \sum_{t=t-n_1}^{t+n_2} ARR_t \tag{5.2}$$

第三，在对超额收益定义之后，需要制定超额收益显著的检验方法及标准。具体检验方法分为参数检验和非参数检验两种。

1. 参数检验。参数检验即假设收益率的总体分布已知。如果假设收益分布为正态总体或近似正态总体，则可构造统计量：

$$t(\widetilde{X}) = (\overline{X} - \mu) / \frac{S}{\sqrt{N}} \tag{5.3}$$

这是常见的样本均值已知情况下的 T 检验统计量，$\overline{X}$ 为样本均值，S 为样本方差。N 为样本容量，则该统计量服从自由度为 $(N-1)$ 的 t 分布。关于总体均值的假设检验问题：$H_0: \mu = \mu_0$。那么，在显著性 α 下的对原假设的拒绝域即为：

$$\{\tilde{x}: | t(\tilde{x}) \geqslant t_{1-\alpha/2}(N-1)\} \tag{5.4}$$

因此，可以计算统计量：

$$T_{AAR_t} = \frac{AAR_t}{S(AAR_t) / \sqrt{N}} \tag{5.5}$$

其中，$S(AAR_t) = [(1/N-1)\sum_{i=1}^{N}(AR_{it} - AAR_t)^2]^{1/2}$。如果假设 AR 总体服从正态分布，那么这个统计量就服从 t 分布。类似地，可构造累积平均超额收益显著性的 T 检验统计量。

2. 非参数检验。当对有关总体分布的信息所知很少时，可以采用非参数检验的方法，这一点在金融资产收益率分布上比较明显。由于大多数收益序列均存在尖峰厚尾效应，一般不满足 T 检验的假设，所以，检验结果准确性会受到很大影响。非参数检验不依赖总体分布的特征，作为参数检验的一种替代方法应用很广。Wilcoxon 符号秩检验就是一种在实际中广泛应用的非参数检验方法。如果超额收益不显著，那么超额收益在 0 的两边应较为均匀地分布；反之，在 0 两边分布不均匀，超额收益显著。因此原假设即样本中位数为 0 的 Wilcoxon 符号秩检验过程为：

（1）计算超额收益 AR_{it}。

（2）计算 AR_{it} 与 0 的绝对偏差秩及其符号秩。

（3）定义 T^+ 与 T^- 两个随机变量，其中 T^+ = 正符号秩之和，T^- = 负符号

秩之和。T^+ 与 T^- 均服从 Wilcoxon 符号秩分布。

(4) 如果原假设成立，T^+ 与 T^- 应具有相同的值。若当中有一个相当小，应怀疑原假设不成立，即统计量 $W = \min(T^+, T^-)$。

(5) 给定显著性水平，查 Wilcoxon 符号秩分布表，寻找临界点 c，并比较 W 与 c，得出对原假设拒绝与否的结论。

(6) 当样本容量较大时，Wilcoxon 符号秩分布表未能给出检验值，可构建大样本渐进正态统计量：

$$Z = \frac{W - N(N+1)/4}{\sqrt{N(N+1)(2N+1)/24}} \tag{5.6}$$

该统计量近似服从标准正态分布。对于两个样本的配对检验，可以采用符号秩和方法检验两个配对样本的中位数是否存在显著性差异。这里统计量与符号秩检验类似，不再赘述。

二、基于实证研究对象的方法改进

事件分析法主要通过对考察窗口期间是否存在超额收益来判断重大事件对市场价格的影响，由于本章主要分析的对象为重大事件对企业债券的市场风险的影响，因此，事件分析法是对超额收益的考察。这里超额收益并不能完全代表考察期间市场风险的显著变化，考察的目标存在一定的差异。为了更加吻合本章的研究对象，对方法作了如下改进：

1. 在对收益率时间序列建模时考虑在均值方程中增加市场风险有关的变量。通常，金融理论表明具有较高可观测风险的资产可以获得较高的收益水平，原因在于人们普遍认为收益与风险成正比，风险越大，收益越高。在 GARCH 模型中，GARCH－M 模型即体现了这种思想。Engle、Lilien、Robins (1987) 首先提出了 GARCH－M 模型，其均值方程为

$$y_t = \gamma x_t + \rho\sigma_t^2 + u_t \tag{5.7}$$

方差方程为

$$\sigma_t^2 = \alpha_0 + \alpha_1 u_{t-1}^2 + \alpha_2 u_{t-2}^2 + \cdots + \alpha_p u_{t-p}^2 + \beta_1\sigma_{t-1}^2 + \beta_2\sigma_{t-2}^2 + \cdots + \beta_q\sigma_{t-q}^2 \tag{5.8}$$

上述为 GARCH (p, q) 模型基本形式，其主要存在两类变形，主要在均值方程上。第一种采用条件标准差代替条件方差，即均值方程变为

$$y_t = \gamma x_t + \rho\sigma_t + u_t \tag{5.9}$$

第二类，将条件方差变化为其对数：

$$y_t = \gamma x_t + \rho\log(\sigma_t^2) + u_t \tag{5.10}$$

经过对收益率时间序列模型的改进，对窗口期间超额收益的预测值也会受到来自条件方差更大的影响。这样，对窗口期超额收益的研究才可以与对市场风险的研究统一起来。

2. 对窗口前后 VaR 序列总体差异的检验。第一种改进主要是对窗口期间超额收益预测模型的改进，在收益率均值模型中加入 GARCH－M 项，可以间接地通过超额收益观察重大事件对期间波动风险的影响。但是仍然存在两方面的局限：其一，条件波动率显示的是市场风险的双侧风险，也就是收益与损失风险，而实际上损失风险受到更多的关注。其二，不同时间序列模型对收益率进行预测的结果的影响会显著大于不同模型对条件方差的估计结果的影响。基于此，选择考察动态 VaR 序列，在上述两方面会优于考察超额收益。

3. 对超额收益的检验。关于各个事件样本窗口期的超额收益，分别对几个假设进行检验：

（1）事件窗口前期平均超额收益的 0 均值与 0 中位数检验，分别采用单样本 T 检验和符号秩检验方法，目标是检验事件前期超额收益是否服从 0 均值假设与 0 中位数假设，原假设为服从 0 均值与 0 中位数。

（2）事件窗口后期平均超额收益的 0 均值与 0 中位数检验，分别采用单样本 T 检验和符号秩检验方法，目标是检验事件后期超额收益是否服从 0 均值假设与 0 中位数假设，原假设为服从 0 均值与 0 中位数。

（3）事件窗口整体平均超额收益的 0 均值与 0 中位数检验，分别采用单样本 T 检验和符号秩检验方法，目标是检验事件整个期间超额收益是否服从 0 均值假设与 0 中位数假设，原假设为服从 0 均值与 0 中位数。

（4）对窗口前期与后期两个样本进行双样本的 T 检验与符号秩检验，观察两样本均值与中位数是否存在显著差异，原假设为均值与中位数相同。

检验结果的意义：

第一类检验结果可以显示窗口前期超额收益均值、中位数是否显著异于 0。如接受原假设，则显示事件发生前期市场没有显著的超额收益，市场没有对此次事件信息有提前预知；如果拒绝原假设，则显示市场可能对此次事件信息有提前预知或者存在信息泄露的可能，并且事件发生的信息显著影响了市场风险。

第二类检验结果可以显示窗口前期超额收益均值、中位数是否显著异于 0。如接受原假设，则显示事件发生后期市场没有显著的超额收益，市场没有对此次事件信息有明显的反应，事件对市场风险的影响不显著；反之，若拒绝原假设，则显示事件发生后期市场产生了显著的超额收益，市场对此次事件信息有明显的反应，事件对市场风险的影响较显著。

第三类检验结果可以显示窗口整个期间超额收益均值、中位数是否显著异于0。如接受原假设，则显示事件发生期间市场没有显著的超额收益，市场没有对此次事件信息有明显的反应，事件对市场风险的影响不显著；反之，若拒绝原假设，则显示事件发生期间市场产生了显著的超额收益，市场对此次事件信息有明显的反应，事件对市场风险的影响较显著。

第四类①检验结果可以显示窗口前后期超额收益均值、中位数是否存在显著的差异。如接受原假设，则显示事件发生前后市场没有显著的超额收益均值、中位数变化；反之，若拒绝原假设，则显示事件发生前期、后期市场产生了显著的超额收益均值、中位数变化。这里的检验意义实际上是为了在同时出现前三类检验同时拒绝原假设，或同时接受原假设情况下进一步分析前后期差异：如果同时拒绝原假设，则在市场提前预期、获知信息并且事件对市场风险产生显著影响的条件下，事件的真实发生本身是否造成了进一步的市场风险的变化；如果同时接受原假设，则在市场没有提前预期、获知信息并且事件对市场风险没有产生显著影响的条件下，事件的真实发生本身是否造成了市场风险的变化。

4. 对 VaR 总体差异显著性的检验。在考察窗口期间 VaR 的方法上，与超额收益存在明显差异。由于 VaR 序列本身即是通过时间序列模型得到的估计值，不存在 VaR 序列的实际值，并且不能对 VaR 序列作出 0 均值的假设检验，所以检验目标集中在两个方面：

（1）对窗口前期与窗口后期 VaR 均值是否存在显著差异。这里采用双样本 T 检验，原假设为前后期窗口 VaR 均值不存在显著差异。

（2）采用非参数符号秩检验，原假设为前后期窗口 VaR 中位数不存在显著差异。

检验结果的意义：如果第一类、第二类检验均接受原假设，则显示窗口前后期的市场波动风险不存在显著的差异；如果第一类、第二类检验均拒绝原假设，则显示窗口前后期的市场波动存在显著的差异。但是，这里有可能出现前期市场波动风险大于窗口后期的情况，检验结果也是拒绝原假设，则有可能出现市场提前预期、获知此次事件信息；在第一类、第二类检验均拒绝原假设，同时窗口前期 VaR 均值、中位数小于后期，则可以排除信息泄露的可能。

① 这里第四类检验并不是必需的，因此在进行事件分析时，有选择地给出此类检验结果。

三、数据选取与事件窗口设定

为了度量重大事件对企业债券市场风险的影响，以重大事件的公告日（如遇休市日则顺延到下一交易日）为事件发生日，事件窗口期为取事件发生日前10天到事件发生日（包括发生日在内）的后15天。估计期从开市第一天到事件窗口前一天。沪企债指数数据样本自2003年6月9日至2009年12月31日，数据来源于国泰安金融数据库。

对估计期样本拟合GARCH－M模型，用此模型对事件期进行预测。这里选择在均值方程中引入3类GARCH－M项，分别为条件标准差、条件方差与条件方差的对数。自回归阶数均选择1，残差分布均选择正态分布，参数估计结果如表5－1所示。

表5－1　　沪企债指数收益率GARCH－M参数估计结果

模型类型	AR（1）	σ	σ^2	log（σ）	GARCH	ARCH	AIC
AR（1）	0.202087	0.12504	—	—	0.74035	0.22521	－10.25079
AR（1）	0.211128	—	32.9265	—	0.73860	0.22407	－10.24471
AR（1）	0.204572	—	—	－0.00001	0.74337	0.22334	－10.25009

这里所有参数均在0.05水平上显著，根据aic、bic准则选择的第一类模型进行超额收益的预测。GARCH－M模型确定之后，采用其对每日收益进一步预测，实际值与预测值之差即为超额收益；对VaR序列估计的置信度均选择95%，这里对VaR序列的估计模型选择第四章的计算结果。

第三节　基准利率与存款准备金率调整事件

一、事件样本选取

沪企债指数的起始2003年之后，人民银行对存贷款基准利率共进行了14次调整，其中涉及存款基准利率调整共12次、贷款基准利率调整14次。大多数情况下，存款与贷款基准利率调整为同一时点，只有在2006年8月19日以及2008年9月16日仅调整了贷款基准利率。表5－2列出了2003年之后的存贷款基准利率调整的信息。2003年后对金融机构存款准备金率共进行了26次调整。其中前20次没有区别大型金融机构与中小金融机构，后6次的调整对两类机构的调整进行区别对待。表5－3列出了2003年之后的金融机构存款准备金率调整的信息。

表 5－2　　2003 年以后存贷款基准利率历次调整

调整时间	调整对象		调整时间	调整对象	
	存款利率（%）	贷款利率（%）		存款利率（%）	贷款利率（%）
2004－10－29	2.25	5.76	2007－09－15	3.87	7.47
2006－04－28		6.03	2007－12－21	4.14	7.56
2006－08－19	2.52	6.30	2008－09－16		7.29
2007－03－18	2.79	6.57	2008－10－09	3.87	7.02
2007－05－19	3.06	6.75	2008－10－30	3.60	6.75
2007－07－21	3.33	7.02	2008－11－27	2.52	5.67
2007－08－22	3.60	7.20	2008－12－23	2.25	5.40

注：2004 年调整前存贷款利率分别为 1.98%、5.49%。

表 5－3　　2003 年以后金融机构存款准备金率历次调整

时间	调整前（%）	调整后（%）	时间	调整前（%）	调整后（%）
2003－09－21	6.00	7.00	2008－03－18	15.00	15.50
2004－04－25	7.00	7.50	2008－04－25	15.50	16.00
2006－07－5	7.50	8.00	2008－05－20	16.00	16.50
2006－08－15	8.00	8.50	2008－06－07	16.50	17.50
2006－11－15	8.50	9.00	2008－09－25	（大）17.50	不调整
2007－01－15	9.00	9.50		（小）17.50	16.50
2007－02－25	9.50	10.00	2008－10－15	（大）17.50	17.00
2007－04－16	10.00	10.50		（小）16.50	16.00
2007－05－15	10.50	11.00	2008－12－05	（大）17.00	16.00
2007－06－5	11.00	11.50		（小）16.00	14.00
2007－08－15	11.50	12.00	2008－12－25	（大）16.00	15.50
2007－09－25	12.00	12.50		（小）14.00	13.50
2007－10－25	12.50	13.00	2010－01－12	（大）15.50	16.00
2007－11－26	13.00	13.50		（小）13.50	不调整
2007－12－25	13.50	14.50	2010－02－25	（大）16.00	16.50
2008－01－25	14.50	15.00		（小）13.50	不调整

注：（大）指大型金融机构、（小）指中小金融机构。

在对上述事件进行选择时，主要考虑两个因素：

1. 由于存在不同政策调整事件同时发生在同一期间的情况，如 2006 年 8

月15日调整了存款准备金率，之后仅4天，人民银行又进行了存贷款基准利率的调整，如果将这些事件均纳入考察，会难以区分各自事件的影响效应，造成结论的不准确。

2. 调整事件在时间上并不是均匀分布的。例如2007年与2008年上述政策调整的频率明显高于其他年份，因此，即使不出现事件同时出现的情况，基于多次调整形成的市场对同类政策的后续调整的预期也会强于其他年份，所以后续事件调整的效应可能会不够显著。

在对上述因素进行考虑之后，经过筛选，在存贷款基准利率调整事件上选择2004年10月29日、2006年4月28日、2006年8月19日、2007年12月21日、2008年9月16日、2008年12月23日调整事件作为样本，其中包括存贷款基准利率同时调整事件5次，贷款利率调整事件2次；选择分析存款准备金率的样本事件为2003年9月21日、2006年7月5日、2008年10月15日。

二、存贷款基准利率调整事件

（一）基于超额收益的角度

对样本事件的超额收益均值进行检验，表5－4给出了存贷款基准利率调整事件样本前3种检验的结果以及超额收益的均值。

首先分析窗口前期的超额收益显著性。从表5－4给出的检验结果，可以发现2004年10月29日窗口前期的超额收益显著不同于0，而且超额收益均值为－0.001688，显示与加息事件对市场的影响效应相同，造成了债券价格下跌的总体影响，并且T检验与符号秩检验均拒绝了原假设，显示本次加息事件对样本前期的市场风险产生了明显的影响，并且可能存在市场提前获知消息的可能。其他几个基准利率调整事件在窗口前期均没有造成显著的超额收益。从这些事件样本前期超额收益均值观察，仅2006年8月19日的超额收益为负，与加息预期一致。但是由于检验不显著，所以无法支持这种判断。

其次从窗口后期的超额收益观察，2004年10月29日的加息事件窗口后期超额收益也不显著，而且其超额收益均值为正，与加息的效果相反。这里应该可以判断本次加息事件市场提前预期，前期出现大幅下跌，窗口后期反而出现价格上涨现象；2006年4月28日加息事件窗口后期出现了－0.003119的超额收益均值，两类检验也同时拒绝原假设，显示存在显著的负收益，这与理论相符，并且结合对窗口前期的检验结果，本次加息事件没有出现信息提前预知的状况。之后两次加息事件窗口后期的超额收益检验均不显著。2008年9月16日，窗口后期的超额收益显著不同于0。两类检验均支持了这种判断，并且由于这是样本中的首次降息事件，其超额收益为正，与降息债

券价格上升的预期相符；2008 年 12 月 23 日，这是样本中的最后一次基准利率调整事件，窗口后期的超额收益检验结果 *T* 检验拒绝原假设，而符号秩检验接受原假设。但是考虑到符号秩检验 *P* 值为 0.0052，非常接近拒绝域。因此，综合两种结果，仍然显示本次降息事件对市场产生了显著影响。

对整个窗口的超额收益检验结果同样显示，在 6 次样本事件中，前两次事件与后两次事件对整个事件窗口期间的超额收益产生了显著的影响，上述 4 次事件均同时通过了超额收益均值与中位数显著的检验。

为了对比窗口前后期的超额收益是否存在显著差异，还可以进行第 4 类检验，即对窗口前后期超额收益的均值与中位数进行配对 *T* 检验与符号秩检验。但是由于 6 次样本事件中，前两次与后两次事件均显示窗口前期与窗口后期的单独超额收益显著性检验结果明显不同，所以这里仅对第 3、第 4 次事件进行这类检验，检验的结果为 2006 年 8 月 19 日与 2007 年 12 月 21 日的窗口前后期配对 T 检验与符号秩检验均显示前后期超额收益没有显著差异。

表 5－4　　存贷款基准利率调整对超额收益显著性检验结果

			T 检验		符号秩检验	
事件日期	检验样本	均值	检验结果	*P* 值	检验结果	*P* 值
2004－10－29 加息	窗口前期	－0.00169	1	0.0206	1	0.0273
	窗口后期	0.00025	0	0.3832	0	0.4379
	整个窗口	－0.00053	1	0.0496	1	0.0451
2006－04－28 加息	窗口前期	0.00043	0	0.0764	0	0.0988
	窗口后期	－0.00312	1	0.0022	1	0.0310
	整个窗口	－0.00170	1	0.0317	1	0.0441
2006－08－19 加息	窗口前期	－0.00012	0	0.9565	0	1.0000
	窗口后期	0.00007	0	0.7196	0	0.4379
	整个窗口	0.00004	0	0.5028	0	0.9687
2007－12－21 加息	窗口前期	0.00016	0	0.5430	0	0.6953
	窗口后期	0.00005	0	0.9138	0	0.8767
	整个窗口	0.00009	0	0.7386	0	0.7508
2008－09－16 降息	窗口前期	－0.00018	0	0.1125	0	0.1308
	窗口后期	0.00113	1	0.0419	1	0.0357
	整个窗口	0.00061	1	0.0330	1	0.0175
2008－12－23 降息	窗口前期	－0.00055	0	0.2246	0	0.6251
	窗口后期	0.00127	1	0.0037	0	0.0052
	整个窗口	0.00054	1	0.0018	1	0.0048

（二）基于VaR差异的角度

首先对样本事件的VaR均值差异进行检验，表5－5给出了存贷款基准利率调整事件样本前两种检验的结果，以及VaR的均值与中位数。

从VaR均值在窗口前后期的检验结果观察，仍然显示前两次与最后两次事件对VaR序列产生了明显影响，两次的窗口前后期VaR均值与中位数均有显著差异。但是有一点令人意外，即2004年10月29日加息窗口后期的VaR均值与中位数均显著地大于窗口前期。但是之前超额收益的检验结果表明，窗口后期的超额收益并不显著。本次事件对市场的影响主要是表现在窗口前期的，这里可能的解释为在窗口后期市场的波动率增加显著，但是GARCH－M模型的预测值与实际值间差异较小。第2、5、6次超额收益显著的样本事件，其VaR配对检验显示窗口后期的市场波动均有大幅上升，这与超额收益的分析结果一致。

因此，综合上述对超额收益的考察，在6次样本基准利率调整事件中，有4次对企业债券市场风险产生了明显影响，其中有3次表现在窗口后期与整个窗口期的超额收益均值与中位数上；1次表现在窗口前期与整个窗口期的超额收益均值与中位数上；有两次事件对市场风险没有产生明显影响，窗口前后也没有显著差异，这两次均为加息事件；所有超额收益显著的样本事件其窗口前期与窗口后期的VaR均有显著的差异，但是并没有全部出现窗口后期VaR均大于窗口前期的现象。

表5－5　存贷款基准利率调整对窗口前后期间VaR显著性检验结果

	窗口前期		窗口后期		*T*检验		符号秩检验	
事件日期	均值	中位数	均值	中位数	检验结果	*P*值	检验结果	*P*值
2004－10－29	0.00294	0.00231	0.00459	0.00436	1	0.0036	1	0.0009
2006－04－28	0.00211	0.00223	0.00261	0.00241	1	0.0478	0	0.1165
2006－08－19	0.00179	0.00169	0.00184	0.00177	0	0.5756	0	0.7719
2007－12－21	0.00194	0.00198	0.00221	0.00211	0	0.1137	0	0.0968
2008－09－16	0.00223	0.00227	0.00674	0.00556	1	0.0017	1	0.0002
2008－12－23	0.00239	0.00227	0.00351	0.00356	1	0.0001	1	0.0009

三、存款准备金率调整事件

（一）超额收益检验

对样本事件的超额收益均值进行检验，表5－6给出了存款准备金率调整事件样本前3种检验的结果，以及超额收益的均值与中位数。

首先分析窗口前期的超额收益显著性。从表 5－6 给出的检验结果可以发现，2003 年 9 月 21 日窗口前期的超额收益不显著，显示准备金率上调事件对市场的影响效应在窗口前期不明显，不过两类检验的 P 值均接近显著水平；其他几个准备金率调整事件在窗口前期也均没有造成显著的超额收益。从这些事件样本前期超额收益均值观察，3 次样本事件窗口前期超额收益均值均为正，仅最后一次与存款准备金率调整方向有关，下调准备金率会增加市场流动性，从而提升债券价格。

从窗口后期的超额收益观察，3 次样本事件窗口后期超额收益均显著不同于 0，并且两类检验结果一致，其超额收益均值符号与调整方向产生结果预期相同。前两次上调事件均造成窗口后期超额收益的均值为负，最后一次下调事件造成超额收益的均值为正。这里的分析表明，准备金率调整事件对市场的影响主要体现在窗口后期。

整个窗口的超额收益检验结果同样显示，在 3 次样本事件中，后两次事件对整个事件窗口期间的超额收益产生了显著的影响，仅 2003 年 9 月 21 日的超额收益在整个窗口不显著。由于对 3 次样本事件的窗口前后期超额收益均值检验结果体现出明显差异，没有出现同时接受或者拒绝的状况，因此不必进行窗口前后期配对的 T 检验与符号秩检验。

表 5－6　　存款准备金率调整对超额收益显著性检验结果

			T 检验		符号秩检验	
事件日期	检验样本	均值	检验结果	P 值	检验结果	P 值
2003－09－21 提高	窗口前期	0.00058	0	0.1190	0	0.0654
	窗口后期	－0.00095	1	0.0497	1	0.0476
	整个窗口	－0.00034	0	0.2374	0	0.1434
2006－07－05 提高	窗口前期	0.00048	0	0.1279	0	0.1324
	窗口后期	－0.00127	1	0.0137	1	0.0359
	整个窗口	－0.00071	1	0.0482	1	0.0350
2008－10－15 降低	窗口前期	0.00064	0	0.2337	0	0.3754
	窗口后期	0.00124	1	0.0275	1	0.2108
	整个窗口	0.00098	1	0.0431	1	0.0320

（二）对窗口期间 VaR 均值的考察

首先对样本事件的 VaR 均值差异进行检验。表 5－7 给出了存款准备金率调整事件样本两种检验的结果，以及 VaR 的均值与中位数。

从VaR均值在窗口前后期的检验结果观察，均显示3次准备金率调整事件对VaR序列产生了明显影响，窗口前后期VaR均值与中位数均有显著差异，其VaR均值与中位数配对检验结果均显示窗口后期的市场波动均有大幅上升，这与超额收益的分析结果一致。

因此，综合上述对超额收益的考察，在3次样本存款准备金率调整事件中，全部对企业债券市场风险产生了明显影响，其中有两次表现在窗口后期与整个窗口期的超额收益均值与中位数上；一次表现在窗口后期的超额收益均值与中位数上。所有样本事件其窗口前期与窗口后期的VaR均有显著的差异，并且全部出现窗口后期VaR大于窗口前期的现象。

表5－7　存款准备金率调整对窗口前后期间VaR显著性检验结果

	窗口前期		窗口后期		*T*检验		符号秩检验	
事件日期	均值	中位数	均值	中位数	检验结果	*P*值	检验结果	*P*值
2003－09－21	0.00282	0.00231	0.00404	0.00436	1	0.00593	1	0.0066
2006－11－15	0.00153	0.00223	0.00212	0.00241	1	0.04352	1	0.0287
2008－10－15	0.00266	0.00169	0.00366	0.00358	1	0.01582	1	0.0373

第四节　债券市场规制调整事件

一、事件样本选取

这里选择重大事件的起点仍然为2003年之后。总体而言，我国债券市场发展较其他资本市场发展明显滞后，与之相关的政策规制变化的事件也较少。自2003年后，我国债券市场相关的规制调整的重大事件主要包括：

1. 2005年4月27日，人民银行颁布《全国银行间债券市场金融债券发行管理办法》，明确银行间市场金融债券的发行条件，体现为银行间债券市场供给扩容的信号，对企业债券市场产生间接的影响。

2. 2005年12月20日，人民银行颁布《关于公司债券进入银行间债券市场交易流通的有关事项公告》，允许商业银行投资企业债券，投资主体更加广泛，体现为企业债券市场需求扩容的信号，不是直接针对交易所市场。

3. 2007年6月12日，证监会发布《公司债券发行试点办法》征求意见稿，初步圈定公司债券的流通场所为交易所市场，对交易所企业债券市场产生直接影响。

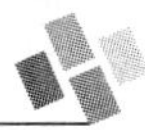

4. 2007 年 8 月 14 日，证监会正式颁布实施《公司债券发行试点办法》，明确了公司债券的发行条件，其中不强制要求担保、发行期限灵活、可以一次审批、分次发行等规定直接被市场解读为利好。

上述事件中前两次是直接涉及银行间债券市场的微观规制调整事件，尽管理论上与本书的研究对象交易所企业债券市场没有直接的联系，但是由于两个市场之间具有较强的联动关系，所以也将之纳入对交易所企业债券市场的重大影响事件；后两次政策调整事件与交易所企业债券市场直接相关，主要是关于公司债券发行办法的，可以看做我国企业债券市场发展中的重要里程碑性质的规制调整重大事件。

这里沿用前文的事件分析方法，计算各次债券规制调整事件的窗口期的超额收益与 VaR 均值，并对相关假设进行检验，所有结果分别列于表 5 - 8、表 5 - 9。由于前两次政策调整事件是与企业债券市场间接发生联系，而之后两次政策事件与企业债券市场直接相关，所以在分析时考虑将两类事件一起比较，按照间接影响与直接影响事件的划分依次进行分析。

二、间接相关规制事件

2005 年 4 月 27 日，从窗口期间超额收益观察，窗口前期超额收益均值为 -0. 00223，T 检验 P 值为 0. 0059125，符号秩检验 P 值为 0. 0039063，均显著地拒绝了原假设，显示窗口前期存在显著的超额收益；窗口后期的超额均值为 -0. 000721，但是两类检验均接受原假设；对整个窗口期间样本超额收益的检验结果拒绝原假设。窗口前后期间 VaR 均值差异的显著性检验结果显示，窗口前后期的 VaR 均值存在显著差异，但是，VaR 均值显示窗口前期的市场风险显著大于窗口后期的市场风险，检验结果与超额均值的显著差异均显示市场对政策调整事件有提前预期。

2005 年 12 月 20 日，从窗口期间超额收益观察，窗口前期超额收益均值为 -0. 000439，T 检验、符号秩检验 P 值均接受了原假设，显示窗口前期并不存在显著的负超额收益；窗口后期的超额均值为 0. 000537，两类检验同时均拒绝原假设；对整个窗口期间超额收益的检验结果显示，均值存在显著的超额收益。窗口期间 VaR 均值差异的显著性检验结果显示，窗口前后期的 VaR 均值存在显著差异，但是，与前次政策事件类似，VaR 均值显示窗口前期的市场风险显著大于窗口后期的市场风险，检验结果显著差异显示市场对政策调整事件有提前预期。

由于政策与规制调整事件比之前分析的利率、存款准备金率调整事件对市场产生影响的机制更为复杂，无法简单确认超额收益的理论假设。对于相同的规制与政策调整，不同市场主体可能会产生迥异的解读。以这两次政策调整事件为例，人民银行的管理办法是关于银行间市场的债券发行主体在发行债券时的具体准则，从对于企业债券利好的角度解读，可以理解成监管层在逐步扩大银行间债券市场的发行主体①，意味着银行间市场发行的逐步放开。第一次事件暗示增加了企业债券发行主体未来进入银行间市场的可能性，第二次事件则标志着企业债券可以进入银行间市场。但是，同时这也显示未来银行间市场债券融资的规模会逐步扩大，从而加剧发行主体间的竞争；提高发行利率，造成市场利率走高的可能，对整个债券市场会产生利空的效果。因此，如果仅从这两个角度解释两次调整事件对企业债券市场风险的影响，倾向于将管理办法视为监管层一种发展债券市场的长期方针的标志。而这种方针会在多种渠道中得到体现，因而企业债券市场参与主体在事件本身发生时对于该政策取向有充分的预期，事件发生后对市场超额收益的影响总体为利好②，并且在事件发生前，可能市场对政策的取向并不一致，而事件发生后，使市场各方参与者对政策未来方向预期的一致性提高，所以第一次政策事件的 VaR 均值水平在窗口前期反而高于后期。而第二次政策事件发生时，基本按照市场对监管部门政策预期的总体走势，VaR 均值在窗口前期均值显著高于后期也是同样的逻辑。

三、直接相关规制事件

2007 年 6 月 12 日，从窗口期间超额收益观察，窗口前期超额收益均值为 -0.001125，但是 T 检验、符号秩检验结果均接受了原假设，显示窗口前期不存在显著的超额收益；窗口后期的超额均值为 0.000744，两类检验均拒绝原假设；对整个窗口期间超额收益的检验结果显示，存在显著超额收益。窗口期间 VaR 均值与中位数差异的显著性检验结果显示，窗口前后期的 VaR 均值存在显著差异，且 VaR 均值显示窗口后期的市场风险显著大于窗口前期的市场风险，检验结果与超额均值的显著差异均显示市场对政策调整事件没有提前预期。

2007 年 8 月 14 日，从窗口期间超额收益观察，窗口前期超额收益均值为 0.0009833，T 检验、符号秩检验 P 值均接受了原假设，显示窗口前期并不存在显著的超额收益；窗口后期的超额均值为 0.00077，两类检验也同时接受了

① 之前银行间债券市场的发行主体明确限定为商业银行，本次调整后逐步扩大至参与银行间市场的金融机构。

② 这里主要因为窗口后期的超额收益均值由窗口前期的 -0.002227 提高到 -0.000721。

原假设；对整个窗口期间超额收益的检验结果也显示，没有存在显著的超额收益。而窗口期间 VaR 均值差异的显著性检验结果显示，窗口前后期的 VaR 均值存在显著差异，且与前次政策事件类似，VaR 均值显示窗口后期的市场风险显著大于窗口前期的市场风险。

对比这两次政策调整对企业债券市场产生的影响可以发现，市场对前一次政策出台的反应明显强于后一次，具体体现在证监会公布《公司债券发行试点办法》征求意见的事件窗口上，超额收益在窗口前后期存在显著差异，VaR 均值存在显著差异，且 VaR 均值上升了约 40%。而 2007 年 8 月 14 日证监会正式颁布实施《公司债券发行试点办法》时，所有对样本超额收益的检验均接受原假设，VaR 均值虽然存在显著差异，但是窗口后期较窗口前期上升幅度约 20%。

表 5－8 企业债券规制调整事件对超额收益显著性检验结果

			T 检验		符号秩检验	
事件日期	检验样本	均值	检验结果	*P* 值	检验结果	*P* 值
2005－04－27	窗口前期	－0.00223	1	0.0059	1	0.0039
	窗口后期	－0.00072	0	0.0585	0	0.0979
	整个窗口	－0.00130	1	0.0009	1	0.0017
2005－12－20	窗口前期	－0.00044	0	0.2263	0	0.2324
	窗口后期	0.00054	1	0.0155	1	0.0151
	整个窗口	0.00040	1	0.0081	1	0.0115
2007－06－12	窗口前期	－0.00113	0	0.1071	0	0.1054
	窗口后期	0.00074	1	0.0122	1	0.0400
	整个窗口	－0.00089	1	0.0228	0	0.0412
2007－08－14	窗口前期	0.00098	0	0.4422	0	0.5566
	窗口后期	0.00077	0	0.3287	0	0.3258
	整个窗口	0.00085	0	0.2016	0	0.3036

两次政策调整事件均可以解读为发展交易所企业债券市场的强烈信号，对企业债券市场属于直接的利好消息。但是企业债券市场风险对两次同类事件的反应存在显著区别。《公司债券发行试点办法》征求意见稿实际上已经被市场参与各方解读为未来实际《公司债券发行试点办法》的雏形，从政策信号的意义上，其已经明确了发行的场所、发行主体的各类规则的细则。值得注意的是，对发行主体而言，明确了不要求强制担保以及可以跨市场发行等

重大利好。而之后《公司债券发行试点办法》的实际出台已经被理解为“水到渠成”，这是正式试点办法政策事件对市场风险影响弱于试点办法征求意见事件的原因之一。从两次政策事件的历史背景分析，2007 年我国股票市场经历大幅上涨，IPO 的总规模也大幅超过历史同期水平，同时也经历了数次大幅的市场波动。作为监管层，发展企业债券市场，为上市公司开辟新的融资渠道的意愿极为迫切，大力发展公司债券市场的传闻也频繁出现，上述原因均削弱了《公司债券发行试点办法》对市场的影响效应。

表 5－9　企业债券规制调整事件对窗口前后期间 VaR 显著性检验结果

	窗口前期		窗口后期		配对样本 T 检验		符号秩检验	
事件日期	均值	中位数	均值	中位数	检验结果	P 值	检验结果	P 值
2005－04－27	0.00473	0.00464	0.00291	0.00436	1	0.0002	1	0.0020
2005－12－20	0.00230	0.00223	0.0018	0.00163	1	0.0001	1	0.0003
2007－06－12	0.00273	0.00246	0.00379	0.00388	1	0.0261	1	0.0444
2007－08－14	0.00398	0.00383	0.00475	0.00486	1	0.0319	1	0.0430

第五节　汇率改革与经济危机标志事件

一、事件样本选取

由于分析我国基准利率、金融机构存款准备金率以及企业债券市场微观规制调整事件的结果显示对企业债券市场风险的影响程度显著，因此，这里在选择样本事件时避免与上述事件形成事件窗口的重合，主要选择了 2005 年以来对宏观经济具有重大影响的国内外调整事件作为样本进行分析。对象涉及我国汇率形成机制改革的两次标志事件、次贷危机蔓延过程中的标志事件，以及我国 2008 年宣布大规模经济刺激计划事件。具体为：

1. 2005 年 7 月 21 日，我国启动人民币汇率形成机制改革，实行以市场供求为基础、参考一篮子货币进行调节、有管理的浮动汇率制度。人民币汇率不再盯住单一美元，形成更富弹性的人民币汇率机制。7 月 21 日 19 时，人民币对美元汇率中间价一次性调高 2%，为 8.11 元人民币兑 1 美元，作为次日银行间外汇市场上外汇指定银行之间交易的中间价。

2. 2005 年 9 月 23 日，中国人民银行决定，我国即日起扩大银行间即期外汇市场非美元货币对人民币交易价的浮动幅度，从原来的上下 1.5% 扩大到

上下3%，适度扩大了银行对客户美元挂牌汇价价差幅度，并取消了银行对客户挂牌的非美元货币的价差幅度限制。

3. 2008 年 3 月 14 日，美国五大投行之一的贝尔斯登向摩根大通和纽约联邦储备银行寻求紧急融资，市场对美国银行业健康程度的担忧加深，加剧了次贷危机。

4. 2008 年 11 月 11 日，中国政府宣布推行总规模为 4 万亿元的经济刺激计划，随后启动了十大行业振兴规划。

二、汇率形成机制改革事件

（一）超额收益的角度

本节对超额收益在窗口期间的均值检验与中位数检验结果均列于表 5－10、表 5－11。

首先，从各事件窗口前期的超额收益显著性观察，涉及我国汇率形成机制的两次事件中，所有的窗口前期超额收益均不显著。但是，2005 年 7 月 21 日事件窗口前期超额收益的两类检验 P 值分别为 0.07404 与 0.1054，接近显著水平。

两次事件窗口前期均值观察分别为－0.00054、－0.00031，均为负的超额收益。

其次，考察事件窗口后期的超额收益显著性，两类检验均拒绝了原假设，显示事件窗口后期的超额收益不为 0，并且两次汇改样本事件均造成了窗口后期超额收益下降的结果。这里可以显示汇改事件对企业债券市场风险产生了显著影响，且事件信息没有被市场提前获知。

最后，考察样本事件窗口后期的超额收益显著性，检验结果均显示均值显著，并且两次事件对企业债券市场的影响效应相同，均造成窗口后期负的超额收益的结果，但是市场超额收益的表现却与汇改体现人民币汇率升值产生资产价格上升的效应相悖。

（二）VaR 差异的角度

2005 年 7 月 21 日汇改事件 VaR 检验结果与超额收益的检验结果显示一致，窗口前后期 VaR 均值分别为 0.00233、0.00287，窗口后期的 VaR 显著超过窗口前期。2005 年 9 月 23 日，事件窗口前后期 VaR 的差异也同样显著。从两者均值观察，窗口前后期分别为 0.00181、0.00224；从两次事件对 VaR 均值造成的影响上，前一次事件造成 VaR 均值上升 23.2%，后一次事件造成 VaR 均值上升 23.8%，2005 年 9 月 23 日造成的市场风险变化略高。

综合两方面的检验结果可以发现，两次汇改标志性事件对企业债券的市场风险产生了明显的影响：超额收益方面主要体现在对窗口后期与整个窗口期产生了显著的负超额收益，窗口前后期的 VaR 均值上升显著。

从理论角度分析，汇改事件形成市场的升值预期，会造成热钱流入，推高人民币资产价格。从这个角度看，事件本身对企业债券市场价格会产生上涨的效应。但是，考虑到我国企业债券市场投资领域的管制，热钱流入与进入企业债券市场进而推高债券价格间并不等同，并且政府为了控制宏观经济波动与热钱流入，选择采用利率与汇率联动机制调控宏观经济，汇改事件又形成了未来基准利率调整的不确定性，从而导致当下债券市场投资者降低债券头寸的结果，造成窗口期间超额收益的下降。

三、经济危机标志事件

首先，从各事件窗口前期的超额收益显著性观察，涉及全球经济危机的两次汇率形成机制的事件中，所有的窗口期间的超额收益均不显著，并且包括了前期、后期以及整个窗口期。

其次，从 VaR 均值差异观察，两类配对检验也均显示窗口前后期的 VaR 均值与中位数差异不显著，贝尔斯登求助事件窗口前后期的 VaR 均值分别为 0.00213、0.00221，VaR 均值略有上升；而我国宣布经济刺激计划时，VaR 均值反而有所下降。因此，两次事件对企业债券市场风险的影响可以忽略。

表 5-10　汇改事件与金融危机事件对超额收益显著性检验结果

			T 检验		符号秩检验	
事件日期	检验样本	均值	检验结果	*P* 值	检验结果	*P* 值
2005-07-21	窗口前期	-0.00054	0	0.0740	0	0.1054
	窗口后期	-0.00097	1	0.0183	1	0.0261
	整个窗口	-0.0008	1	0.0032	1	0.0036
2005-09-23	窗口前期	-0.00031	0	0.1822	0	0.2324
	窗口后期	-0.0008	1	0.0000	1	0.0004
	整个窗口	-0.00061	1	0.0000	1	0.0002
2008-03-14	窗口前期	0.00008	0	0.7977	0	0.7695
	窗口后期	-0.00019	0	0.4636	0	0.3519
	整个窗口	-0.00008	0	0.6768	0	0.6026
2008-11-11	窗口前期	0.00004	0	0.9532	0	1.0000
	窗口后期	0.00045	0	0.3921	0	0.3519
	整个窗口	0.00029	0	0.4829	0	0.4537

表 5-11 汇改事件与金融危机事件对窗口前后期间 VaR 显著性检验结果

	窗口前期		窗口后期		*T* 检验		符号秩检验	
事件日期	均值	中位数	均值	中位数	检验结果	*P* 值	检验结果	*P* 值
2005-07-21	0.00233	0.00226	0.00287	0.00279	1	0.0442	1	0.0424
2005-09-23	0.00181	0.00176	0.00224	0.00231	1	0.0388	1	0.0400
2008-03-14	0.00213	0.00207	0.00221	0.00214	0	0.4017	0	0.4447
2008-11-11	0.00242	0.00253	0.00232	0.00249	0	0.6850	0	0.6641

第六节 结论

在对事件个体对企业债券市场风险的影响效应分析之后，为了对假设进行验证，需要对几类事件的影响效应作出横向比较。将事件类型划分为两大类，其一为基准利率与存款准备金率调整事件，除此之外的重大事件均划分为非基准利率与存款准备金率调整事件。基于各节对基准利率、存款准备金率、企业债券市场规制调整、其他重大事件共四类事件对企业债券市场风险的影响之后。基于本章的分析，主要包括：样本事件是否对企业债券市场风险产生了影响，这种影响体现在事件发生的整个窗口期间还是窗口前期或后期，对超额收益的影响与 VaR 的影响是否体现出一致性，VaR 在窗口前后期的变化幅度。

1. 窗口期间超额收益的显著性。基准利率与存款准备金率调整事件共 9 个样本，其中窗口前期超额收益显著的 1 次、窗口后期显著的 6 次、整个窗口显著的 6 次，分别占样本的比例为 11.11%、66.67%、66.67%。非基准利率与存款准备金率调整事件共有样本 8 个，其中窗口前期超额收益显著 1 次、窗口后期显著 4 次、整个窗口显著 5 次，分别占比为 12.5%、50%、62.5%。

2. 考察所有整个窗口期间超额收益显著情况下，超额收益均值与调整事件理论影响的方向是否一致。基准利率与存款准备金率调整事件中整个窗口超额收益显著的 6 次事件中，超额收益均值的方向均与预期相同；而非基准利率与存款准备金率调整事件整个窗口超额收益显著的 5 次事件中，仅有 1 次与预期相同。① 超额收益与预期不同体现出对企业债券市场的影响机制复

① 这里指的是 2005 年 12 月 20 日。

杂，可能是市场风险与其他因素有关。而基准利率与存款准备金率调整事件的结果均与预期相同，说明这两类调整事件对市场的影响力超过了同期发生的其他因素。

3. 考察 VaR 在窗口前后期变化的显著性。在基准利率与存款准备金率调整事件中，窗口前后期 VaR 差异显著的有 7 次，其中窗口后期 VaR 均值超过前期的也有 7 次，分别占样本数比例为 77.78% 与 77.78%；而非基准利率与存款准备金率调整事件中，窗口前后期 VaR 差异显著的有 6 次，其中窗口后期 VaR 均值超过前期的有 4 次，分别占事件样本数量的比例为 75% 与 50%。

4. 考察 VaR 均值在窗口期间的变化幅度，比较的均为 VaR 前后期差异显著的样本。在基准利率与存款准备金率调整事件中，窗口前后期 VaR 差异显著的有 7 次，后期 VaR 均值全部超过前期，VaR 后期较前期的平均变化幅度为 51.68%；在非基准利率与存款准备金率调整事件中，窗口前后期 VaR 差异显著的有 6 次，VaR 后期较前期的平均变化幅度为 5.56%（有两次变化幅度为负）。

5. 对假设 4 的验证。综合上述 4 个方面的结果，以及对各类事件对企业债券市场风险产生影响的事件分析，可以验证假设 4，即交易所企业债券的市场风险受到来自存贷款基准利率、存款准备金率调整事件的影响将显著大于其他重大事件的影响。

第六章

企业债券信用风险的趋势与行业特征

第一节　引言

一、本章假设

本章主要是对全书的假设5“企业债券市场的信用价差风险将出现风险前期下降，后期上升的过程”与假设6“不同行业发行主体的信用风险表现存在显著差异”进行验证。

首先，对假设5的验证通过对样本企业债券的信用价差来研究。由于样本债券的期限不同，因此为了了解其对信用价差的影响效应，进一步考察了信用价差的期限结构。

其次，对不同行业发行主体的信用风险是否存在显著差异，将通过两个方面来验证，即分解为两个假设：

1. 假设6.1：不同行业发行主体的债券信用价差是否存在显著的差异。对不同行业债券信用价差研究时，针对以行业平均价差表征的总体行业信用风险差异，同时对行业特征因素本身对企业债券个体信用价差均值所产生的影响效应两个角度论证。

2. 假设6.2：不同行业发行主体自身的违约概率是否存在显著差异。对不同行业债券违约概率研究时，研究了不同行业发行主体的个体违约概率所显示的行业信用风险差异，以及各个行业内发行主体之间的联合违约概率两方面所表征的行业信用风险；通过融资额与发行额划分发行主体类别，考察规模因素特征是否造成信用风险显著差异。

二、本章结构安排

第一节，引言。阐述本章的假设以及实证研究的结构安排。

第二节，企业债券的信用价差。首先通过选择样本企业债券并与发行期限、起息日相同的国债到期收益率结合计算所有企业债券的信用价差；采用对信用价差的平稳性检验与对信用价差序列极端值历史分布特征的考察对假设5展开验证；验证了信用价差的期限结构，构造了信用价差曲线，并结合信用价差多元回归验证了信用价差与期限因素的关系；最后对假设6.1进行验证，利用不同行业债券信用价差均值时间序列进行比较，并考察行业因素对信用价差的影响程度。

第三节，企业债券发行主体的违约概率。首先通过选择样本企业债券发行主体，采用KMV模型对其发行主体违约概率进行研究，并结合我国上市公

司的特点对 KMV 模型的参数估计方法作出与我国现状相符的改进；对发行主体个体的违约概率进行度量；对行业发行主体组合的联合违约概率进行度量；采用各个行业发行主体个体违约概率与联合违约概率分别对假设 6.2 进行验证。

第二节　企业债券的信用价差

一、信用价差的计算

（一）企业债券样本的选取

信用价差的计算必须涉及与其发行年限相同、起息日相同的国债。而由于 2007 年之后发行的企业债券①在市场上难以找出满足条件的匹配国债作为无风险收益的参照，因此在计算信用价差时选择第四章所界定的企业债券样本 1。因为这些债券发行较早，市场上可以获得匹配的国债品种，并且可以考察的期间较长，可以满足对我国企业债券市场信用风险趋势长期研究的要求。这里不再列出样本 1 的具体信息，具体请参见本书第四章第三节。企业债券每日收盘价数据来源于国泰安金融数据库。

（二）匹配国债的选取

在构建企业债券的信用价差序列时，需要将企业债券的到期收益率与具有相同期限的国债的到期收益率相减。债券的到期收益率均采用当日收盘价格来计算信用价差，这是将国债视做无风险的固定收益资产、将企业债券与条件相同的国债间的到期收益率视做其具有的信用风险的溢价。样本 1 中的企业债券与国债匹配的情况如表 6－1 所示。

表 6－1　　样本企业债券与匹配国债

代码	名称	期限	国债代码	发行量（亿元）	到期日	债券票面利率
111015	01 三峡	10	010112	35.00	2011－11－08	浮动
111022	04 首旅债	10	100308/100501	10.00	2014－02－18	浮动
120101	01 中移动	10	010004/010110	50.00	2011－06－17	浮动
120305	03 电网	10	010308	2.12	2013－12－30	浮动
120311	03 网通	10	010308	10.00	2013－12－03	浮动

① 这里所指的 2007 年以后发行的企业债券，既包括《公司债券试点办法》颁布之后由中国证监会核准发行的“公司债券”，也包括原先由国家发展改革委审批的“企业债券”。

续表

代码	名称	期限	国债代码	发行量（亿元）	到期日	债券票面利率
120482	04 通用债	10	010308/010501	10.00	2014 - 03 - 30	浮动
120488	04 京地铁	10	010501	20.00	2014 - 12 - 15	浮动
120510	05 国网	10	010501/010603	10.00	2015 - 07 - 07	浮动
111018	02 电网	15	100213	35.00	2017 - 06 - 18	固定
111019	02 广核债	15	100213	40.00	2017 - 11 - 10	固定
111026	05 粤交通	15	010512	15.00	2020 - 06 - 28	固定
111027	03 石油债	10	100308	15.00	2013 - 10 - 27	固定
120102	01 三峡债	15	010213	30.00	2016 - 11 - 08	固定
120201	02 三峡债	20	010107/010303	50.00	2022 - 09 - 20	固定
120203	02 中移动	15	010213	50.00	2017 - 10 - 28	固定
120205	02 渝城投	10	010203/010308	15.00	2012 - 12 - 09	固定
120288	02 金茂债	10	010203	10.00	2012 - 04 - 28	固定
120301	03 沪轨道	15	010213	40.00	2018 - 02 - 19	固定
120304	03 电网	10	010308	3.43	2013 - 12 - 30	固定
120307	03 浦发债	10	010203/010308	15.00	2013 - 01 - 12	固定
120308	03 沪杭甬	10	010203/010308	10.00	2013 - 01 - 23	固定
120309	03 苏交通	10	010308	18.00	2013 - 11 - 20	固定
120310	03 网通	10	010308	40.00	2013 - 12 - 03	固定
120483	04 中石化	10	010308/010501	35.00	2014 - 02 - 23	固定
120486	04 国电	15	010213/010512	15.56	2019 - 09 - 21	固定
120528	05 世博债	7	010513	10.00	2012 - 12 - 27	固定

（三）信用价差计算

这里需要特别说明的有三点：

其一，企业债券样本 1 中包含了 8 只浮动利率企业债券，一般浮动利率债券的到期收益率是无法计算的，因为其未来期间的票面利率无法获知，所以无法确定其未来折现的现金流。因此本书在计算其到期收益率的时候采用各期间按照其实际票面利率计算已经计息期间的现金流，而未来期间的现金流按照现在的实际票面利率计算折现的替代方法。

其二，在所有样本 1 的企业债券中，有 10 只债券无法直接获得与其匹配的国债品种。一般国债的发行期限均与企业债券相同，但是由于两者起息日

与到期日相差较远,[①] 所以采用了与 2 只国债匹配的方法，即选择 2 只与企业债券期限相同的国债，分别在其前后发行，企业债券的信用价差由与 2 只国债到期收益率线性插值的方法获得，具体计算方法为：

$$f(x_0) = y_0, \quad f(x_1) = y_1$$

$$f(x) = y_0 + \frac{y_1 - y_0}{x_1 - x_0}(x - x_0) \tag{6.1}$$

式中，x_0 、x_1 分别为两只相邻国债的起息日，0、1 分别表示企业债券发行前后，y_0 、y_1 分别为相邻国债的到期收益率，x 、$f(x)$ 分别为企业债券的起息日与差值得到的匹配国债的到期收益率，之后采用企业债券到期收益率与 $f(x)$ 共同计算信用价差。

其三，由于企业债券的上市交易日期与匹配国债的交易日期不完全相同，因此在计算信用价差时选择两种债券相同的交易日计算信用价差，因此信用价差的时间序列会明显少于企业债券的价格序列。

根据以上方法及要点，计算了所有 26 只债券发行期间的信用价差，按照不同的研究对象进行数据处理，并划分了不同的信用价差时间序列样本。具体划分方法为：

1. 企业债券个体的信用价差时间序列数据，由于各企业债券发行日期、上市交易日期不同，并且又为了与不同期限的国债进行匹配，又删去了部分交易日的数据，所以债券个体的信用价差数据期间长度均无法对应，因此，无法对所有信用价差序列进行横向比较分析以及建模分析。

2. 由于最后上市的企业债券为 05 世博债，其上市交易时间为 2006 年 1 月 18 日，其信用价差数据样本点共 512 个，所以，为了与之对应，找出所有企业债券 2006 年 1 月 18 日之后的信用价差序列中与 05 世博债券具有相同交易日的信用价差数据，组成可比分析的时间序列样本 1. 1。

3. 将信用价差样本 1. 1 中的债券个体信用价差时间序列按照债券期限不同分成 7 年、10 年、15 年、20 年样本 4 个组别，分别求得各个组别每日信用价差的均值，构成不同期限企业债券信用价差均值数据样本 1. 2，分别定义 7 年、10 年、15 年、20 年信用价差均值时间序列为 CS_7 、CS_{10} 、CS_{15} 、CS_{20} 。

4. 将信用价差样本 1. 1 中的债券个体信用价差时间序列按照债券发行主体行业不同特征分为 9 个组别，分别求得各个组别每日信用价差的均值，构成不同期限企业债券信用价差均值数据样本 1. 3，分别定义电力、电网、城建

① 凡企业债券与国债起息日相差 30 天以内的情况下，均直接计算信用价差，不再选择插值的方式。05 世博债券与国债 010513 起息日相差 33 天，但是国债 7 年期品种仅 1 只，也采用直接计算方式。

城投、轨道交通、公路交通、电信运营、旅游、装备制造行业、石油石化行业的信用价差均值时间序列为 CS_{T1} 、CS_{T2} 、CS_{T3} 、CS_{T4} 、CS_{T5} 、CS_{T6} 、CS_{T7} 、CS_{T8} 、CS_{T9} 。

5. 将信用价差样本 1.1 中的债券个体信用价差时间序列按照债券发行时间在 2003 年以前标准筛选出 9 只债券，作为研究企业债券信用价差趋势特征的样本，定义为样本 1.4。

二、信用价差的趋势性

理论研究表明信用价差序列是平稳的，而对于本书假设 5 的回答也需要对信用价差时间序列的平稳性进行考量，因此对所有样本 1 企业债券的信用价差时间序列样本 1.2 进行平稳性即单位根检验，检验的方法分别采用 ADF 与 PP 检验。以 0.05 作为显著水平，原假设为存在单位根，检验结果如表 6－2所示。

表 6－2　样本债券信用价差平稳性检验结果

		ADF 检验		PP 检验	
代码	名称	*T* 统计量	*P* 值	*T* 统计量	*P* 值
111015	01 三峡 10	－1.59502	0.4849	－2.74280	0.0671
111018	02 电网 15	－2.78912	0.0601	－4.43663	0.0003
111019	02 广核债 15	－3.29635	0.0153	－4.11506	0.0010
120101	01 中移动 10	－2.86173	0.0501	－2.77369	0.0623
120102	01 三峡债 15	－2.85785	0.0506	－3.31035	0.0146
120201	02 三峡债 20	－2.32928	0.1628	－2.04284	0.2685
120203	02 中移动 15	－2.86998	0.0492	－3.67211	0.0046
120205	02 渝城投 10	－2.66732	0.0801	－4.13995	0.0009
120288	02 金茂债 10	－2.67400	0.0788	－4.25105	0.0006

从两类检验结果可以发现，在所有 9 只 2002 年前上市的企业债券信用价差序列中，采用 ADF 检验方法发现 7 个信用价差序列存在单位根，仅有 2 个通过该检验；而采用 PP 检验的结果显示 3 个信用价差序列存在单位根，其余 6 个通过检验。其中两类检验同时拒绝价差序列存在单位根的有 02 广核债 15、02 中移动 15；同时接受具有单位根假设的有 01 三峡 10、01 中移动 10、02 三峡债 20。因此，初步表明绝大多数企业债券的信用价差具有趋势性，初

步证实了假设5。图6－1为01三峡债的信用价差序列，可以发现存在典型的前期价差较低、后期信用价差升高的趋势特征。

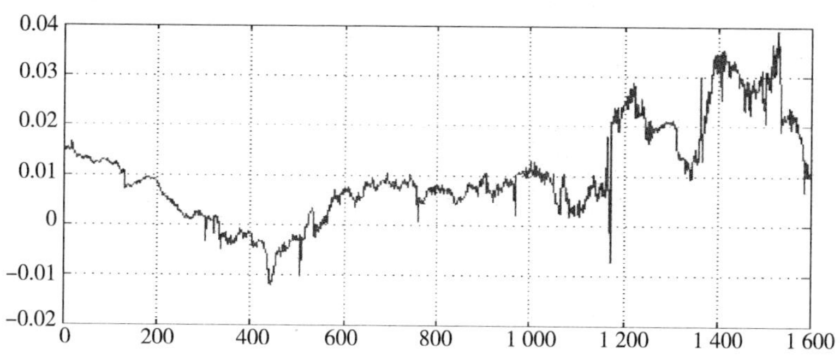

图6－1　01三峡债的信用价差时间序列

平稳性检验的结果仅能证明样本1内的部分企业债券信用价差存在一定的趋势性，并不能更加确信地直接证明信用价差是长期上升的，因此考虑对各信用价差序列的极端值分布进行考察。首先根据2007年12月21日作为划分信用价差极端值出现的时间点，对所有序列均考察其排列时间序列样本总数的前1/5信用价差高点与信用价差低点的前后期分布。同样选择2002年以前发行的企业债券作为考察对象，共有9只样本1中的债券，其极端值前后期分布如表6－3所示。

表6－3　　样本债券信用价差极端值分布

			信用价差高点分布		信用价差低点分布	
代码	名称	样本数	前段	后段	前段	后段
111015	01三峡10	320	0.0469	0.9531	1.0000	0.0000
111018	02电网15	236	0.7500	0.2500	0.9661	0.0339
111019	02广核债15	246	0.4715	0.5285	0.9797	0.0203
120101	01中移动10	385	0.3766	0.6234	0.6623	0.3377
120102	01三峡债15	348	0.7471	0.2529	0.9971	0.0029
120201	02三峡债20	324	0.0586	0.9414	1.0000	0.0000
120203	02中移动15	279	0.7455	0.2545	0.9462	0.0538
120205	02渝城投10	200	0.1350	0.8650	0.9950	0.0050
120288	02金茂债10	270	0.2037	0.7963	0.9963	0.0037

从9只债券信用价差的历史前1/5高点观察，有5只债券信用价差的后期高点显著高于前期，其后期占有1/5高点的比例在62%以上，其中有3只债券占比在86%以上；而有3只债券价差高点前期占比显著高于后期，其高点前期所占比例均在74%以上；有1只债券前后期价差高点占比差异不显著，后期占比比前期稍高。

而在信用价差低点的分布上，所有9只债券状况趋同。除01中移动(10)低点在前期占比66.23%之外，其他信用价差低点在前期的分布均占96%以上。

在对信用价差高点分布差异进行分析之后，可以发现，信用价差高点的分布呈现不同特征状态的规律：其一，10年期债券的信用价差高点集中在后期。其二，15年期债券的信用价差高点集中于前期。

综合之前对9只样本债券信用价差序列的平稳性检验结果，也可以发现，15年期的债券中有1只同时通过两类单位根检验，其余3只债券均通过一类单位根检验，没有同时接受存在单位根的现象，且总体检验P值均接近0.05。这可以从两个方面进行解释：

其一，说明15年期债券信用价差对基准利率调整方向的反应没有其他期限债券敏感。我国自2007年12月21日结束基准利率上调周期，之后从2008年9月16日进入加息周期。15年期债券信用价差对于利息上调的反应明显超过对基准利率下调的反应，加息周期造成15年期债券价差低点均集中在历史后期，而2008年后的利率下调没有造成其价差峰值在后期的分布超过前期。

其二，所有15年期的债券票面利率均为固定利率。因此，其到期收益受到基准利率的影响较强。2002—2007年长达5年的加息周期，使其到期收益率上升程度超过了同期发行的10年期浮动票面利率债券，因为浮动票面利率的债券实际计息利率大多数按照与基准利率保持固定息差的方式设计，基准利率的上调造成其到期收益率上升的幅度低于15年期债券，到期收益率上升的幅度又部分决定了信用价差变化的幅度。如果国债到期收益上升幅度超过企业债券，则信用价差总体下降，但是15年期债券在加息周期的信用价差下降幅度还是会低于10年期浮动利率品种。

三、信用价差的期限结构

由于不同期限债券的信用价差趋势存在明显差异，为了深入分析这种期限所产生的信用价差差异，这里进一步分析信用价差的期限结构，不同期限债券的信用价差样本1.2的序列基本统计均值计算结果见表6-4。

表 6-4 不同期限债券信用价差序列均值

序列	2006 年	2007 年	2008 年	2009 年	总平均
CS_7	0.00891	0.01078	0.01535	0.01533	0.01151
CS_{10}	0.00770	0.01067	0.01890	0.01825	0.01300
CS_{15}	0.00693	0.00916	0.01473	0.01208	0.01129
CS_{20}	0.00630	0.01042	0.01597	0.01191	0.01104

根据各期限企业债券的信用价差均值结果可以发现，信用价差总均值随债券的期限增加并不是单调递增的，而是呈现“单峰”状凸起。除了样本 1.2 的总平均价差显示这样的特征，2006 年、2008 年、2009 年各年度的不同期限信用价差均值也显示相同的特征。而 2007 年显示与其他年度显著不同，信用价差均值与期限呈现“倒 U”形状，7～15 年期债券价差呈递减趋势，而 15～20 年期出现递增趋势。为了更好地分析期限结构与信用价差的关系，采用总平均价差与债券期限建立信用价差曲线。由于样本 1 中所有债券期限均为 7 年以上，[①] 期限结构分布较为离散，因此可能出现难以判断信用价差曲线基本形态的状况。为此，这里参照了国内关于企业债券信用价差研究的最新成果，部分借鉴其成果中的数据对样本 1.2 进行补充。孙克（2009）所选择的样本中包含 5 年期、8 年期企业债券各 1 只，[②] 其样本选择时间为 2005 年 10 月 26 日至 2006 年 10 月 13 日的收益率数据构建信用价差曲线，其计算的 5 年期、8 年期信用价差均值分别为 0.0046、0.00983。为了与其样本选择期匹配，这里在构建信用价差曲线时采用 2006 年度的均值数据，信用价差曲线如图 6-2 所示。

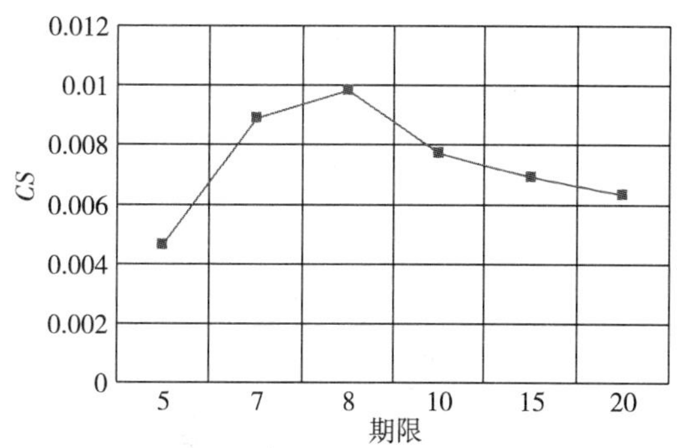

图 6-2 信用价差曲线

① 2009 年 9 月 30 日，市场已经没有其他期限的企业债券品种。

② 两只债券分别为 120203 02 中移动（5）和 129905 98 石油债（8），分别于 2007 年 10 月 28 日及 2007 年 9 月 7 日到期。

信用价差曲线清晰地显示“单峰”状凸起的形态特征。考虑到5年期、8年期债券样本的选择期间稍早于本书样本1.2的取样期间，而人民银行曾于2006年8月19日上调基准利率，根据本书的理论假设，这会对企业债券市场的总体信用价差水平产生下降的影响。考虑到政策影响的滞后性，本书样本较文献［96］样本滞后75天，因此总体会受到本次加息影响较大，会造成本书样本2006年信用价差均值低于其样本。所以，实际的信用价差曲线应该作如下的修正：

其一，增加7年期、10年期、15年期、20年期信用价差的均值，回调加息效应的影响。其二，或者其他期限样本信用价差均值不变，降低5年期、8年期信用价差均值。经过这样的修正之后，信用价差曲线的形状将出现较大改变。以8年期债券——信用价差“单峰”为界，峰值左侧的信用价差随期限上升而递增的速度更快，“单峰”左侧变得更为陡峭；峰值右侧的信用价差随期限上升而递减的速度更慢，“单峰”右侧变得更为平缓。

这里进一步采用虚拟变量回归的方法分析期限因素对企业债券信用价差的影响程度，并且还考虑了票面利率是否为浮动的影响因素。分别针对发行期限引入D_1、D_2、D_3 3个虚拟变量，其分别代表期限为7年、10年、15年的债券。当债券为对应期限时，虚拟变量取1，其他为0。对票面利率固定浮动设置虚拟变量F，当其为浮动利率取值为1，固定票面利率时为0。对各样本债券2006年后的信用价差均值多元回归，结果见表6－5。

表6－5　　信用价差均值的期限因素虚拟变量回归结果

参数	估计值	标准差	t统计量	P值
C	0.031235	0.001517	7.431343	0
D_1	0.011514	0.009363	1.229813	0.2324
D_2	0.013476	0.004187	3.218463	0.0041
D_3	0.011294	0.003539	3.191631	0.0044
F	0.000712	0.000925	0.983059	0.3373
调整R^2＝0.1601881　　F检验的P值＝0.14127				

根据所得的系数估计值分析，在多元回归模型中，所有虚拟变量系数显然仅有常数项C与D_2、D_3的系数是显著的，P值均小于0.05显著水平，这体现期限10年与15年两个虚拟变量对信用价差总均值的影响。D_1是非显著的，这可能与样本选取有关，样本中的所有债券中期限为7年、20年的均为1只。从虚拟变量系数估计值观察，D_2的系数为0.013476、D_3的系数为0.011294。由于是虚拟变量回归系数，这体现15年期限与10年期限两个因素相比，信

用价差与期限长短呈反向变化关系。不过模型的调整 R^2 只有 16.02%，显示期限因素只能部分解释信用价差。这里的研究结果与孙克（2009）的研究结论相一致。不过其采用的信用价差数据为 2005—2006 年，且其样本还包含 1 只 5 年期限以下债券。

多元回归结果也显示，票面利率是否浮动因素与信用价差之间没有显著的联系。不过，这有可能与我国企业债券市场上浮动利率债券的期限均为 10 年有关。而考虑到信用价差与债券 10 年期限之间存在明显的正相关关系，因此并不能完全排除票面利率是否浮动带来的影响不显著。为此，又进行了专门对于利率浮动因素的回归。这里虚拟变量的定义不变，但是样本均选择 10 年期债券，模型仅含 F 虚拟变量。回归的结果为 F 系数的 t 统计量为 1.337485，P 值为 0.1936，结果仍然不显著。可进一步确定浮动利率方式与信用价差无确定性的线性关系。

四、信用价差的行业比较

对发行主体行业特征与其企业债券的信用价差表现之间的分析主要从两个角度展开。其一，采用比较各行业信用价差均值的方法。其二，采用多元回归的方法考察发行主体行业因素对信用价差均值的解释作用。

（一）不同行业信用价差均值

由于各行业债券上市交易日期不同，这里采用信用价差样本 1.3 作为考察对象，考察 2006 年 1 月 18 日以后的信用价差。各行业信用价差的均值数据见表 6－6。

表 6－6　　各行业债券信用价差序列均值

序列	2006 年	2007 年	2008 年	2009 年	总平均
CS_{T1}	0.00692	0.00963	0.01625	0.01610	0.01111
CS_{T2}	0.00737	0.00677	0.01832	0.01424	0.01218
CS_{T3}	0.00805	0.01272	0.01796	0.01860	0.01257
CS_{T4}	0.00723	0.00679	0.01743	0.01119	0.01099
CS_{T5}	0.00751	0.01181	0.01690	0.01738	0.01265
CS_{T6}	0.00887	0.01610	0.01908	0.01605	0.01498
CS_{T7}	0.00661	0.00830	0.01487	0.01589	0.01094
CS_{T8}	0.00747	0.00417	0.01969	0.02027	0.01370
CS_{T9}	0.00527	0.00648	0.01803	0.01941	0.01269

为了方便观察不同行业信用价差的差异，这里图示了各行业历年平均信用价差与总平均信用价差，见图 6－3。

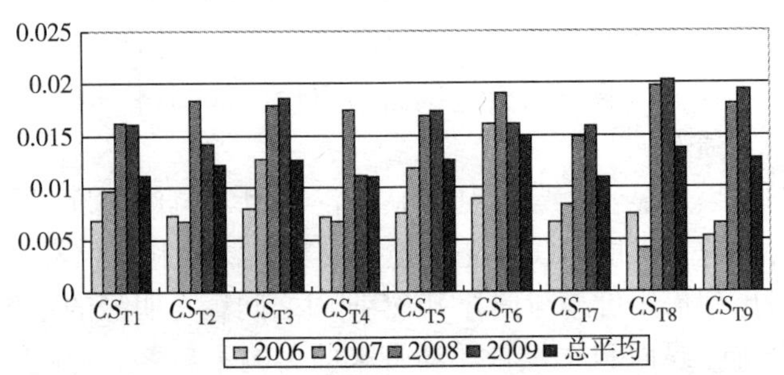

图6－3　各行业历年平均信用价差与总平均信用价差

分别定义电力、电网、城建城投、轨道交通、公路交通、电信运营、旅游、装备制造行业、石油石化行业的信用价差均值时间序列为 CS_{T1}、CS_{T2}、CS_{T3}、CS_{T4}、CS_{T5}、CS_{T6}、CS_{T7}、CS_{T8}、CS_{T9}。

各年度信用价差均值最高的3个行业：2006年为电信运营、公路交通、旅游行业，2007年为电信运营、城建城投、公路交通行业，2008年为旅游、电信运营、电网行业，2009年为旅游、装备制造、城建城投行业，总平均值为城建城投、旅游、装备制造行业。

各年度信用价差均值最低的3个行业：2006年为装备制造、电信运营、电力行业，2007年为旅游、装备制造、电网行业，2008年为电信运营、电力、公路交通行业，2009年为轨道交通、电网、电信运营行业，总平均值为电信运营、轨道交通、电力行业。

（二）信用价差的多元因素回归

从上述角度并不能直观地确定各个行业间是否存在明显的信用价差差异，因此对其进行加入行业特征虚拟变量的多元回归，定义 $T_1 \cdots T_8$ 共8个虚拟变量分别代表电力、电网、城建城投、轨道交通、公路交通、电信运营、旅游行业、装备制造行业。如果债券为上述变量代表的行业，其取值为1否则为0，以及随机扰动项，回归结果见表6－7。

表6－7　信用价差均值的行业特征虚拟变量回归结果

参数	估计值	标准差	t 统计量	P 值
C	0.011036	0.002152	5.127143	0.0001
T_1	0.000258	0.002301	0.112183	0.9119
T_2	0.001411	0.002269	0.621826	0.5419
T_3	0.000478	0.003044	0.157049	0.8770

续表

参数	估计值	标准差	t 统计量	P 值
T_4	0.003086	0.002269	1.359956	0.1906
T_5	-0.001300	0.002269	-0.570700	0.5753
T_6	0.002521	0.002269	1.111044	0.2812
T_7	0.001029	0.001201	0.856991	0.4027
T_8	0.014968	0.009451	1.583692	0.1275
调整 $R^2=18.857$　　F 检验的 P 值 $=0.19647$				

从回归结果观察，除常数项之外无变量系数显著，因此无法接受行业之间存在显著的信用价差差异。考虑到之前对信用价差期限等因素的研究，倾向于将同期不同行业信用价差的差异解释为行业债券的期限构成不同。

五、结论

1. 通过对信用价差趋势的研究发现，我国企业债券市场的信用价差在2002—2009 年的总体趋势为先低后高。主要采用两种方式对此进行验证，研究对象均为 2002 年以前发行的企业债券。结果显示：首先，对样本信用价差的时间序列的平稳性检验 ADF 检验与 PP 检验分别显示 77.78% 与 33.33% 的个体信用价差序列存在单位根，绝大部分信用价差具有趋势性。其次，考察期间内各债券信用价差占序列长度 20% 的高点与低点的分布状况。信用价差的高点在后期分布超过前期的债券为 6 只，在前期分布超过后期的为 3 只，且均为 15 年期债券；所有样本债券信用价差的低点在前期分布超过后期，因此证实假设 5 成立。

2. 对信用价差的影响因素研究从两方面进行：分别引入与债券期限、浮动票面利率、发行规模三类因素对应的虚拟变量对信用价差均值进行虚拟变量回归，结果显示，企业债券的信用价差仅与期限具有显著线性关系，并且回归系数显示 15 年期限造成信用价差的递增效应小于 10 年期限；进一步通过构建信用价差曲线的方式研究企业债券信用价差的期限结构，其结果与多元回归的结果一致，显示企业债券信用价差曲线呈“驼峰”状分布，期限从 10 年到 15 年，信用价差呈现递减。

3. 从各年度主要行业债券的信用价差的绝对量观察，信用价差显示信用风险最高的行业在不同时期均有变化，因此，仅能从考察期间总平均价差与信用价差波动两个角度接受不同行业信用价差存在显著差异；同时，考虑信用价差受到期限因素的影响显著，所以，行业间的信用价差不具显著差异，因此从信用价差的角度分析假设5不成立。

第三节　企业债券发行主体的违约概率

本章之前研究的样本1中的企业债券发行主体均为非上市公司，因此难以从其自身的角度对其债券的信用风险展开研究，只能借助二级市场信用价差的方式。但是由于信息不对称状况广泛存在于各个金融市场，投资者对于发行主体的了解仅限于行业、所有制等非常粗浅、有限的层面，对其治理方式、管理团队、财务状况、重大事件等方面均无法获得更多信息，因此以信用价差反映债券的信用风险实际上存在很大的主观性，可能存在信用价差与发行主体实际信用风险不匹配的状况，很多学者已经对此作过深入研究。Amato和Remolona（2003）指出，公司债券的实际信用价差一般要远远大于其预期违约损失，而且公司债券的期限越长、信用等级越低，两者之间的差距就越大。因此，公司债券的实际信用价差与其预期违约损失之间存在着一个“宽缺口”（wide gap），它是传统的信用风险定价理论所不能解释的，这就是所谓的“信用价差之谜”（Credit Spread Puzzle）。Collin－Dufresne、Goldstein和Martin（2001）及Driessen（2005）对此也有过相同的论述。因此本节将采用另外一种相对客观的方法评价发行主体信用风险的测度——从主体违约概率的角度评价企业债券的信用风险，采用的方法为KMV模型，其由KMV公司开发，属于一种违约预测模型。它将信用风险与违约联系在一起，通过违约概率来估计信用风险。KMV模型发布以后，学者对该模型进行了检验。一系列针对KMV模型有效性的实证结果表明，KMV模型是有效的信用风险分析度量技术。KMV模型在国外正被越来越多的金融机构所使用。

一、债券样本选取与参数估计改进

（一）样本选取

如第三章所论述，KMV模型在对上市公司违约风险的度量上有很好的预测效果，并且其将财务风险、违约距离、违约概率结合起来，具有一定优势。但是由于模型参数需要发行主体的股权价值数据以及负债的账面价值数据，因此要求发行主体为上市公司。为了能够利用上市公司公开的数据进行研究，本节研究的所有企业债券发行主体均为沪深两市上市公司。[①] 经过筛选，剔除

① 也有同时发行A股与H股的公司。

发行主体上市时间较晚及公开报告数据不完整的部分债券发行主体，一共得到包含26只企业债券[①]的样本。表6-8列示了样本债券的基本信息，包括债券名称、代码、发行主体股票代码[②]及债券票面利率等信息。这里定义此样本为本书企业债券样本2，对所有发行主体的固定财务报告的数据样本均从2002年12月31日开始截至2009年9月30日。

表6-8　　发行主体为上市公司的企业债券样本

债券名称	债券代码	股票代码	利率（%）	期限	债券名称	债券代码	股票代码	利率（%）	期限
08 华能 G1	122008	600011	5.20	10	06 中化债	126002	600500	1.80	6
08 上港债	126012	600018	0.60	3	08 康美债	126015	600518	0.80	6
08 宝钢债	126016	600019	0.80	6	07 深高债	126006	600548	1.00	6
04 中石化	120483	600028	4.61	10	08 青啤债	126013	600600	0.80	6
08 葛洲债	126017	600068	0.60	6	08 国电债	126014	600795	1.00	6
04 长航债	122998	600087	6.14	10	06 马钢债	126001	600808	1.40	5
07 云化债	126003	600096	1.20	6	08 万科 G1	112005	000002	5.50	5
08 莱钢债	122007	600102	6.55	10	08 中粮债	112004	000031	6.06	10
08 金发债	122011	600143	8.20	5	中兴债 1	115003	000063	0.80	5
08 新湖债	122009	600208	9.00	8	08 中联债	112002	000157	6.50	8
08 赣粤债	126009	600269	0.80	6	08 粤电债	112001	000539	5.50	7
08 江铜债	126018	600362	1.00	8	钢钒债 1	115001	000629	1.60	6
08 宁沪债	122010	600377	5.40	3	国安债 1	115002	000839	1.20	6

所有样本2的债券中，沪市上市19只、深市上市7只；从发行年度看，2004年2只，2006年2只，其余均为2007年、2008年发行；发行年限最低3年，最高10年；债券样本发行主体涉及多个行业，具体包括地产开发、机械制造、石油化工、有色金属、钢铁、信息设备、食品医药、公路交通、港口水运、电力等行业；[③] 所有债券付息方式均为年付。所有上市公司的财务报表数据均选择合并财务报表数据。在后期财务报告对前期数据进行修正时，均采用修正后的数据。所有上市公司股票价格历史数据与定期报告数据均来源

---

① 这里虽然所有发行主体均为上市公司，但并不等于所发行债券即为公司债券，仍有部分债券为企业债券，绝大多数为2007年之前发行的。因此，这里仍采用企业债券的称谓。

② 数据来源于上海证券交易所与深圳证券交易所。

③ 由于发行主体样本较少，因此根据上交所的划分方法并作了微调，将康美债与青啤债划分为食品饮料行业。

于国泰安数据库。

（二）对 KMV 模型参数估计方法的改进

1. 违约点的估计。KMV 技术文档显示，当违约触发点 DP 为公司的流动负债 +50% 长期负债时，KMV 模型的预测能力最好。由于中国资本市场与国外资本市场存在着比较大的差异，所以简单地运用国外的经验数据可能会使结论出现较大的偏差。同时，KMV 公司的研究已经表明，违约触发点 DP 一般处于流动负债与负债面值总额之间的某一点，并且模型预测的准确性对违约触发点 DP 的变动比较敏感。因此，我国学者在相关研究中对违约触发点的选取并不完全一致。有些学者直接借鉴国外的经验，选取“流动负债 +50% 长期负债”作为违约触发点，如程鹏、吴冲锋（2002），易丹辉、吴建民（2002）；有些学者则选取所有负债的账面价值作为违约触发点，如鲁炜、赵恒珩、刘冀云（2003），杨星、张义强（2004），叶庆祥、景乃权、徐凌峰（2005），郑茂（2005）。而张玲、杨贞柿（2004）则通过选取 3 个不同的违约触发点，运用 ROC 曲线进行了对比研究，得出的结论是当违约触发点仅为流动负债时 KMV 模型有最好的解释能力。王东、罗永忠（2006）采用不同违约出发点估计 KMV 模型，并采用累积精确度（Cumulative Accuracy Profiles，CAP）和精确比率（Accuracy Ratios，AR）评价不同模型预测性能的优劣。他们的研究结果认为短期负债 +0.7 倍的长期负债估计的结果对违约事件的预测准确性最高。

综合上述对 KMV 模型违约点估计的比较研究结论，本节对上市公司违约点的估计采用文献的方法，即违约点 DP = 短期负债 +0.7 × 长期负债。

2. 我国上市公司股权价值的估计。由于我国股票市场存在流通股和非流通股，在计算我国上市公司股权市场价值的时候，不能简单地以总股本乘以股票交易价格，因为非流通股没有交易价格，而且在理论上流通股存在流通溢价，否则会高估上市公司的股权市值，进而影响对违约概率的估计。在估计非流通股价格时，考虑其应该低于流通股交易价格。上市公司股票全流通研究中非流通股定价比较常用的办法是以每股净资产计算非流通股的价格。也有学者如薛锋、董颖颖、石雨欣（2005）在处理非流通股价格时赋予其一定程度的溢价，一般为每股净资产的 K 倍。其中 $1 \leqslant K \leqslant$ 股价/每股净资产，即有：

$$\text{非流通股市场价值} = K \times \text{每股净资产} \times \text{非流通股股数} \tag{6.2}$$

$$\text{流通股市场价值} = 1\text{ 年各月份周平均收盘价格} \times \text{流通股数} \tag{6.3}$$

$$\text{上市公司股权市场价值} = \text{流通股市场价值} + \text{非流通股市场价值} \tag{6.4}$$

本书采用 $K=1$。此外，样本 2 中的发行主体还有部分同时发行 H 股与 A

股。这里为了简化，其股权市值均采取 A 股价格计算。①

3. 股价收益波动率的估计。假设上市公司股票价格服从对数正态分布，u_i 为第 i 周股票价格的周收益率②，p_i、p_{i-1} 为第 i 周和第 $i-1$ 周股票复权后的周收盘价，n 为一年内的股票交易周数，r 为无风险收益率，t 为债务偿还期限。因为无法获得公司债务的久期数据，所以这里假设 t 为 1 年。u_i 为标准累积正态分布函数，σ_E 为股票价格收益率的波动率，采用 Hull（1995）从历史数据估计波动率的方法：

$$u_i = \ln \frac{p_i}{p_{i-1}} \tag{6.5}$$

$$\sigma_E = \frac{\sqrt{\frac{1}{n-1}\sum_{i=1}^{n} u_i^2 - \frac{1}{n(n-1)}\left(\sum_{i=1}^{n} u_i\right)^2}}{\sqrt{\frac{1}{n}}} \tag{6.6}$$

计算过程使用 matlab7.0、excel2003 实现。经过计算，所有样本债券发行主体 2004 年 12 月 31 日至 2009 年 9 月 30 日的股价年波动率列示于附表，③ 定期报告日的股价收益波动率采用过去一年的周收益率估计。

二、发行主体个体的违约概率

信用评级机构在运用 KMV 模型的时候，一般通过建立违约距离与实际违约数据库之间的映射关系，得到经验预期违约频率作为衡量信用风险的指标。而我国当前并没有建立公司实际违约的信用数据库，因此无法得到经验预期违约频率。而 KMV 模型假设确定相对违约风险的所有信息都已经包含于公司资产的预期价值、违约触发点和公司资产价值的波动率当中，而且违约距离测度是一个标准化的度量方法，所以可以通过比较不同公司之间的违约距离与风险中性违约概率来比较它们的违约风险。

公司的违约风险随着公司资产价值与负债面值总额间的差额减小而增大。在不存在清算成本的情况下，当公司资产价值低于负债面值总额时，公司将会发生财务风险，并将导致公司违约。另一方面，公司负债总额中的长期负债在一定程度上能够缓解公司偿还负债的压力，公司对债务进行一些重新的

① 同时发行 A 股与 H 股的公司市值 = A 股部分市值/A 股所占股本比例。

② 当一周中没有包括周一或周五时，周收益率以最接近周一的某日收盘价与最接近周五的某日收盘价计算。

③ 实际计算了自 2002 年 9 月 30 日以后的每个公开报告期的股价波动率，包括一季报、半年报三季报、年报。但是此处为了简洁，便于列示，没有逐一列出。

安排也可以减缓公司债务到期的压力。

从计算结果观察,[①] 所有样本债券发行主体的资产市值波动率在考察期间（2004—2009 年）均呈现“倒 U”形状；资产市值波动率在 2004 年、2005 年处于较低水平，从 2006 年开始上升；大多数样本公司股价收益率均在 2008 年达到波动率的峰值，之后，2009 年的资产波动率开始下降，这与我国股市在 2007 年以后的市场大幅波动有关，同时也体现了各个发行主体股价与市场价格趋势具有较强的相关性。

通过发行主体资产市值与资产市值波动率估计结果结合各期违约点估计结果，可以进一步得到违约距离 *DD*。如果存在大量实际公司违约的数据，可以建立违约距离 *DD* 与实际违约概率 *PD* 的映射，即违约距离实际违约概率的经验分布函数，便可以通过计算某公司的违约距离结合经验分布得到对应的违约概率；在不具备上述条件的情形下，可以利用正态分布计算风险中性条件下的理论违约概率。所有样本 2 的企业债券发行主体违约概率数据见表 6 -9。

表 6 -9　　　　发行主体个体违约概率

债券名称	2006 年	2007 年	2008 年	2009 年	债券名称	2006 年	2007 年	2008 年	2009 年
08 万科 G1	0.0098	0.0800	0.1194	0.0370	07 云化债	0.0069	0.0386	0.0898	0.1166
08 中粮债	0.0593	0.0600	0.1190	0.0694	08 莱钢债	0.0000	0.0508	0.0608	0.0753
中兴债 1	0.0036	0.0066	0.0980	0.0576	08 金发债	0.0367	0.1440	0.1646	0.0987
08 中联债	0.0377	0.0340	0.2130	0.0677	08 新湖债	0.0709	0.0635	0.1291	0.0620
08 粤电债	0.0071	0.0546	0.0514	0.0041	08 赣粤债	0.0462	0.0040	0.0294	0.1349
钢钒债 1	0.0382	0.0550	0.0070	0.0000	08 江铜债	0.0496	0.0521	0.1187	0.0991
国安债 1	0.0457	0.0271	0.1783	0.0706	08 宁沪债	0.0000	0.0142	0.0073	0.0002
08 华能 G1	0.0031	0.0189	0.0656	0.0078	06 中化债	0.0180	0.0820	0.0745	0.0405
08 上港债	0.2678	0.0111	0.0158	0.0232	08 康美债	0.0196	0.1397	0.0469	0.1327
08 宝钢债	0.0019	0.0228	0.0562	0.0304	07 深高债	0.0023	0.0153	0.0429	0.0095
04 中石化	0.0085	0.0310	0.0554	0.0172	08 青啤债	0.0093	0.0280	0.0258	0.0022
08 葛洲债	0.0451	0.1167	0.0442	0.0146	08 国电债	0.0324	0.0094	0.1522	0.0022
04 长航债	0.0016	0.0482	0.1359	0.0534	06 马钢债	0.0296	0.0603	0.0499	0.0256

① 这里所有股价收益波动率、资产市值、资产波动率数据详见附表。

从发行主体累积违约概率的历史变化看，总体上均具有开始年份违约概率小、近年来违约概率上升的趋势。这种现象可以从股价波动性角度解释。自2006年后，我国股票市场的波动性整体加大，所以导致基于市值的KMV模型违约概率上升。

三、行业发行主体的组合违约概率

通过KMV模型可以计算基于市值的公司违约概率。但是对于投资公司债券市场的投资者而言，其往往不止持有单一债券资产，往往是不同发行主体所发行债券的资产组合。因此，相对于1只债券违约，2只或以上债券组合的违约状况往往受到更多的关注。并且为了对假设6.2进行回答，本部分即研究企业债券发行主体之间的联合违约概率。

（一）联合违约相关概念

1. 联合违约概率。以两个企业债券发行主体为例，设债券发行主体1违约事件为A，设债券发行主体2违约事件为B，则各自的发行主体独立违约概率为$PD_A = \Pr(A)$、$PD_B = \Pr(B)$，这也就是本章第三节第二部分所计算的个体违约概率。而2只债券发行主体同时违约事件为AB（或$A \cap B$），则联合违约概率或同时违约概率为

$$JPD_{AB} = \Pr(AB) \tag{6.7}$$

2. 组合违约概率。投资者同时持有债券1、2的资产组合，债券组合的发行主体违约之和事件为$A+B$（或$A \cup B$），组合违约可以表示为

$$PD_{\text{portfolio}} = \Pr(A \cup B) = \Pr(A) + \Pr(B) - \Pr(A \cap B) \tag{6.8}$$

3. 违约相关性。根据Lucas（1995），定义债券1、2的违约事件相关性为ρ，由下式得到：

$$\rho = \frac{JPD_{AB} - PD_A PD_B}{\sqrt{PD_A(1 - PD_A)PD_B(1 - PD_B)}} \tag{6.9}$$

可以发现，在上述与债券发行主体组合违约的概念中，PD_A、PD_B即发行主体A、B的各自独立的违约概率，计算方式是明确的，难点在于计算两发行主体（债券）的联合违约概率JPD_{AB}，计算的思路根据Bin Zeng和Jeffrey R.等的研究（2001a，2001b），KMV公司通过构建发行主体资产市值的联合分布来实现。

设A_i为两家发行主体的资产市值，σ_{Ai}为资产市值的标准差，则联合违约概率为

$$JDP = \int_{-\infty}^{D_1}\int_{-\infty}^{D_2} F(A_1, A_2, r)\, dA_1 dA_2 \tag{6.10}$$

式中，D_1、D_2为两家发行主体的违约点。

$$F_A(A_1,A_2,r) = \frac{1}{2\pi\sigma_{A_1}\sigma_{A_2}\sqrt{1-r^2}}\exp\left\{-\sum_i \frac{1}{1-r^2}\left[\left(\frac{A_i}{\sigma_{Ai}}\right)^2 - 2r\left(\frac{A_1A_2}{\sigma_{A_1}\sigma_{A_2}}\right) + \left(\frac{A_2}{\sigma_{A_2}}\right)^2\right]\right\} \tag{6.11}$$

这里的思想实际上是将联合违约事件假设为服从均值为 A_1、A_2，标准差为 σ_{A1}、σ_{A2}，相关系数为 r 的二元正态分布。但是，在资产相关性的估计上存在两类不同的意见。这里相关系数理论上采用资产市值收益率的相关性度量。具体而言有两种方法：其一，从 KMV 模型迭代计算各公司每期资产市值，进而计算资产市值收益率，然后度量公司资产的市值收益率序列间的相关性。其二，市场共同因子方法。

（二）联合违约的度量

基于上述计算联合违约概率的思想，以及不同的估计资产市值相关性的方式，分别采用发行主体间的股价收益以及资产市值的收益估计联合违约概率计算所需参数即资产相关性。为了便于比较，将所有债券发行主体按其主业划分成九大行业。

首先，通过股票收益率历史数据估计发行主体之间的相关性，分别度量主要行业内发行主体的股价收益相关性①。收益率采用对数日收益数据。在度量相关性时，选择两个股票价格收益序列共同的历史区间②进行估计。

其次，在计算股价收益率相关性之后，采用之前在计算发行主体个体违约概率时所得的各期资产市值数据，得到资产市值的收益率。计算期间为 2003 年 9 月至 2010 年 9 月的每一个公开报告日。

两类相关系数的估计结果以及对发行主体行业的分类列于表 6－10。

---

① 均为两个债券发行主体间的相关性。

② 历史区间指的是共同的交易日，但是每日收益率并不完全等同于两序列第 n 个共同交易日收盘价与第 $n-1$ 个共同交易日收盘价计算。例如：股票 A、B 共同交易日为 5 月 14 日，前一共同交易日为 5 月 10 日。如 A 股票 5 月 14 日前交易日为 5 月 12 日，B 股票 5 月 14 日前交易日为 5 月 13 日，则 5 月 14 日收益率分别以 5 月 12 日、5 月 13 日的收盘价计算。

表 6－10 发行主体股价收益率相关性

行业	债券名称	债券代码	股票代码	股价相关系数	资产相关系数
地产	08 万科 G1	112005	000002	0.526	0.245
	08 中粮债	112004	000031		
信息设备	中兴债 1	115003	000063	0.396	0.276
	国安债 1	115002	000839		
电力	08 葛洲债	126017	600068	0.314	0.164
	08 国电债	126014	600795		
有色金属	钢钒债 1	115001	000629	0.283	0.317
	08 江铜债	126018	600362		
港口水运	08 上港债	126012	600018	0.248	0.213
	04 长航债	122998	600087		
钢铁	08 宝钢债	126016	600019	0.734	0.465
	06 马钢债	126001	600808		
石油化工	04 中石化	120483	600028	0.422	0.211
	06 中化债	126002	600500		
公路	08 赣粤债	126009	600269	0.383	0.342
	07 深高债	126006	600548		
食品医药	08 康美债	126015	600518	0.339	0.289
	08 青啤债	126013	600600		

可以发现，相同公司组合，通过资产市值收益率度量的相关系数明显低于股价收益率度量值，并且债券发行主体的资产市值本身通过 KMV 模型计算所得，受数值解的迭代精度影响很大，并且资产市值仅有 29 个序列，其长度远少于股票市值序列，所以通过资产市值来计算收益率存在诸多不足，存在较大的模型风险，可能影响计算联合违约概率及违约相关性的准确性。因此，在计算债券发行主体组合违约概率时，仍然考虑选择股价收益率作为相关系数估计对象。

接下来，按照顺序分别估计了各个样本行业债券发行主体联合违约概率、组合违约概率以及发行主体间的违约相关性。由于样本行业均选择两个债券发行主体，所以这里多元正态分布一般为二元。如果是 2 只债券以上的组合，在计算时，需要计算发行主体资产市值收益的相关系数矩阵以及资产市值的协方差矩阵，其原理与二元组合相同，估计结果见表6－11①。

表6－11　同行业发行主体间的联合违约概率、违约相关性、组合违约概率

行业	联合违约概率			违约相关性			组合违约概率		
	2007年	2008年	2009年	2007年	2008年	2009年	2007年	2008年	2009年
地产	0.0204	0.0435	0.0130	0.2412	0.2791	0.2176	0.1197	0.1949	0.0935
信息设备	0.0012	0.0397	0.0134	0.0814	0.1954	0.1567	0.0324	0.2366	0.1148
电力	0.0034	0.0156	0.0002	0.0732	0.1197	0.0355	0.1228	0.1808	0.0165
有色金属	0.0076	0.0024	0.0000	0.0931	0.0578	0.0007	0.0995	0.1232	0.0991
港口水运	0.0017	0.0049	0.0034	0.0499	0.0649	0.0631	0.0576	0.1468	0.0732
钢铁	0.0137	0.0227	0.0104	0.3463	0.3972	0.3540	0.0694	0.0834	0.0457
化工	0.0098	0.0144	0.0038	0.1525	0.1714	0.1222	0.1033	0.1155	0.0539
公路	0.0005	0.0054	0.0044	0.0617	0.1196	0.0952	0.0188	0.0670	0.1400
食品医药	0.0105	0.0045	0.0011	0.1150	0.0985	0.0483	0.1572	0.0682	0.1339

四、违约风险的行业比较

（一）发行主体个体违约概率的行业比较

这里利用所计算的样本2企业债券发行主体个体在债券发行期限内各期的累积违约概率代表其信用风险程度。与对信用价差的考察不同，违约概率受上市公司主体决策的影响程度明显大于信用价差。除了股价波动率之外，违约概率涉及的变量如违约点是上市公司可控的，而信用价差受市场整体因素的影响更大，所以与考察信用价差采用相同期间的横向数据不同。对上市公司发行主体违约概率的比较主要考察期间为发行前一年、发行当年、发行后一年。

这种选择主要考虑比较发行主体在进行企业债券融资前后是否对其信用风险控制的取向发生重大变化或者调整。由于监管方要求在发行前期发行主体必须满足最低的监管要求，② 因此理论上发行前一年的违约概率应该在考察的3个期限中最低。而发行当年，由于进行了大规模的债务融资，其违约点

① 实际计算结果包含每个固定报告日，这里仅列出2007年、2008年12月31日以及2009年9月30日的数据。

② 申请发行债券的公司最近3个会计年度实现的年均可分配利润不少于公司债券1年的利息，且本次发行后累计公司债券余额不超过最近一期末净资产额的40%。

上升明显。假设其他参数不发生显著变化，则发行主体在发行当年的违约概率会明显上升。而发行期后一年的违约概率同样取决于发行主体对于信用风险的控制目标，其可能通过股权融资进一步扩充股本或者选择偿还债务保持合理的财务结构，或者进一步债务融资，所有这3种决策行为将会在其发行期间的3个年度中的违约概率上有所体现。各主体3个期间的违约概率见图6－4。

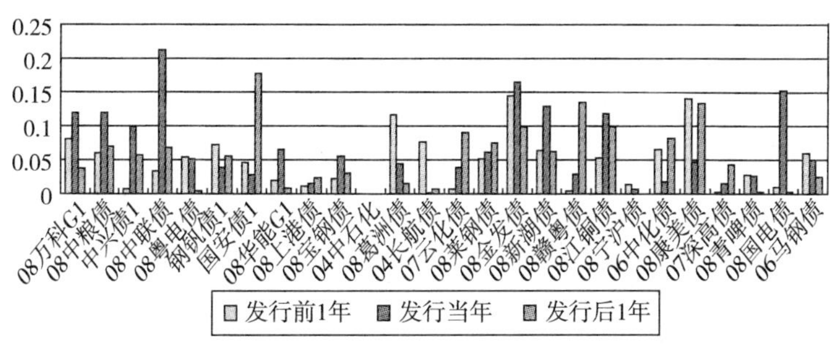

图6－4 各发行主体发行期间违约概率

首先，从发行前一年的违约风险考察。违约概率在5%以下的发行主体共13家，所属行业分别为化工行业2家、公路行业3家、信息设备行业2家、电力行业2家及钢铁行业、食品医药行业、工程机械行业、港口水运行业各1家。这些行业发行主体在债券发行前的违约风险较低。违约概率在5%以上的发行主体也为13家，所属行业分别为钢铁行业2家、有色金属行业2家、地产行业3家、电力行业2家及化工行业、食品医药行业、港口水运行业、材料行业各1家。

其次，从发行当年的违约风险考察。违约概率在5%以下的发行主体共13家，所属行业分别为化工行业3家、公路行业3家、食品医药行业2家，信息设备行业、电力行业、钢铁行业、有色金属行业、港口水运行业各1家。这些行业发行主体在债券发行前的违约风险较低。违约概率在5%以上的发行主体为12家，所属行业分别为钢铁行业2家、地产行业3家、电力行业3家，有色金属行业、工程机械行业、信息设备行业、材料行业各1家。

最后，从发行后一年的违约风险考察。违约概率在5%以下的有13家，所属行业分别为电力行业4家、公路行业2家、钢铁行业2家、港口水运行业2家，化工行业、食品医药行业、地产行业各1家。违约概率在5%以上的也有13家，所属行业为地产行业2家、有色金属行业2家、化工行业2家、信息设备行业2家，公路、食品医药、工程机械、钢铁、材料行业各1家。

从各行业内发行主体违约概率总体均值考察，3个期间违约概率从低至高分别为：

发行前一年，公路行业 0.006833333、化工行业 0.024223513、信息设备行业 0.02615、工程机械行业 0.034、港口水运行业 0.043419833、钢铁行业 0.044633333、电力行业 0.0499、有色金属行业 0.0622、地产行业 0.067833333、食品医药行业 0.08385、材料行业 0.144。

发行当年，港口水运行业 0.0086、公路行业 0.017333333、化工行业 0.0189、食品医药行业 0.03635、钢铁行业 0.055633333、信息设备行业 0.06255、电力行业 0.07835、有色金属行业 0.07845、地产行业 0.1225、材料行业 0.1646、工程机械行业 0.213。

发行后一年，电力行业 0.007175、港口水运行业 0.01525、钢铁行业 0.043766667、地产行业 0.056133333、化工行业 0.0573、公路行业 0.059333333、食品医药行业 0.06745、工程机械行业 0.0677、有色金属行业 0.07705、材料行业 0.0987、信息设备行业 0.11795。

图 6－5 给出了发行主体在发行当年违约概率比发行前一年提高的幅度以及发行后一年违约概率比发行当年下降的幅度。①

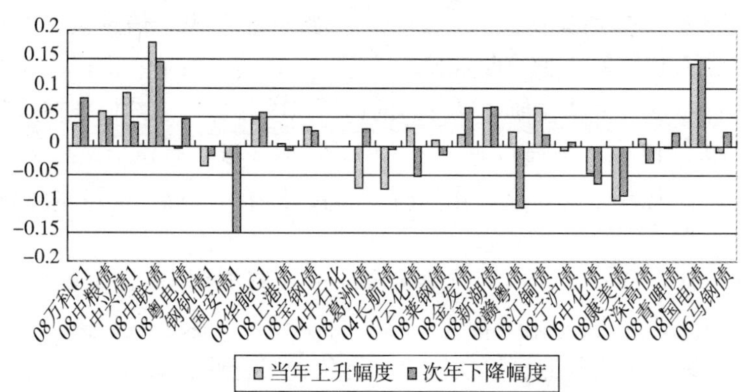

图 6－5　各行业发行主体发行当年与发行后一年违约率变化幅度

（二）发行主体联合违约状况的行业比较

1. 联合违约概率行业差异。根据所计算的各类行业样本债券发行主体间的联合违约概率，分析持有债券组合同时发生违约状况的概率。图 6－6 列出了各行业联合违约概率 2007—2009 年的数据。

① 发行当年比前一年提高幅度＝发行当年违约概率－发行前一年违约概率；发行后一年比发行当年下降幅度＝发行当年违约概率－发行后一年违约概率，两者均可能出现负值。

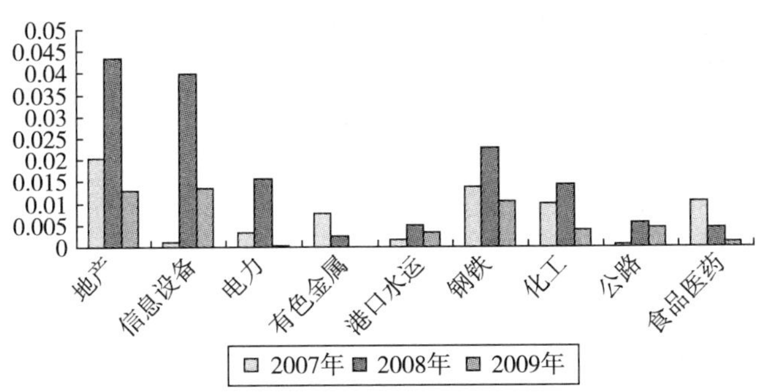

图 6－6　各行业债券发行主体联合违约概率

2007 年联合违约概率最高的行业为地产行业，其在 2007 年末的联合违约概率接近 0.0204，也就是说两只债券同时违约的概率达到 2% 以上；钢铁与食品医药行业，其联合违约概率均在 1% 以上；公路、信息设备、港口水运行业的联合违约概率较低，均在 0.5% 以下。

2008 年末联合违约概率最高的行业仍为地产行业，联合违约概率为 4.35%。信息设备、钢铁、电力、化工行业发行主体间的联合违约概率也在 1% 以上。有色金属、食品医药、港口水运、公路行业的联合违约概率均低于 1%。

2009 年末联合违约概率最高的行业为信息设备行业，联合违约概率为 1.34%。地产、钢铁行业发行主体间的联合违约概率也在 1% 以上。有色金属、电力、食品医药、港口水运、化工、公路行业的联合违约概率均低于 1%。

2. 违约相关性的行业差异。根据所计算的各类行业样本债券发行主体间的联合违约概率与个体违约概率得到了行业内发行主体的违约相关性，主要表征持有债券组合发行主体违约事件的相关状况。各行业发行主体间的违约相关性 2007—2009 年分布差异见图 6－7。

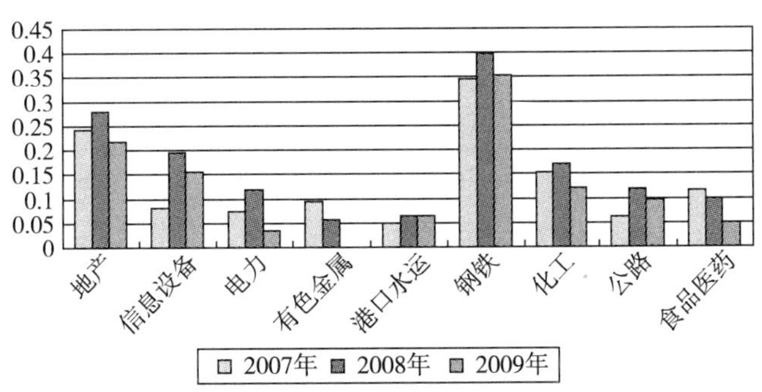

图 6－7　各行业债券发行主体违约相关性

2007 年发行主体间违约相关性最高的行业为钢铁行业，其在 2007 年末的联合违约概率接近 34.63%；地产、化工与食品医药行业，其违约相关性均达到 10% 以上；港口水运、公路、电力、信息设备、有色金属行业的违约相关性较低，均在 10% 以下。

2008 年发行主体间违约相关性最高的行业仍为钢铁行业，其在 2008 年末的联合违约概率接近 39.72%；地产、信息设备、化工、电力、公路行业，其违约相关性均达到 10% 以上；有色金属、港口水运、食品医药行业的违约相关性较低，均在 10% 以下。

2009 年发行主体间违约相关性最高的行业仍为钢铁行业，达 35.4%，地产行业也一直位于第二位；信息设备、化工行业，其违约相关性均达到 10% 以上；有色金属、电力、食品医药、港口水运行业的违约相关性较低，均在 10% 以下。

3. 不同行业的发行主体组合违约概率差异。根据所计算的各类行业样本债券发行主体间的联合违约概率与个体违约概率，可以得到行业内发行主体组合发生违约事件的概率，也就是同时持有同行业的两只债券组合至少有一只债券发行主体违约的概率。各行业发行主体组合的违约概率 2007—2009 年分布差异见图 6－8。

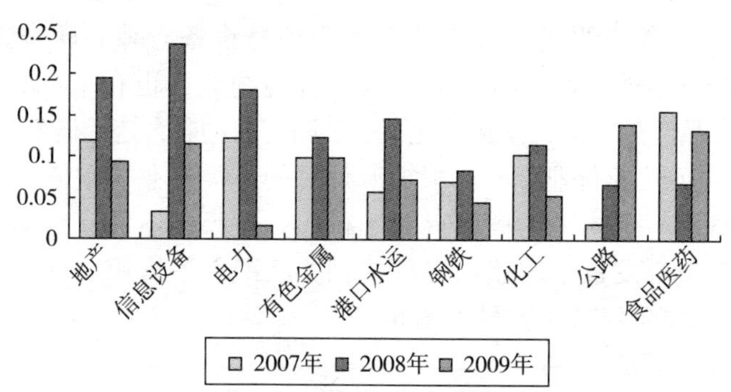

图 6－8　各行业债券发行主体组合违约概率

2007 年行业组合的发行主体违约概率最高的行业为食品医药行业，为 15.72%；电力、地产、化工行业，其发行主体组合违约概率均达到 10% 以上；公路、信息设备、港口水运、钢铁、有色金属行业的发行主体组合违约概率较低，均在 10% 以下。

2008 年行业组合的发行主体违约概率最高的行业为信息设备行业，为

23.66%；地产、电力、港口水运、有色金属、化工行业，其发行主体组合违约概率均达到10%以上；公路、食品医药、钢铁行业的发行主体组合违约概率较低，均在10%以下。

2009年行业组合的发行主体违约概率最高的行业为公路行业，为14%；食品医药、信息设备行业，其发行主体组合违约概率均达到10%以上；电力、钢铁、化工、港口水运、地产、有色金属行业的发行主体组合违约概率较低，均在10%以下。

（三）基于发行主体规模角度的违约概率总体差异性检验

这里采用另一种考察行业特征与违约风险差异的方式，即不对具体的行业进行比较，而采用融资额与发行主体资产总额作为划分发行主体类型的主要方式。这里实际上是采用一种间接的方式分析具有“大公司”、“大项目”行业特征的发行主体与对比样本的违约概率差异显著性。

1. 发行主体样本划分

第一类配对样本。根据发行主体的资产规模将所有样本上市公司划分为两个子样本，分别为资产规模300亿元以上与300亿元以下子样本。两个子样本数量分别为11个、15个发行主体，资产总额数据采用上市公司2009年9月30日的定期报告数据。

第二类配对样本。根据债券发行规模将所有样本上市公司划分为两个子样本，分别为发行规模在20亿元以上与20亿元以下子样本。两个子样本同样分别包含11个、15个发行主体。

2. 检验假设。采用配对样本的T检验方法与符号秩检验方法对两个子样本各期间的违约概率总体差异性进行检验，这里考察期间为2002年9月30日至2009年9月30日的每个定期报告日，即在此期间各进行一次配对检验，共计29个独立期间。检验的原假设分别为：

（1）资产总额300亿元以上子样本违约概率均值与300亿元以下子样本无显著差异，发行额度20亿元以上子样本违约概率均值与20亿元以下子样本无显著差异。均采用配对T检验方法。

（2）资产总额300亿元以上子样本违约概率中位数与300亿元以下子样本无显著差异，发行额度20亿元以上子样本违约概率中位数与20亿元以下子样本无显著差异。采用非参数符号秩检验方法。

显著性水平均选择0.05，对检验方法不再介绍，详见第五章。

3. 检验结果。两种分类下各配对子样本各检验期间的违约概率均值数据见图6-9、图6-10。将上述1、2类检验结果列于表6-12。由于篇幅限制，这里仅列示检验显著的期间结果。

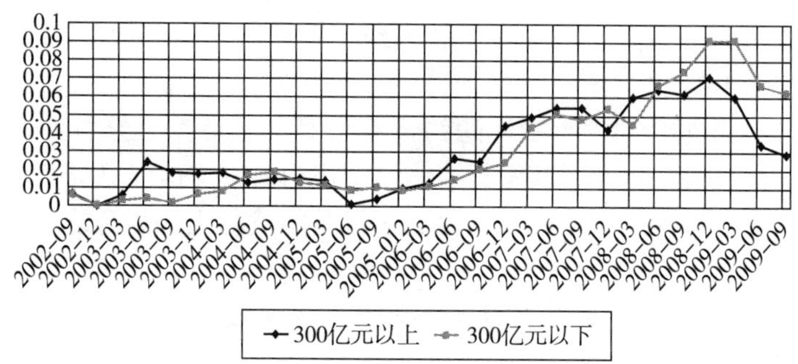

图 6－9　资产规模划分的子样本违约概率历史均值

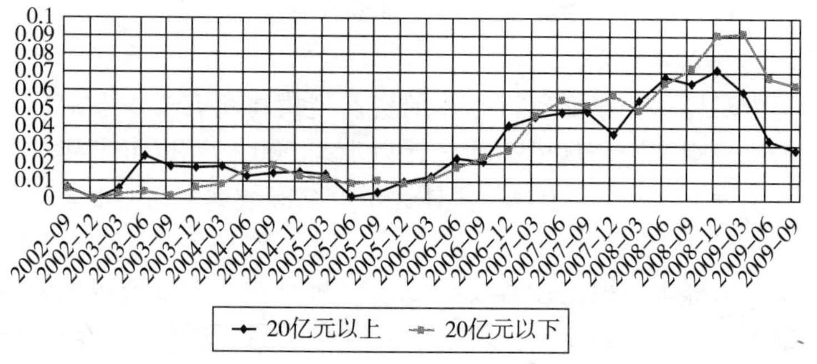

图 6－10　发行规模划分的子样本违约概率历史均值

根据上述两类配对样本均值的历史变化可以发现，按照发行主体资产规模和发行规模两类标准划分的子样本间的违约概率均值变化趋势极为类似，显示两种划分所得到的子样本重合度较高，并且显示资产规模较高的发行主体通常可以获得较高的发行额度。第一，从资产规模划分的配对子样本违约概率均值观察，300 亿元以上资产子样本均值在 11 个期间低于 300 亿元以下子样本，占所有期间的 37.93%。同时值得注意的是，在 2007 年 12 月 31 日开始的最后 8 个期间，300 亿元以上样本均值在其中 7 个期间低于对方。虽然差异显著性有待检验，但初步说明资产规模较高的主体具有较低的信用风险。第二，从发行规模划分的子样本观察，发行额度 20 亿元以上样本同样在 11 个期间低于配对样本，并且 2007 年 12 月 31 日后占 7 个期间。两种划分方式配对样本均值均体现了“大项目”特征违约风险在最近期间低于其他发行主体。

表 6-12　两种发行主体配对子样本违约概率差异显著性检验结果

样本划分	期间	T 检验			符号秩检验		
		结果	P 值	统计量	结果	P 值	统计量
资产规模	2003-09-30	0	0.0944	1.7412	1	0.0478	186
	2009-09-30	1	0.0401	-2.1699	0	0.0617	112
发行规模	2003-09-30	0	0.0944	1.7412	1	0.0478	186
	2009-09-30	1	0.0306	-2.2975	1	0.0429	109

根据检验结果，按照资产规模划分的子样本间违约概率均值、中位数具有显著差异均各有 1 个期间，分别为 2009 年 9 月 30 日、2003 年 9 月 30 日。尽管两类检验没有同时接受显著性差异，但是 P 值均接近 0.05。由于分别仅有 1 个期间显著，占所有期间的 3.44%，可以认为资产规模大小没有造成发行主体的信用风险显著性差异。根据发行规模划分的子样本检验显示与资产规模的检验结果接近，同样有两个期间存在显著性差异。不过，2009 年 9 月 30 日，两类检验同时拒绝原假设，这里违约概率差异的可信度更高，可以认为发行规模大小没有造成发行主体的信用风险显著性差异。

五、结论

1. 发行主体个体的违约概率显示：发行前一年，化工、公路行业的违约风险较低，大部分样本行业发行主体违约概率在 5% 以下；地产、有色金属、钢铁行业违约概率较高，样本发行主体违约概率在 5% 以上。发行当年，化工、公路、食品医药行业的违约风险较低，违约概率在 5% 以下；地产、电力、钢铁行业违约概率较高，样本发行主体违约概率在 5% 以上。发行后一年，电力、公路、钢铁、港口水运行业的违约风险较低，违约概率在 5% 以下；地产、有色金属、化工、信息设备行业违约概率较高，样本发行主体违约概率在 5% 以上。总体上，以行业代表性发行主体个体违约概率衡量，港口水运、公路、化工行业的违约风险较低，地产、有色金属行业违约概率较高。

2. 在将行业内发行主体之间存在的违约相关性纳入考虑之后，仍然显示出违约风险在不同行业发行主体之间存在显著差异。考察了 2007—2009 年 3 年末的相关性违约测度。其一，发行主体的联合违约概率，地产行业在 2007 年、2008 年均超过其他行业，2009 年仅低于信息设备行业，显示行业内发行主体同时违约的概率较大；钢铁行业与信息设备行业各年度的联合违约概率均在 1% 之上，仅次于地产行业；联合违约风险最低的为有色金属、公路、港口水运行业，在各期间联合违约概率均在 1% 以下。其二，发行主体的违约相关性。在所有行业中钢铁行业均列首位，其违约相关性均在34%以上；其次为地产行业，违约相关性测度较低的为公路、有色金属与电力行业内发行主体。其三，行业发行主体组合违约风险。钢铁、公路、港口水运行业内的组合违约概率较低，但公路行业组合违约风险在2009年有大幅度上升；组合违约概率较高的为地产、信息设备与食品医药行业。

3. 以个体违约概率和以组合违约概率表征的各行业信用风险的大小排序存在明显的差异，但是两者均显示企业债券发行主体之间的信用风险存在明显的行业差异。因此，从违约概率的角度证实了假设6，不同行业发行主体的信用风险具有明显差异。

4. 采用资产总额与发行额度两种标准对所有发行主体进行划分，两种分类下的配对子样本违约概率均值均显示发行额与资产总额较大的发行主体在最近的期间（2007年12月31日起）较低，之前期间两种指标较高的发行主体违约概率均值反而较高；但是，对两类配对子样本的违约概率总体差异性检验则显示，违约概率总体在以这两个标准划分的子样本间差异并不显著，因此，虽然行业之间的违约概率差异显著，但是差异的来源并非与其规模大小有明显联系。

第七章

企业债券信用风险的所有制特征

第一节　引言

一、本章假设

本章实证研究的目标是为了验证假设7："不同所有制发行主体的信用风险表现存在显著差异"。为了对其进行实证研究，围绕这个假设，将其分解成两个方面的子假设分别验证：

1. 假设7.1：具有国企特征发行主体中，不同层级具有显著的信用风险差异。

2. 假设7.2：国企背景与非国企背景发行主体具有显著的信用风险差异。

具体的实证环节主要通过对具有不同所有制身份特征的发行主体样本的同期信用风险测度进行横向比较，通过对比不同所有制特征债券子样本在历史区间内的风险差异显著性来对假设进行验证。企业债券样本选择了两大类发行主体：其一，发行主体为上市公司，这里选择其违约概率作为对比的信用风险测度。其二，发行主体为非上市公司，这里选择企业债券的二级市场信用价差作为信用风险的测度。同时，为了对所有制特征与债券的信用风险研究拓展，还对不同担保主体的所有制特征与企业债券信用风险差异进行研究。

二、本章结构安排

第一节，引言。阐述本章假设与实证研究结构安排。

第二节，所有制特征与违约概率差异。本节主要对发行主体均为上市公司的企业债券样本进行信用风险的对比研究。首先对研究方案进行阐述，包括样本选择、发行主体所有制身份特征的界定。之后，进行违约概率比较，选择的子样本分别为具有央企背景与仅具有一般国企背景的发行主体，具有国企背景的发行主体与非国企背景的发行主体，以及相同所有制特征但受实际控制人直接控制与间接控制的发行主体。

第三节，所有制特征与信用价差差异。本节主要对发行主体均为非上市公司的企业债券样本进行信用风险的研究。主要基于信用价差的视角，首先对研究方案进行阐述，包括样本选择、发行主体所有制身份与担保主体特征的界定。之后，进行信用价差比较，选择的子样本分别为具有央企背景与仅具有一般国企背景发行主体的债券，具有银行与非银行担保主体的债券，以及具有央企级与非央企级担保主体的债券；采用基于发行主体与担保主体所

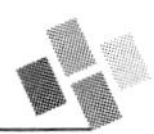

有制特征的信用价差多元回归分析，研究所有制特征与信用价差的线性关系。

第二节　所有制特征与违约概率差异

一、研究方案设计

（一）样本选择

本节样本选择的是发行主体均为上市公司的企业债券，即本书之前界定的企业债券样本 2，共计 26 家发行主体。这部分企业债券绝大多数（22 家）是 2007 年以来《公司债券发行试点办法》颁布之后发行的公司债券，发行主体上市时间较早，其股票均于 2002 年以前上市。

（二）发行主体所有制特征界定

由于发行主体均为上市公司，发行主体本身的所有制身份特征均为股份有限公司，并不存在政府或者其代理机构全资设立的情况，因此绝对意义上难以定义其国有或者非国有的所有制差异，不便直接从发行主体身份特征的角度划分样本，因此这里采取了一种间接的替代方式，即通过对上市公司的实际控制人的身份特征与控制方式的差异来进行上市公司的所有制划分。这里实际控制人是指在上市公司股本中占有相对控股地位的机构。在对上市公司实际控制的方式上：一种是发行主体实际控制人直接在上市公司股份中达到控股[①]，定义为直接控制方式；另一种为发行主体实际控制人在上市公司中所占股份比例无法达到直接控股，但是通过其控制的其他公司或机构共同达到对上市公司控制的方式，定义为间接控制方式。

从所有样本 2 中的上市公司发行主体实际控制人的所有制身份特征考察，包括几个主要的构成类型：

第一类为隶属于国务院国有资产监督管理委员会管理的中央级国企。

第二类为隶属于非国务院管理的一般国有独资企业（集团）。

第三类为隶属于地方国有资产监督管理委员会管理的地方国企。

第四类为隶属于民营企业（集团）。

第五类为隶属于自然人。

为了简化，不对样本发行主体作过于细致的划分，以免造成研究的复杂性。为便于比较研究，将第一类控制人统称央企控制人，将第二类与第三类

① 绝对控股是指持股在 50% 以上，相对控股则是指持股在 50% 以下但能有效地控制公司表决及有效地控制公司的经营行为的持股比例。

控制人统称一般国企控制人，将第四类与第五类控制人统称非国企控制人。表7－1列出了3种类型控制人的企业债券样本详细信息。所有上市公司实际控制人数据均来自国泰安金融数据库，数据截至2009年9月30日。

表7－1　上市公司发行主体实际控制人与担保、评级情况

债券	实际控制人	控制方式	控制性质	担保状况	信用级别
08万科G1	中国华润集团有限公司	直接	央企	中国建设银行	AAA
08中粮债	中粮集团有限公司	直接	央企	中国建设银行深圳市分行	AAA
钢钒债1	攀枝花钢铁集团公司	间接	央企	中国农业银行四川省分行	AAA
国安债1	中信集团	间接	央企	无担保	AA+
08华能G1	华能国际电力开发公司	直接	央企	华能国际电力开发公司	AAA
08宝钢债	宝钢集团有限公司	直接	央企	宝钢集团有限公司	AAA
04中石化	中国石油化工集团公司	直接	央企	中国石油化工集团公司	AAA
08葛洲债	中国葛洲坝集团公司	直接	央企	无担保	AA+
04长航债	中国长江航运集团	间接	央企	中国建设银行江苏省分行	AAA
06中化债	中国中化集团有限公司	间接	央企	无担保	AAA
08国电债	中国国电集团公司	直接	央企	无担保	AAA
中兴债1	深圳市中兴新通讯设备有限公司	直接	国企	国家开发银行	AAA
08中联债	湖南省人民政府国有资产监督管理委员会	直接	国企	无担保	AA
08粤电债	广东省粤电集团有限公司	直接	国企	中国建设银行广东省分行	AAA
08上港债	上海市国有资产监督管理委员会	直接	国企	无担保	AAA
07云化债	云天化集团有限责任公司	直接	国企	无担保	AAA
08莱钢债	莱芜钢铁集团有限公司	直接	国企	莱芜钢铁集团有限公司	AA+

续表

债券	实际控制人	控制方式	控制性质	担保状况	信用级别
08 赣粤债	江西高速公路投资发展（控股）有限公司	直接	国企	中国农业银行江西省分行	AAA
08 江铜债	江西铜业集团公司	直接	国企	无担保	AA +
08 宁沪债	江苏交通控股有限公司	直接	国企	中国建设银行江苏省分行	AAA -
07 深高债	新通产实业开发（深圳）有限公司（原深圳市高速公路开发公司）	直接	国企	中国农业银行深圳市分行	AAA
08 青啤债	青岛啤酒集团有限公司	直接	国企	无担保	AA +
06 马钢债	马钢（集团）控股有限公司	直接	国企	马钢（集团）控股有限公司	AAA
08 新湖债	浙江新湖集团股份有限公司	直接	民企	无担保	AA -
08 康美债	普宁市康美实业有限公司	直接	民企	无担保	AA
08 金发债	袁志敏	直接	个人	无担保	AA -

（三）信用风险的比较方法

表征信用风险可以选择信用价差与违约概率两方面的测度。但是由于样本 2 中的企业债券大部分上市交易的时间较短，主要集中在 2007 年以后，其收盘价数据样本量少，并且交易所市场上也缺乏与之匹配的国债品种，较难获得以到期收益率得到的信用价差序列，因此对于这些债券的发行主体信用风险的比较，均采用其发行主体的违约概率表征，通过对相同期间的不同特征的对比样本风险中性累积违约概率的差异性来比较不同发行主体身份特征的信用风险差异。违约概率的计算均采用 KMV 模型，具体计算方法与违约概率结果数据详见第六章。

在比较方法上，采用同期违约概率数据进行不同身份类型的对比样本进行总体差异性比较，比较的方法为对提出的与身份特征有关的风险差异原假设进行假设检验。

为了对假设 7.1 “具有国企特征发行主体中，不同层级具有显著的信用风险差异”进行验证，采用央企背景发行主体子样本与一般国企背景子样本，对三个方面原假设进行检验：

（1）两个子样本各期违约概率均值是否存在显著差异。

（2）两个子样本各期违约概率中位数是否存在显著差异。

（3）两个子样本各期违约概率均值是否存在显著的大小关系。

为了验证假设7.2“国企背景与非国企背景发行主体具有显著的信用风险差异”，采用国企背景发行主体子样本与非国企背景子样本；同时考察了同类控制人不同控制方式子样本的违约概率差异，这里以样本选择直接控制方式与间接控制方式的发行主体作为对比样本。同样对上述三个方面原假设进行检验。

具体检验的方法为三类，分别对应三个方面的假设：

（1）参数方法，对不同子样本发行主体同期违约概率均值是否存在显著差异的配对 T 检验。

（2）非参数方法，对不同子样本发行主体同期违约概率中位数是否存在显著差异的配对符号秩检验。

（3）参数方法，不同子样本发行主体同期违约概率均值是否存在大小关系的单边配对 T 检验。

在进行参数检验时，均假设两个总体的方差不同。T 检验与符号秩检验统计量的构造第五章有过介绍，这里不再重复。检验的显著水平均选择0.05。对配对样本差异的检验共进行29次，期间为2002年9月30日至2009年9月30日，共29个定期报告日。在此期间有部分发行主体数据缺失，在对样本进行配对检验时，剔除了这些样本。

二、央企与一般国企背景发行主体

根据之前界定的发行主体实际控制人的类型特征，选择企业债券样本2中的发行主体控制人为央企与一般国企的个体分别构成信用风险比较的子样本。比较的期间总计29个定期报告日，所以共对29个同期违约概率样本进行配对检验。各检验期间子样本债券发行主体违约概率均值如图7-1所示。

（一）发行主体违约概率差异性

首先对央企背景的发行主体与一般国企背景的发行主体各期信用风险是否存在显著差异进行假设检验，检验结果见表7-2。由于检验期间较多，这里只列出检验显著的结果数据①。两类检验的原假设为央企背景样本违约概率总体与一般国企样本违约概率总体不存在显著差异，分别采用 T 检验与符号秩检验方法。两个子样本的差异性检验结果显示，在29个期间中，在0.05显著水平下，T 检验接受两个样本均值有显著差异仅有3个期间，分别为

① 2009年度年报尚未披露，这里采用2009年第三季度数据代替年末数据。

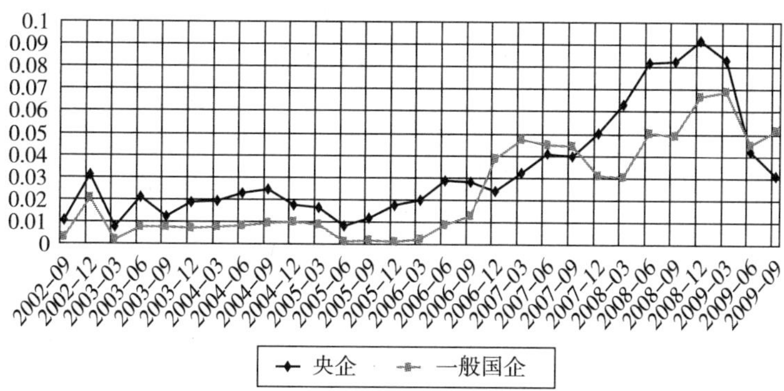

图 7－1 央企、一般国企背景发行主体的违约概率均值

2005 年第四季度、2006 年第一季度、2008 年第一季度；符号秩检验接受两个样本中位数有显著差异有 5 个期间，分别为 2003 年第四季度、2004 年第一季度、2005 年第四季度、2008 年第一季度、2008 年第三季度。

表 7－2 央企、一般国企发行主体违约概率均值与中位数差异性检验

显著期间	*T* 检验			符号秩检验		
	结果	*P* 值	统计量	结果	*P* 值	统计量
2003－12－31	0	0. 3612	0. 9333	1	0. 0197	170
2004－03－31	0	0. 3405	0. 9752	1	0. 0382	166
2005－12－31	1	0. 0415	2. 1708	1	0. 0106	174
2006－03－31	1	0. 0383	2. 2102	0	0. 0604	163
2008－03－31	1	0. 0250	2. 4127	1	0. 0089	175
2008－09－30	0	0. 1500	1. 4941	1	0. 0454	165

注：原假设为不存在显著差异。

差异性检验显示在所有期间中，*T* 检验与符号秩检验分别接受了央企与国企背景发行主体违约概率存在显著差异的期间占总期间的比例为 10. 34% 和 17. 24% 。

（二）发行主体违约概率均值大小关系

但是这还不能严格证明央企背景发行主体具有比国企小的信用风险，进一步对两类发行主体违约概率均值存在显著大小关系的假设进行配对 *T* 检验，检验结果见表 7－3，仅列出检验显著的期间。首先，对原假设“央企背景发行主体违约概率均值小于一般国企背景发行主体违约概率均值”检验的结果显示，在 29 个期间中，没有期间接受该假设；而对相反假设的检验却显示分别在2005年第四季度、2006年第一季度、2006年第二季度、2008年第一季度接受了一般国企背景发行主体违约率均值小于央企背景发行主体的假设，占所有考察期间的13.8%。

表7-3　　央企、一般国企发行主体违约概率均值大小检验

显著期间	T检验		
	结果	P值	统计量
2005-12-31	1	0.0207	2.1708
2006-03-31	1	0.0191	2.2102
2006-06-30	1	0.0393	1.8480
2008-03-31	1	0.0125	2.4127

注：原假设为一般国企发行主体违约概率均值不显著小于央企发行主体违约概率均值。

三、国企与非国企背景发行主体

根据之前界定的发行主体实际控制人的类型特征，选择样本2的债券中所有具有国企身份背景的发行主体与非国企身份背景的发行主体分别构成信用风险比较的子样本，同样，共对29对同期违约概率样本进行检验。各检验期间两个子样本债券发行主体违约概率均值如图7-2所示。

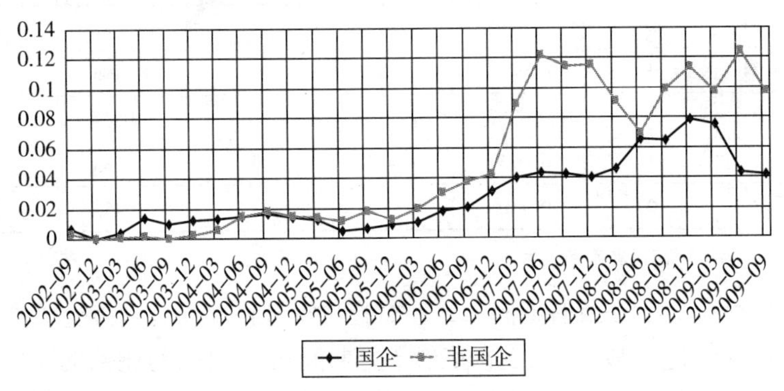

图7-2　国企、非国企背景发行主体的违约概率均值

（一）发行主体违约概率差异性

首先对国企背景的发行主体与非国企背景的发行主体各期信用风险是否存在显著差异进行假设检验，检验结果见表7-4。这里只列出检验显著的期间。原假设为国企背景样本发行主体违约概率与非国企样本发行主体违约概率总体不存在显著差异，分别采用T检验与符号秩检验方法，两个子样本的

均值差异检验结果显示，在29个期间中，在0.05显著水平下，T检验接受两个样本均值存在显著差异有6个期间，分别为2007年第二、第三、第四季度以及2009年第二、第三季度，2008年第一季度；符号秩检验接受两个样本中位数有显著差异也为5个期间，分别为2005年第二季度，2007年第二、第三、第四季度与2009年第二季度。符号秩检验在2009年第三季度的P值为0.0649，十分接近0.05。所以，从差异显著性上观察，所有期间中，国企背景发行主体在17.24%的期间存在显著性的违约概率差异。值得注意的是违约概率差异显著的期间均集中在2007年之后。如果考察2007年之后的各个期间，对比样本的违约概率存在显著差异的将占11个期间的接近50%。

表7-4　国企、非国企发行主体违约概率均值与中位数差异性检验

显著期间	T检验			符号秩检验		
	结果	P值	统计量	结果	P值	统计量
2005-06-30	0	0.4409	-0.7837	1	0.0302	68
2007-06-30	1	0.0250	-2.3917	1	0.0161	71
2007-09-30	1	0.0428	-2.1396	1	0.0246	69
2007-12-31	1	0.0004	-4.1129	1	0.0128	72
2009-06-30	1	0.0037	-3.2112	1	0.0246	69
2009-09-30	1	0.0271	-2.3545	0	0.0649	64

注：原假设为不存在显著差异。

均值差异性检验显示在所有期间中，T检验与符号秩检验分别接受了国企与非国企背景发行主体违约概率存在显著差异的期间占总期间的比例为17.24%。

（二）发行主体违约概率均值大小关系

上述检验还不能严格证明国企背景发行主体具有比非国企样本小的信用风险，进一步对两个配对子样本进行违约概率大小关系显著性配对T检验，检验结果见表7-5，仅列出显著性的期间。对原假设“国企违约概率均值小于非国企违约概率均值”检验的结果显示，在29个期间中，共有6个期间接受该假设，分别为2007年第二、第三、第四季度，2008年第二季度以及2009年的第二、第三两个季度，并且2007年第一季度的P值为0.0774，也十分接近0.05。检验认为国企违约概率均值小于非国企的期间占所有期间的20.69%，而对“国企违约概率均值大于非国企违约概率均值”的检验却没有任何期间接受该假设。与均值差异性检验类似，国企违约概率均值小于非国企的显著期间也位于 2007 年之后。如果仅考察该时间点后期的违约率均值，国企背景的上市公司显著小于非国企发行主体期间占 50% 以上，因此 2007 年以后出现了国企与非国企信用风险的分化。

表 7-5　　国企、非国企发行主体违约概率均值大小检验

显著期间	T 检验		
	结果	P 值	统计量
2007-06-30	1	0.0125	-2.3917
2007-09-30	1	0.0214	-2.1396
2007-12-31	1	0.0002	-4.1129
2008-03-31	1	0.0387	-1.8456
2009-06-30	1	0.0019	-3.2112
2009-09-30	1	0.0135	-2.3545

注：原假设为国企发行主体违约概率均值不显著小于非国企发行主体违约概率均值。

四、不同控制方式下的发行主体

根据之前界定的发行主体实际控制人的类型特征，为了考察直接控制方式与间接控制方式下的发行主体信用风险差异，选择样本 2 的债券中所有具有央企身份背景的发行主体，选择直接控制方式与间接控制方式的发行主体分别构成信用风险比较的子样本。同样，共对 29 对同期违约概率样本进行检验，各检验期间子样本债券发行主体违约概率均值如图 7-3 所示。

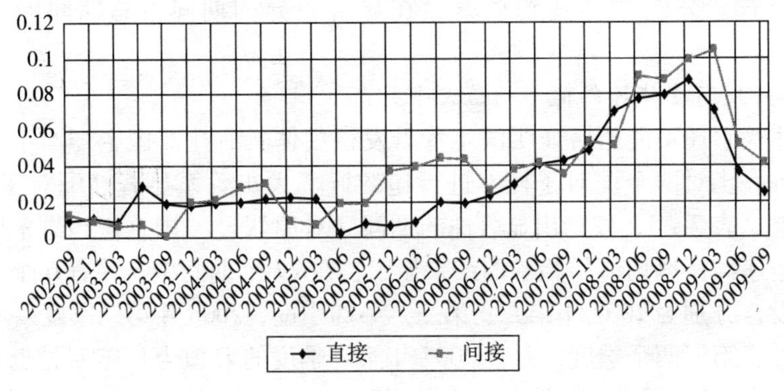

图 7-3　央企直接控制与间接控制发行主体的违约概率均值

（一）发行主体违约概率差异性

首先对两类发行主体各期信用风险是否存在显著差异进行假设检验，原假设为两类背景发行主体违约概率不存在显著差异，分别采用 T 检验与符号秩检验方法。两个子样本的均值差异检验结果显示，在 29 个期间中，在 0.05 显著水平下，两类检验均接受不存在显著差异的原假设。这里不再列出 T 检验与符号秩检验结果。

（二）发行主体违约概率均值大小关系

进一步对两类发行主体违约概率均值大小关系的假设进行配对 T 检验，检验结果见表 7－6。对原假设"受央企直接控制的发行主体违约概率均值小于受到间接控制的发行主体违约概率均值"检验的结果显示，在 29 个期间中，共有 2 个期间接受该假设，分别为 2006 年第四季度与 2006 年第一季度。检验认为受央企直接控制的发行主体违约概率均值小于央企非直接控制发行主体的期间占所有期间的 6.9%，而对相反假设的检验却没有任何期间接受该假设。与均值差异性检验类似，总体而言，两类发行主体的信用风险差异不明显。

表 7－6　　被直接与间接控股央企发行主体违约概率均值大小检验

显著期间	T 检验		
	结果	P 值	统计量
2005－12－31	1	0.0316	－2.1175
2006－03－31	1	0.0297	－2.1557

注：原假设为被直接控制的发行主体违约概率均值不显著小于对方。

五、结论

本节采用对不同所有制特征发行主体违约概率的配对样本检验的方法对发行主体的信用风险进行比较研究。在实证研究中分别对 3 种类型的配对样本进行共计 29 个独立期间的检验，分别为：

1. 央企背景发行主体与一般国企背景发行主体。两类发行主体违约概率子样本差异显著性检验结果显示，违约概率总体在比例为 10.34% 的期间具有显著的均值差异和 17.24% 期间具有中位数的显著差异；没有任何期间接受央企背景发行主体违约概率均值小于一般国企背景发行主体的假设，而对相反假设的检验却显示在 13.8% 考察期间具有显著性。

2. 国企背景发行主体与非国企背景发行主体。两类发行主体的违约概率差异显著性检验结果显示，违约概率总体均在比例为17.24%的期间具有均值与中位数的显著差异，其中2007年之后，对比样本的违约概率存在显著差异占11个期间的接近45.45%；检验认为国企违约概率均值显著小于非国企的期间占所有期间的20.69%，没有期间接受非国企违约概率均值显著小于国企的假设。

3. 被直接控制的发行主体与被间接控制的国企背景发行主体。两类发行主体的违约概率差异显著性检验结果显示，违约概率总体在各检验期间均没有显著差异；检验认为被直接控制的发行主体违约概率均值显著小于被间接控制的国企背景发行主体的期间占所有期间的6.9%，没有期间接受相反的假设。

4. 对假设7.1的验证结论。首先从发行主体实际控制人层级的角度，在85.71%的期间央企背景发行主体违约概率均值均大于一般国企，并且在13.8%的期间检验支持一般国企违约概率均值显著小于央企发行主体；其次从发行主体实际控制人控制方式的角度，控制方式不同的子样本所有期间均没有均值与中位数的显著差异，直接控制方式的发行主体子样本也仅在6.9%的期间显著低于非直接控制子样本。具有体制内层级较高背景的发行主体并没有显示出较低的信用风险。基于违约概率的角度，假设7.1不成立。

5. 对假设7.2的验证结论。首先，在83.33%的期间国企背景发行主体违约概率均值均小于非国企，检验认为国企违约概率均值显著小于非国企的期间占所有期间的20.69%，没有期间接受非国企违约概率均值显著小于国企的假设。总体上国企背景发行主体违约风险明显低于非国企发行主体，并且在2007年之后这种差异更为明显。因此，基于违约概率的角度，假设7.2成立。

第三节　所有制特征与信用价差差异

一、研究方案设计

（一）样本与发行主体特征界定

1. 发行主体身份特征。本节样本选择的是发行主体均为非上市公司的企业债券，共计26只，即本书定义的企业债券样本1。这部分企业债券均是2007年颁布《公司债券发行试点办法》之前发行的企业债券，非上市公司发行主体企业债券样本1发行主体特征的详细信息见表7－7。

表7-7　　非上市公司发行主体企业债券样本详细信息

名称	期限	发行主体	担保方	身份特征
01 三峡	10	中国长江三峡工程开发总公司	国家三峡工程建设基金	央企
02 电网	15	国家电网公司	中国银行	央企
03 石油债	10	中国石油天然气股份有限公司	中油财务有限责任公司	央企
01 三峡债	15	中国长江三峡工程开发总公司	国家三峡工程建设基金	央企
02 三峡债	20	中国长江三峡工程开发总公司	国家三峡工程建设基金	央企
03 电网	10	国家电网公司	中国电力财务有限公司	央企
03 电网	10	国家电网公司	中国银行	央企
03 网通	10	中国网络通信集团公司	中国建设银行	央企
03 网通	10	中国网络通信集团公司	中国建设银行	央企
04 通用债	10	中国通用技术控股有限责任公司	中信实业银行	央企
04 中石化	10	中国石油化工有限公司	中国石油化工集团公司	央企
04 国电	15	中国国电集团公司	中国银行	央企
05 国网	10	国家电网公司	交通银行北京分行	央企
02 广核债	15	中国广东核电集团有限公司	国家开发银行	一般国企
04 首旅债	10	北京首都旅游集团有限责任公司	中国银行北京市分行	一般国企
05 粤交通	15	广东省交通集团有限公司	中国农业银行	一般国企
01 中移动	10	广东移动通信有限责任公司	中国移动（香港）有限公司	一般国企
02 中移动	15	广东移动通信有限责任公司	中国移动（香港）有限公司	一般国企
02 渝城投	10	重庆市城市建设投资公司	中国银行重庆分行	一般国企
02 金茂债	10	中国金茂（集团）股份有限公司	中国建设银行上海分行	一般国企
03 沪轨道	15	上海久事公司	中国建设银行上海分行	一般国企
03 浦发债	10	上海浦东发展（集团）有限公司	国家开发银行	一般国企
03 沪杭甬	10	浙江沪杭甬高速公路股份有限公司	中国建设银行浙江省分行	一般国企
03 苏交通	10	江苏交通控股有限公司	中国工商银行江苏省分行	一般国企
04 京地铁	10	北京市基础设施投资有限公司	中国建设银行北京市分行	一般国企
05 世博债	7	上海世博（集团）有限公司	中国工行银行	一般国企

由于样本2企业债券发行期间，监管部门对企业债券发行主体的审核更为苛刻，对国企背景的偏好更为强烈，非国企背景发行主体无法获得发行许可，所有来自该样本的债券发行主体均为国有企业或国有企业全资子公司。因此，与上市公司发行主体样本划分其所有制身份特征有所区别，本部分对其所有制身份特征的划分主要基于管理体制的差异。从其管理体制上来分，

主要存在3类：

第一类，发行主体为国务院国有资产监督管理委员会直接管理，13只。

第二类，发行主体为国务院国有资产监督管理委员会直接管理的独资公司，2只。

第三类，发行主体为地方国有资产监督管理委员会直接管理的地方国企，11只。

由于按照上述分类，绝大多数属于第一类与第三类，并且第二类所包括的发行主体均为广东移动通信有限责任公司。为了减少对样本的分割，将第一类主体定义为央企发行主体，将第二、第三两类主体合并定义为一般国企。

2. 担保主体身份特征界定。由于企业债券的发行存在强制担保制度①，市场对债券的信用风险判断不仅仅限于考虑发行主体的身份特征，还有可能对担保机构的身份特征进行考虑。从样本债券的担保主体身份特征考察，主要存在3种类型：

第一类，国家级建设基金，其中01三峡债与02三峡债券均为此种类型，其担保方为国家三峡工程建设基金。

第二类，发行主体的关联方企业。具体而言又可以细分为发行主体所属的企业集团（公司）、发行主体所属的企业集团（公司）下属机构。03石油债、03电网债、04中石化债、01中移动、02中移动均为这两种担保主体。

第三类，银行。具体而言又可以细分为3类：国有政策性银行、股份制商业银行总行、股份制商业银行省级（直辖市级）分行。绝大多数（18只）样本企业债券的担保主体均属于这3类银行。

因此，在对担保主体特征进行类型划分时，主要采用两类标准，将债券划分为两类对比子样本：

其一，银行担保主体与非银行担保主体的债券子样本，即按照债券担保主体是否为银行划分债券样本。

其二，不同体制内层级的担保主体的债券子样本。具体而言，将所有债券按照担保主体不同划分为央企级担保主体与非央企级担保主体。前者包括发行主体所属企业集团（公司）、国家级基金、国有政策性银行、股份制商业银行总行；后者包括发行主体所属企业集团（公司）、股份制商业银行省级分行。

（二）研究方法

1. 信用价差对比。由于样本2发行主体均为非上市公司，无法获得发行

① 《公司债券发行试点办法》已经不再要求强制担保。

主体的财务信息，并且也无法通过其股权市值计算各期的违约概率。但是债券本身上市时间较长，均在2005年之前公开发行，发行期限也通常在10年以上，因此可以通过与发行期间、期限相同的国债到期收益结合计算其各期的信用价差，基于二级市场对于其风险溢价水平的状况分析其信用风险。样本债券的信用价差计算结果和过程详见第六章。在比较两对子样本信用价差时，均选择相同发行期限的债券。由于考察期间各只企业债券的交易天数并不一致，因此采用债券各个月份的信用价差均值数据。样本价差的比较期间为2006年7月至2009年12月，共计42个独立期间。

在比较方法上，采用同期信用价差均值数据进行不同身份类型的对比样本进行总体差异性比较，比较的方法为对提出的与债券发行主体与担保主体身份特征有关的风险差异原假设进行假设检验。

为了对假设7.1“具有国企特征发行主体中，不同层级具有显著的信用风险差异”进行验证，采用央企背景发行主体子样本与一般国企背景子样本，对3方面原假设进行检验：

（1）两个子样本各期违约概率均值是否存在显著差异。

（2）两个子样本各期违约概率中位数是否存在显著差异。

（3）两个子样本各期违约概率均值是否存在显著的大小关系。

同时，为了对不同担保主体特征的债券信用价差进行考察，分别比较了两种配对的担保主体子样本，分别为银行与非银行担保主体子样本，央企级担保主体与非央企级担保主体子样本，同样对3方面假设进行检验。

具体检验的方法为3类，分别对应3个方面的假设：

（1）参数方法，对不同子样本发行主体同期违约概率均值是否存在显著差异的配对 T 检验。

（2）非参数方法，对不同子样本发行主体同期违约概率中位数是否存在显著差异的配对符号秩检验。

（3）参数方法，不同子样本发行主体同期违约概率均值是否存在大小关系的单边配对 T 检验。

在进行参数检验时，均假设两个总体的方差不同，检验的显著水平均选择0.05。期间为2006年7月至2009年9月，共42个月度期间。在对样本进行配对检验时，有部分债券在此期间数据缺失，在进行配对检验时，剔除了这些样本。

2. 信用价差的因素分析。为了进一步分析所有制特征对企业债券信用风险的影响程度，除了直接对比样本债券的信用价差均值之外，还考虑采用对样本企业债券的信用价差进行多元回归分析的方法。这里对发行主体、担保

主体所有制身份分别引入虚拟变量的方式，对信用价差进行因素分析，引入关于发行主体的所有制特征、担保主体的所有制特征的虚拟变量，分别为：

（1）针对发行主体所有制特征引入 I_1、I_2 两个虚拟变量以及随机扰动项 ε，分别定义为：I_1，当发行主体为央企时取1，其他取0；I_2，当发行主体为一般国企时取1，其他情况取0。

（2）针对担保主体定义虚拟变量 G_1、G_2、G_3 以及随机扰动项 ε，分别定义为：G_1，当债券担保主体为关联国企时取1，这里关联国企指的是发行主体的所属企业集团或集团下属机构，其他情况为0；G_2，当担保主体为国家级建设基金时取1，其余取0；G_3，当担保主体为银行总行或政策性银行时取1，其余为0。

这里需要说明的是：

（1）在进行虚拟变量回归时，对发行主体类型划分为3类。广东省移动通信有限公司的身份特征设为央企独资子公司，其数据的虚拟变量 I_1、I_2 均为0，这样避免出现所有虚拟变量之和为0的情况，以避免多重共线性问题。

（2）由于样本债券上市交易的时间不同，为了口径一致，各只债券的信用价差均采用2006年1月以后的总平均值作为因变量。

二、发行主体所有制特征

根据前述样本对发行主体身份特征的划分，这里只对央企子样本与一般国企特征的发行主体子样本信用价差进行比较。由于信用价差与期限结构的关系，对两个子样本分别选择各种期限债券数量相同，即分别包含10年期企业债券4只、15年期企业债券3只，所有债券票面利率均为固定方式。两个子样本均值见图7－4，差异性检验结果分别见表7－8、表7－9，这里均列示检验显著的期间数据。

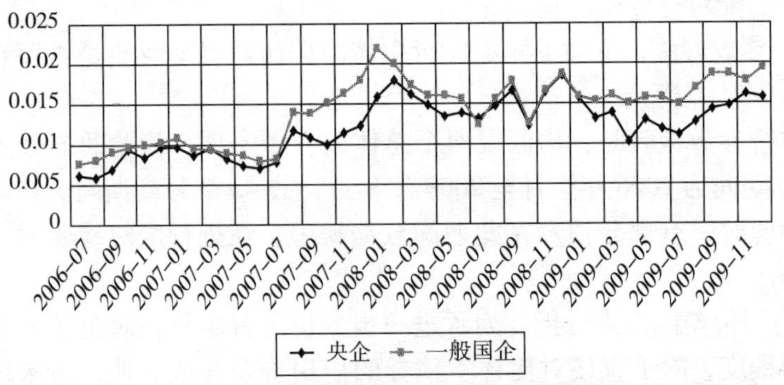

图7－4　央企、一般国企发行主体债券的信用价差均值

在所有42个独立期间中，对样本存在显著差异的 T 检验显示2006年7月与2006年11月两个期间央企与国企子样本价差均值存在显著差异，仅占期间总数的4.76%；符号秩检验结果显示其中3个期间的中位数存在显著差异，除 T 检验显著的期间外，还包括2009年11月，仅占期间总数的7.14%。对原假设"央企债券信用价差均值小于一般国企债券信用价差均值"检验的结果显示，在42个期间中，共有7个期间接受该假设，占期间总数的16.7%；而对"央企债券信用价差均值大于一般国企债券信用价差均值"的检验却均未接受。可见，历史期间上，央企的信用风险略低于一般国企，并且，由于信用价差为市场参与者的投资行为结果，实际上可以视做投资主体对于央企身份特征具有较低信用风险的认同。

表7-8　央企、一般国企发行主体债券信用价差均值与中位数差异性检验

显著期间	T检验			符号秩检验		
	结果	P值	统计量	结果	P值	统计量
2006-07-01	1	0.01638523	-2.78865912	1	0.017482517	34
2006-09-01	0	0.089855203	-1.84495365	1	0.011072261	33
2006-11-01	1	0.02309195	-2.60313778	1	0.017482517	34

表7-9　央企、一般国企发行主体债券信用价差均值大小关系检验

显著期间	T检验		
	结果	P值	统计量
2002-09-30	1	0.0082	-2.7887
2002-12-31	1	0.0363	-1.9676
2003-03-31	1	0.0449	-1.8450
2003-09-30	1	0.0115	-2.6031
2006-06-30	1	0.0447	-1.8483
2006-09-30	1	0.0496	-1.7873
2006-12-31	1	0.0293	-2.0900
2007-03-31	1	0.0265	-2.1461
2008-06-30	1	0.0454	-1.8384

注：原假设为央企发行主体债券信用价差均值不显著小于对方。

三、担保主体所有制特征

（一）银行与非银行担保主体

根据企业债券的担保主体是否为银行划分为两个子样本。同样，为了剔除期限与票面利率是否浮动的影响因素，子样本均选择样本2中的10年期债券4只、15年期债券2只，两个子样本中债券均为固定票面利率。子样本各期间的信用价差均值如图7－5所示。

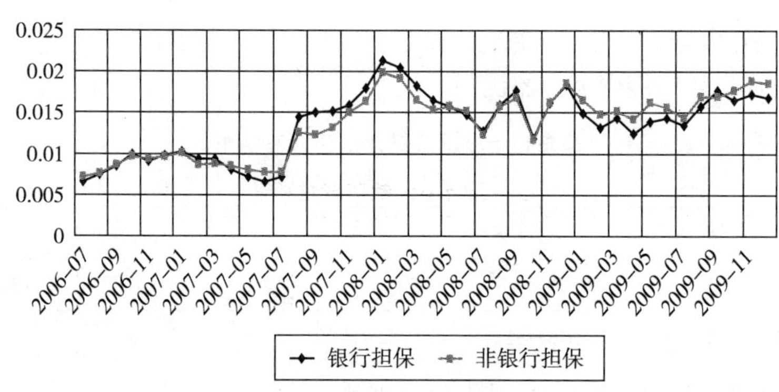

图7－5　银行、非银行担保主体债券的信用价差均值

在所有42个独立期间中，对样本均值存在显著差异的T检验、符号秩检验结果均显示不存在信用价差总体的显著差异期间，对两个均值大小的检验假设“央企债券信用价差均值小于一般国企债券信用价差均值”检验的结果显示不能接受两类假设，所以这里不列出检验结果数据。因此比较显示，市场投资者对企业债券的担保方是否为银行的关注不多，投资选择行为没有造成信用价差的显著性差异。

（二）央企级担保主体与非央企级担保主体

根据企业债券是否为央企级担保主体将其划分为两个子样本。同样，为了剔除期限与票面利率是否浮动的影响因素，子样本均选择样本2中的10年期债券7只，其中浮动利率4只、固定利率3只、15年期债券2只。子样本各期间的信用价差均值如图7－6所示。

在所有42个独立期间中，对样本均值存在显著差异的T检验、符号秩检验结果均显示不存在信用价差总体的显著差异的期间，对两个均值大小的检验假设“央企级担保主体债券信用价差均值小于非央企级担保主体信用价差均值”检验的结果显示所有期间均不能接受假设，对相反假设的检

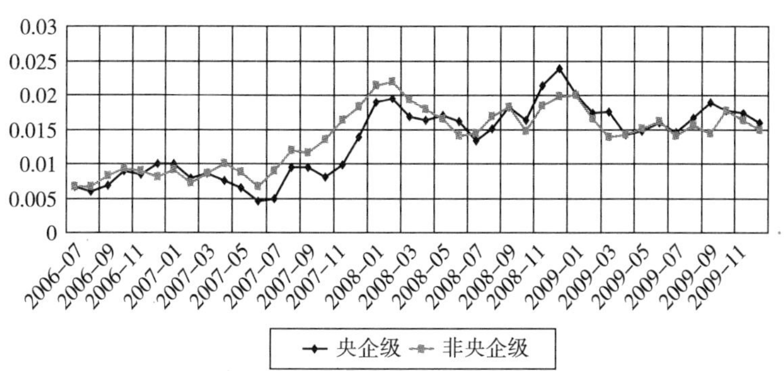

图 7-6　央企级、非央企级担保主体债券的信用价差均值

验同样不显著，这里不列出检验结果数据。因此，比较显示，市场投资者对企业债券担保方的所有制层级因素的关注同样不多，没有造成信用价差显著差异。

四、信用价差的所有制特征因素分析

（一）仅包含发行主体特征的回归结果

进行仅包含发行主体特征的信用价差虚拟变量回归，结果见表 7-10。

表 7-10　　信用价差均值的发行主体特征虚拟变量回归结果

参数	估计值	标准差	t 统计量	P 值
C	0.014655	0.001844	9.932493	0
I_1	0.011294	0.001535	0.519408	0.6089
I_2	-0.001600	0.000859	-0.37646	0.7104
调整 R^2 =0.176884　　F 检验的 P 值 =0.223581				

回归结果显示，除了常数项之外，与发行主体特征有关的两个虚拟变量 I_1、I_2 系数均不显著，并且虚拟变量回归模型对信用价差的解释程度仅约 17.7%。因此，企业债券发行主体身份特征对其信用价差的解释程度并不显著。不过，从两个虚拟变量的系数观察，I_2 为 -0.001600，而 I_1 为 0.0113，说明信用价差与一般国企特征之间是递减的，显示投资者并未给予一般国企更高的信用风险评价。

（二）仅包含担保主体特征的回归结果

进行仅含担保主体特征的信用价差虚拟变量回归，结果见表7-11。

表7-11　　信用价差均值的担保主体特征虚拟变量回归结果

参数	估计值	标准差	t统计量	P值
C	0.012042	0.000496	24.28577	0.0000
G_1	0.000530	0.002218	-0.238150	0.8140
G_2	-0.001434	0.001086	1.319624	0.2005
G_3	-0.002926	0.002218	1.319283	0.2006
调整 R^2 =0.131745　　F检验的P值=0.365214				

回归结果显示，除了常数项之外，与担保主体特征有关的3个虚拟变量 G_1、G_2、G_3 的回归系数同样均不显著，并且虚拟变量回归模型对信用价差的解释程度仅约13.2%。因此，与企业债券发行主体身份特征类似，担保主体特征对其信用价差的解释程度也并不显著。从虚拟变量的系数观察，G_1、G_2、G_3 三者的回归系数分别为0.00053、-0.001434、-0.002926，说明信用价差与关联方的担保是递增的，而银行担保与国家基金担保的效应是递减的，显示投资者认为发行主体关联方提供的担保信用风险超过银行与国家基金，并且在3种担保方式中，投资者认为银行提供担保的信用风险最低。

（三）包含两类变量的回归结果

进行同时包含发行主体与担保主体特征的信用价差虚拟变量回归，结果见表7-12。回归结果显示，除了常数项之外，与两类主体特征有关的5个虚拟变量 I_1、I_2、G_1、G_2、G_3 的回归系数同样均不显著，并且虚拟变量回归模型对信用价差的解释程度仅约22.2%。因此，与之前分别对两类主体身份特征的回归结果类似，同时考虑发行主体与担保主体特征对其信用价差的解释程度也并不显著，从虚拟变量的系数观察，$I_1 > I_2 > 0$，显示发行主体央企特征对信用风险的效应大于一般国企特征。G_1、G_2、G_3 三者的回归系数分别为0.002212、0.000712、-0.001900，说明信用价差与关联方的担保是递增的。而此模型中国家基金担保的效应也是递增的。但是对信用价差增加效应小于关联方担保，银行担保因素对信用价差存在递减效应，仍显示投资者认为关联方提供担保的信用风险超过国家基金与银行担保。

表 7－12　　信用价差均值的发行主体与担保主体特征虚拟变量回归结果

参数	估计值	标准差	t 统计量	P 值
C	0.011275	0.001517	7.431343	0.0000
I_1	0.001480	0.001662	0.890707	0.3837
I_2	0.000020	0.001720	0.011108	0.9912
G_1	0.002212	0.001175	0.612925	0.5468
G_2	0.000712	0.000925	0.983059	0.3373
G_3	－0.001900	0.002250	－0.712500	0.4844
调整 R^2 =0.222095　　F 检验的 P 值 =0.371098				

五、结论

本节采用对不同所有制特征发行主体、担保主体违约信用价差的配对样本检验的方法，以及对信用风险进行与发行主体与担保主体特征有关的多元因素分析方法，对所有制因素与公司债券信用风险进行分析得到结论为：

1. 发行主体所有制的信用价差差异。T 检验与符号秩检验结果分别显示央企发行主体与一般国企发行主体信用价差显著差异的期间仅占期间总数的 4.76%、7.14%；对原假设“央企债券信用价差均值小于一般国企债券信用价差均值”检验的显著期间占期间总数的 16.7%，而对相反假设均未被接受。

2. 担保主体所有制的信用价差差异。分别对两种类型的配对子样本进行比较，即银行与非银行担保主体、央企级担保主体与非央企级担保主体，两类对比检验均显示担保主体所有制特征差异没有造成信用价差子样本总体的显著差异，担保主体特征差异对信用价差的影响低于发行主体所有制特征差异。

3. 信用价差发行主体、担保主体因素分析。采用引入所有制特征虚拟变量的信用价差多元回归研究，结果表明，发行主体特征变量、担保主体特征变量在信用价差的多元回归中系数均不显著，因此，无法接受两类主体所有制特征与信用价差风险均有线性关系的推断，并且，这与信用价差配对检验的结果具有一致性。

4. 对假设 7.1 的验证。首先，央企发行主体信用价差均值在 95.24% 的考察期间均小于一般国企；其次，由发行主体信用价差均值大小的显著性检验判断，“央企债券信用价差均值小于一般国企债券信用价差均值”检验的显著期间占期间总数的16.7%。尽管发行主体因素在信用价差的多元回归中并不显著，但是总体上体现了同样作为国企，较高层级的发行主体信用价差较低的特征，可以证实假设7.1。

第八章

总结与展望

第一节　本书的主要结论

无论从规模还是相对比重看，中国企业债券市场都非常落后。导致这种情形发生的原因，固然有经济总体发展水平较低、居民金融剩余较少等经济原因，但是，对于中国这样一个制度变迁政府主导型的国家来说，制度方面的瓶颈是中国企业债券市场滞后的根本原因。这一事实不但限制着企业债券市场的发展，并且有可能对企业债券的市场风险与信用风险表现产生深远的影响。本研究即从企业债券的两大制度瓶颈利率管制与发行主体偏好两个视角对企业债券市场风险与信用风险的表现展开实证研究。下面按照章节安排的顺序阐述本研究所完成的基本工作。

（一）实证研究的准备工作

1. 第一章主要介绍了本书研究的现实背景，阐述了研究的理论与现实意义；之后对主要研究对象企业债券、市场风险与信用风险的内涵与外延进行界定，并着重辨析了企业债券与公司债券的差异；文献综述部分集中地对企业债券理论以及我国企业债券市场研究的文献作了回顾，之后分别对市场风险度量方法、信用风险度量方法的演进，国内外研究成果进行综述；最后阐述研究的技术路线与写作思路、所采用的研究方法、主要章节安排。

2. 第二章首先对企业债券市场的发展脉络进行梳理，对市场监管的两个最明显的制度瓶颈特征利率管制与发行主体偏好进行归纳与分析，分别从两个特征入手，通过理论分析，给出了在两种特征条件下企业债券的市场风险与信用风险表现的 7 个假设。

与市场风险有关的假设，分别为：假设 1，企业债券的市场风险将出现长期上升的趋势；假设 2，企业债券的市场风险行业差异不显著；假设 3，企业债券的市场风险具有准国债属性；假设 4，企业债券的市场风险受到来自存贷款基准利率、存款准备金率调整事件的影响将显著大于其他重大事件的影响。其次，与信用风险有关的基本假设，分别为：假设 5，企业债券市场的信用价差风险将出现风险前期下降，后期上升的过程；假设 6，不同行业发行主体的信用风险表现存在显著差异；假设 7，不同所有制发行主体的信用风险表现存在显著差异。

其中，基于利率管制特征下企业债券的市场风险表现为假设 1 与假设 4，基于发行主体身份偏好特征下企业债券的市场风险表现为假设 2 与假设 3，基于利率管制特征下企业债券的信用风险表现为假设 5，基于发行主体身份偏好特征下企业债券的信用风险表现为假设 6 与假设 7。

3. 第三章主要为企业债券的市场风险与信用风险实证研究进行理论基础的准备。按照市场风险与信用风险的顺序对两类风险度量模型进行概述。其中市场风险度量模型方面，简述了传统的名义值方法与灵敏度方法；对现代市场风险度量模型主要 VaR 方法、极值方法与情景模拟与压力测试方法进行较为详尽的介绍；信用风险度量模型方面，简述了传统方法，包括专家制度、评级模型、评分模型、期限结构模型、死亡率模型、RAROC 模型，详细介绍了现代信用度量模型中的 Credit Metries 模型与 KMV 模型。通过对上述模型进行比较与选择，采用 VaR 方法与 KMV 模型作为实证研究的主要方法。

（二）对企业债券市场风险表现的实证研究工作

1. 第四章主要对假设1、假设2 与假设3 展开论证。对企业债券市场风险趋势的实证研究从宏观市场风险与微观市场风险两个角度进行，采用 GARCH 模型对企业债券指数收益率以及样本债券价格收益率的动态 VaR 序列进行估计。通过对价格指数动态 VaR 的考察，分别从平均 VaR 的历史变化趋势、每日 VaR 时间序列的极端值的分布特征以及对 VaR 时间序列的趋势性检验三方面共同对企业债券的宏观与微观市场风险的趋势进行研究，结果显示：宏观市场风险自 2003 年以来经历了 5 次主要的波动区间，可以分为6 个主要阶段，并且总体趋势是上升的；风险极端值的历史分布显示，债券指数与债券个体收益率占样本比例 20% 的较高风险值均分布在历史后期；但是对两类风险值动态序列的趋势性检验结果显示其趋势性并不显著。

对不同行业债券市场风险的差异性研究结果表明，各期间不同行业债券的组合市场风险具有差异，但不同期间行业间市场风险的大小关系并不稳定；对债券个体的 VaR 均值进行包含行业特征的多元回归，结果表明行业特征虚拟变量、融资额虚拟变量对 VaR 均值的影响效应不显著，而期限因素与票面利率浮动因素对企业债券个体的市场风险影响显著。

对企业债券指数与国债指数收益率 VaR 的研究表明，两者历史峰值出现的时间以及历史低点出现的时间上均有较强的一致性，但是企业债券指数风险的波动幅度略高于国债指数；对企业债券指数风险与以穆迪评级 AAA 与 BAA 的企业债券到期收益率市场风险的对比也显示我国企业债券的市场风险与典型的企业债券市场风险表现存在显著差异，主要体现在市场风险的波动幅度远低于后者，更接近于国债市场风险。

2. 第五章主要对假设 4 展开论证。采用事件分析方法对包括基准利率、存款准备金率调整事件在内的五大类，共 17 个重大事件样本对企业债券市场风险的影响效应展开研究。首先对事件分析方法进行改进，对超额收益预测模型引入市场波动因子，增加对窗口前后期间 VaR 差异显著性检验；通过对事件影响期间的事件窗口定义，分别从窗口期间平均超额收益的显著性与窗口期间 VaR 的变化的显著性两个角度分析了各类事件对企业债券市场风险的影响程度。

研究结果显示，基准利率与存款准备金率调整事件对市场的影响效应类似，平均超额收益在事件窗口前期、后期与整个窗口期间具有显著性，占此类事件样本比例为 11.11%、66.67%、66.67%。与之对应的非基准利率与存款准备金率调整事件分别占比为 12.5%、50%、62.5%。VaR 在窗口前后期的差异显著性检验中，基准利率与存款准备金率调整事件中，窗口前后期 VaR 差异显著的并且窗口后期 VaR 均值超过前期的占样本数比例为 77.78%，并且 VaR 后期较前期的平均变化幅度为 51.68%；而非基准利率与存款准备金率调整事件的对应比例为 50%，平均变化幅度为 5.56%。企业债券的市场风险受到来自存贷款基准利率、存款准备金率调整事件的影响将显著大于其他重大事件的影响。

（三）对企业债券信用风险表现的实证研究工作

1. 第六章主要验证假设 5 与假设 6。首先，展开对债券信用价差的研究。对样本信用价差的时间序列的趋势性检验显示 77.78% 的债券个体信用价差序列存在单位根，绝大部分信用价差具有趋势性；考察 2003—2009 年内各债券信用价差 20% 的高点与低点的分布状况，所有样本信用价差的 20% 低点在前期的分布均超过后期，信用价差的较高点在后期分布超过前期债券占样本的 2/3，其余 1/3 债券均为 15 年期。为此，进一步考察信用价差的期限结构。信用价差曲线构建以及信用价差的多元因素分析结果均显示，企业债券的信用价差与期限具有显著线性关系。但随着期限增加并非单调递增，债券期限从 10 年到 15 年，信用价差呈现递减现象。采用不同行业信用价差的均值数据对不同行业的信用价差风险作了初步分析，城建城投、旅游、装备制造行业分别为信用价差均值最高的行业，电信运营、轨道交通、电力行业分别为信用价差均值最低的行业。但是对信用价差均值进行多元回归分析表明，行业与融资额特征因素并不是产生信用价差差异的显著原因。

其次，通过改进参数估计方法后的 KMV 模型对上市公司企业债券发行主体的违约概率进行研究，比较不同行业发行主体的违约风险。行业内代表性发行主体个体的违约概率显示，发行期间，港口水运、公路、化工行业的违约风险较低；地产、有色金属行业违约概率较高。在将行业内发行主体之间存在的违约相关性纳入考虑之后，仍然显示出违约风险在不同行业发行主体之间存在显著差异。考察了 2007—2009 年 3 年末的相关性违约测度，发

行主体的联合违约概率，地产、信息设备与钢铁行业较高；港口水运、有色金属、公路行业较低。发行主体间的违约相关性显示钢铁行业、地产行业较高，较低的为港口水运、有色金属行业发行主体。发行主体组合违约概率，较高的为地产、信息设备与食品医药行业；较低的为钢铁、公路、化工行业，但公路行业组合违约风险在2009年有大幅度上升。以个体违约概率和以组合违约概率表征的各个代表性行业发行主体信用风险大小顺序关系存在明显不同，但是两者均显示信用风险存在明显的行业差异；采用资产总额与发行额度两种标准对所有发行主体进行划分，两种分类下的配对子样本违约概率均值均显示发行额与资产总额较高的发行主体在最近的期间（2007年12月31日起）较低，之前期间两种指标较高的发行主体违约概率均值反而较高；但是，对两类配对子样本的违约概率总体差异性检验则显示，违约概率总体在以这两个标准划分的子样本间差异并不显著，因此，显示虽然行业之间的违约概率差异显著，但是差异的来源并非与其规模大小具有明显联系。

2. 第七章主要验证假设7。通过对具有不同所有制身份特征的发行主体样本，对其同期信用风险测度进行横向比较与因素分析。企业债券样本选择了两大类发行主体：其一，发行主体为上市公司，这里选择其违约概率作为对比的信用风险测度。其二，发行主体为非上市公司，这里选择企业债券的二级市场信用价差作为信用风险的测度。同时，为了对所有制特征与债券的信用风险研究拓展，还对不同担保主体的所有制特征与企业债券信用风险差异进行研究。基于违约概率的视角研究结果显示：央企背景发行主体违约概率均值在绝大部分期间均高于一般国企，在13.8%的期间检验支持其显著性；受实际控制人控制方式不同的子样本所有期间均没有均值与中位数的显著差异，具有体制内层级较高背景的发行主体并没有显示出较低的信用风险；在83.33%的期间国企背景发行主体违约概率均值均小于非国企，具有显著性的期间占所有期间的20.69%，总体上国企背景发行主体违约风险明显低于非国企发行主体，并且在2007年之后这种差异更为明显。基于信用价差的视角研究结果显示：央企发行主体信用价差均值在95.24%的考察期间均小于一般国企，其中具有显著性的期间占期间总数的16.7%。尽管发行主体层级因素在信用价差的多元回归中并不显著，但是总体上体现了同样作为国企，较高层级的发行主体信用价差较低的特征；同时对担保主体特征差异的研究显示，担保主体层级与信用价差表现没有直接关系，投资者并不关注担保主体身份特征。

第二节 本书的主要创新点

在总结全书所做工作的基础上，对其中的创新点进行归纳。本书主要创新之处在于：

1. 本书提出了一个对企业债券市场的风险问题进行研究的新视角，即不局限于对市场风险与信用风险的量化本身，而是从企业债券市场监管的两个制度特征视角出发，分别从利率管制与发行主体偏好两个目前企业债券市场最明显的监管特征入手，进行理论与历史经验的梳理与总结，提出了对我国企业债券的市场风险与信用风险表现有关的指导实证研究逻辑假设体系，给出了对两类风险进行实证研究的明确方向。具体而言，分别提出了关于企业债券市场风险表现的4个假设、关于企业债券信用风险表现的3个假设，并在实证研究环节分别对其论证。

2. 在对企业债券的市场风险趋势研究方面，同时研究了以企业债券价格指数收益率风险为代表的宏观市场风险以及以债券个体收益率为代表的微观市场风险以及以行业市场风险为代表的中观市场风险，提出了对趋势的研究采用历史均值趋势、风险值时间序列的趋势性检验、极端风险值历史分布特征的三类考察方式。

3. 在重大事件对企业债券市场风险的实证研究上，提出了与研究对象相适应的对事件分析方法的改进：其一，在对事件窗口期间平均超额收益的预测模型建立方面，为了与研究对象市场风险产生更紧密的联系，引入市场波动因子的GARCH－M模型进行收益率的预测，使预测值与市场价格波动率直接联系。其二，直接考察事件发生期间的VaR序列的总体变化，提出了对窗口期间VaR显著差异的检验方法，丰富和拓展了对于企业债券市场风险研究的事件分析方法。

4. 在对企业债券发行主体信用风险的行业比较上，不仅采用行业内发行主体个体违约概率作为信用风险的表征方式，还提出将联合违约的相关度量引入同行业企业债券发行主体之间，分别考察了同行业两个发行主体间的联合违约概率、违约相关性以及组合违约概率。

5. 在对不同所有制特征企业债券主体的信用风险差异性进行实证研究时，提出了分别基于上市公司与非上市公司企业债券发行主体所有制身份特征的划分方法，以及对企业债券担保主体所有制身份特征的划分方法；提出了采用不同所有制身份特征的发行主体违约概率与信用价差子样本总体差异显著性检验的信用风险比较方法。

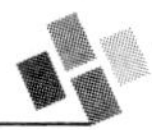

第三节 本书的不足与未来研究展望

对于企业债券市场制度特征与企业债券市场风险与信用风险的研究，国内处于起步阶段，并且多基于制度经济学、博弈论的视角，从实证研究的角度对制度特征下风险表现的研究国内尚无成熟经验可供借鉴，从提出假设到论证的环节还存在诸多不足之处。

首先，利率管制、发行主体偏好对企业债券的市场风险与信用风险的影响机制非常复杂，并且，两个监管特征本身就有着较强的联系，而本书假设的提出是分别独立地从某个特征出发，因此，对两个特征内在联系的分析不足，提出的假设会存在一定局限性。

其次，研究对象与研究方法方面的局限。研究对象方面，可供考察的企业债券样本数量较少，且企业债券样本的同质性较强，这对实证研究的结论的可靠性均产生影响；而在风险量化的研究方法上，较多采用成熟的模型、方法，对方法本身的创新不足。因此，在未来的研究工作中可以分别从两个方面进行改进与深入研究。其一，从视角上，需要更多地结合考虑企业债券监管特征之间的联系以及对企业债券市场风险与信用风险的综合影响。其二，从研究对象上进行拓展，增加对银行间债券市场、企业短期融资券市场的考察。

最后，在对风险研究的方法上，针对我国的市场环境与特征、发行主体的行为特征进行创新。

参 考 文 献

[1] 王一萱．银行体系失效与公司债券市场发展：理论，实践与政策建议［R］．深圳证券研究所报告，2003－07－09，深证综研字第0075号．

[2] 王国刚．发展企业债券市场［J］．经济管理，2003（9）：6－9.

[3] 王国刚．论“公司债券”与“企业债券”的分立［J］．中国工业经济，2007（2）：5－11.

[4] 安义宽．论发展中国企业债券市场的基本原则［J］．宏观经济管理，2003（3）：45－46.

[5] 陈嘉明．发展企业债券市场的理论分析与实证研究［J］．现代财经（天津财经学院学报），2003（4）：27－29.

[6] 何德旭．对我国企业债券市场的思考［J］．金融理论与实践，2002（8）：4－7.

[7] 高小强．中美两国企业债券市场的比较与启示［J］．新金融，2003（8）：40－43.

[8] 吴腾华．东亚新兴债券市场的发展及其启示［J］．河南师范大学学报（哲学社会科学版），2005（2）：91－95.

[9] 叶宗伟．从中美公司债券的比较研究看中国公司债券的滞后发展［J］. 亚太经济，2003（3）：34－36.

[10] 张捷，黄燕．债券市场与东亚金融体系［J］．国际经济评论，2001（9）：45－49.

[11] 陈锐．企业债券市场的政府约束与市场约束选择［J］．上海金融，2002（6）：7－9.

[12] 胡少华．企业债券市场发展与产权制度创新［J］．财经科学，2002（2）：72－77.

[13] 陈莉，严中兴．我国企业债券市场供给与需求的均衡分析［J］．华南金融研究，2001（1）：34－36.

[14] 黄燕君，丁华明．我国企业债券市场供求分析［J］．生产力研究，2002（5）：10－12.

[15] 田柳．我国企业债券市场发展滞后的供求分析与对策［J］．新疆财

经，2002（4）：32－34.

［16］王满四，王禅．融资结构失衡与企业债券融资发展［J］．同济大学学报（社会科学版），2003（2）：57－61.

［17］王一萱，徐良平，李信民．中国企业债券市场上市公司调查报告．证券市场导报，2003（4）：17－22.

［18］刘凯．企业债券市场管理弊端剖析及政策建议［J］．上海经济研究，2002（4）：43－47.

［19］陈柳钦．我国企业债券市场发展的深层次思考［J］．上海商学院学报，2005（1）：5－10.

［20］侯杰．新制度经济学视角下的中国企业债券市场的发展［J］．经济体制改革，2002（5）：15－19.

［21］钱春海．我国企业债券市场问题的体制性分析及建议［J］．财经理论与实践，2002（1）：54－58.

［22］龚翔．公司债券融资障碍：基于公司治理结构的分析［J］．商业经济与管理，2002（9）：49－51.

［23］夏有华．企业债券市场发展的架构安排与主导创新［J］．金融纵横，2002（2）：37－39.

［24］耿志民．论中国债券市场的制度创新［J］．河南金融干部管理学院学报，2003（2）：74－76.

［25］吴腾华．新兴债券市场发展［M］．北京：社会科学文献出版社，2005：35－36.

［26］孟生旺．债券利率风险度量方法及其风险防范［J］．现代财经（天津财经学院学报），2000，20（5）：31－33.

［27］林涛．久期在债券投资中的应用［J］．财经理论与实践，2002（S3）：97－100.

［28］王敏，瞿其春．债券利率风险分析［J］．运筹与管理，2002（2）：94－96.

［29］杨文瀚．久期在债券利率风险度量中的应用及修正［J］．山东科技大学学报（自然科学版），2002（2）：13－15.

［30］卞曙．债券投资中的期度理论及其应用分析［J］．江淮论坛，2003（6）：38－43.

［31］谢赤，邓艺颖．固定收入债券利率风险管理中的持续期度量方法［J］．湖南大学学报（自然科学版），2003（6）：106－110.

［32］肖振红，李享．债券评价指标计算方法的缺陷及改进［J］．商业研

究，2004（9）：104－107.

［33］范龙振．上交所债券利率期限结构与两因子 Vasicek 模型［J］．复旦学报（自然科学版），2003（5）：136－141.

［34］朱世武，陈健恒．利率期限结构理论实证检验与期限风险溢价研究［J］．金融研究，2004（5）：78－88.

［35］梁世栋，郭仌，方兆本．可违约债券期限结构之离散模型［J］．中国管理科学．2004（3）：13－21.

［36］任兆璋，李鹏．流动性风险对可违约债券信用价差期限结构的影响［J］．系统工程理论方法应用，2006（6）：251－255.

［37］郑振龙，林海．中国违约风险溢价研究［J］．证券市场导报，2003（6）：41－44.

［38］吕江林，姜光明．交易所债券市场价格波动率研究［J］．金融研究，2004（12）：89－97.

［39］杨星，周晋，沈阳，彭仕卿．公司债违约风险补偿研究［J］．统计与决策，2009（22）：143－144.

［40］孙克，冯宗宪．企业债“信用价差之谜”的最新研究与未来展望［J］．证券市场导报，2007（1）：73－77.

［41］江乾坤．公司债券“信用价差之谜”探析［J］．外国经济与管理，2007，29（2）：57－64.

［42］唐小我．非负约束条件下组合证券投资决策方法研究［J］．系统工程，1994（6）：23－29.

［43］唐小我．管理科学与系统科学进展［M］．上海：上海交通大学出版社，1995.

［44］荣喜民，张喜彬．组合证券投资模型的研究［J］．系统工程学报，1998（2）：83－90.

［45］吴冲锋，冯芸．全球金融动荡与传染的系统思考［J］．管理科学学报，1999（1）：10－18.

［46］王霞，吴健中．商业银行资产负债结构抵御利率风险能力的仿真测试［J］．系统工程理论方法应用，1999（8）：13－19.

［47］张维，李玉霜．商业银行信用风险分析综述［J］．管理科学学报，1998（2）：22－29.

［48］迟国泰．信贷风险综合决策模型的研究［J］．系统工程学报，1999（12）：72－76.

［49］张启人．东南亚金融风暴与我国金融风险防范与化解对策．1998 年

金融理论与实务学术研讨会论文.

[50] 张启人，曾蔚虹，梁峻．金融系统抗风险的“免疫系统工程”[J]．系统工程，1998（16）：3－15.

[51] 贾继锋．亚洲金融危机与中国的作用[J]．世界经济研究，1998（2）：20－25.

[52] 梁艳芬．亚洲金融动荡对我国经济的影响[J]．国际经济合作，1998（3）：10－15.

[53] 刘志强．金融危机预警指标体系研究[J]．世界经济，1999（4）：17－23.

[54] 刘遵义．东亚货币危机[J]．国际金融研究，1998（2）：53－55.

[55] 王春峰，康莉，王世彤．货币危机的传染：理论与模型[J]．国际金融研究，1998（10）：44－50.

[56] 王春峰，万海晖，张维．金融市场风险测量的总体框架[J]．国际金融研究，1998（9）：8－11.

[57] 王春峰．金融市场风险管理[M]．天津：天津大学出版社，2001.

[58] 刘宇飞．VaR模型及其在金融监管中的应用[J]．经济科学，1999（1）：40－51.

[59] 陆晓明．银行风险管理的方向——全面风险管理[J]．国际金融研究，1999（8）：51－54.

[60] 段兵．金融风险管理理论TRM评述[J]．国际金融研究，1999（8）：67－71.

[61] 黄海．投资银行的风险管理和VaR技术的应用[J]．财经研究，1998（9）：47－51.

[62] 詹原瑞．市场风险的量度——VaR的计算与应用[J]．系统工程理论与实践，1999，19（12）：1－7.

[63] 叶青．基于GARCH和半参数法的VaR模型及其在中国股市风险分析中的应用[J]．统计研究，2000（12）：25－29.

[64] 范英．VaR方法及其在股市风险分析中的应用初探[J]．中国管理科学，2000，8（3）：26－32.

[65] 马超群，李红权．风险价值的完全参数方法及在金融市场风险管理中的应用[J]．系统工程理论与实践，2001，21（4）：74－79.

[66] 陈忠阳．信用风险量化管理模型发展探析[J]．国际金融研究，2000（10）：15－20.

[67] 张玲，张佳林．信用风险评估方法发展趋势[J]．预测，2000

(4): 73 -76.

[68] 程鹏，吴冲锋，李为冰. 信用风险度量和管理方法研究 [J]. 管理工程学报, 2002 (1): 77 -80.

[69] 段兵. 信用风险管理的工程化趋势及应用 [J]. 国际金融研究, 2002 (6): 12 -18.

[70] 文忠桥，曾刚，王芳，郭卫文. 违约率研究信用风险度量与管理 [J]. 国际金融研究, 2002 (11): 20 -24.

[71] 梁世栋，李勇，方兆本等. 信用风险模型比较分析 [J]. 中国管理科学, 2002 (10): 117 -122.

[72] 沈沛龙，任若恩. 现代信用风险管理模型和方法的比较研究 [J]. 经济科学, 2002 (3): 33 -42.

[73] 李大伟，魏明，王琼. 基于强度过程的信用风险定价模型研究 [J]. 国际金融研究, 2004 (2): 13 -17.

[74] 韩立岩，郑承利. 基于模糊随机方法的公司违约风险预测研究 [J]. 金融研究, 2002 (8).

[75] 韩立岩，郑承利，罗雯，杨哲彬. 中国市政债券信用风险与发债规模研究 [J]. 金融研究, 2003 (2): 85 -94.

[76] 韩立岩，谢朵. 基于期权的贷款信托违约风险度量 [J]. 金融研究, 2005 (3): 109 -119.

[77] 韩立岩，陈文丽. 贷款组合中违约传染的机理研究 [J]. 金融研究, 2006 (3): 143 -150.

[78] 王春峰，李汶华. 小样本数据信用风险评估研究 [J]. 管理科学学报, 2001 (2): 30 -34.

[79] 田宏伟，张维. 信用风险的动态测量方法 [J]. 南开管理评论, 2000 (1): 36 -41.

[80] 熊大勇. 信用风险理论: 理论与实践 [D]. 上海: 复旦大学, 2003.

[81] 魏玉根. 政策干预上海股市行为的统计分析 [J]. 统计研究, 2001 (2): 52 -55.

[82] 史代敏. 股票市场波动的政策影响效应 [J]. 管理世界, 2002 (8): 11 -15.

[83] 楼迎军. 基于 EGARCH 模型的我国股市杠杆效应研究 [J]. 中国软科学, 2003 (10): 49 -51.

[84] 薛锋，董颖颖，关伟. 中国上市公司股票信用风险的事件研

究［J］．中央财经大学学报，2004（4）：35－38.

［85］严武，肖民赞．我国股市收益波动特征及政策因素影响分析［J］．当代财经，2005（12）：30－34.

［86］俞鸿琳．政府控制和治理机制的有效性——基于中国A股市场的经验证据［J］．南开管理评论，2006（1）：100－104.

［87］程鹏，吴冲锋．上市公司信用状况分析新方法［J］．系统工程理论方法应用，2002（6）：89－93.

［88］易丹辉，吴建民．上市公司信用风险计量研究［J］．统计与信息论坛，2002（11）：8－11.

［89］鲁炜，赵恒珩，刘冀云．KMV模型关系函数推测及其在中国股市的验证［J］．运筹与管理，2003（6）：43－48.

［90］杨星，张义强．中国上市公司信用风险管理实证［J］．中国软科学，2004（1）：43－47.

［91］叶庆祥，景乃权，徐凌峰．基于资本市场理论的上市公司信用风险度量研究［J］．经济学家，2005（2）：112－117.

［92］郑茂．基于EDF模型的上市公司信用风险实证研究［J］．管理工程学报，2005（3）：151－154.

［93］张玲，杨贞柿，陈收．KMV模型在上市公司信用风险评价中的应用研究［J］．系统工程，2004（11）：84－89.

［94］王东，罗永忠．中国上市公司财务风险违约触发点研究．第三届中国金融学年会，上海，2006.10.

［95］薛锋，董颖颖，石雨欣．上市公司违规行为对违约距离和预期违约率影响的实证研究［J］．经济管理，2005（10）：65－73.

［96］孙克．企业债券的信用风险及动态度量［M］．上海：上海远东出版社，2009.

［97］Modigliani，Franco and Miller，Merton. The cost of capital corporate finance，and the theory of investment ［J］. American Economic Review，1958（48）：433－443.

［98］Jenson & Meckling. Theory of the Firm：Managerial Behavior，Agency Costs and Ownership Structure ［J］. Journal of Financial Economics ，1976（3）：305－360.

［99］Harris，M. & A Raviv. Capital structure and the information role of debt ［J］. Journal of Finance，1988（45）：321－349.

［100］Harris，M.，A. Raviv. Corporate control contests and capital structure

[J]. Journal of Financial Economics, 1990 (20): 55 -86.

[101] Stulz, Rene M. Managerial Control of Voting Rights: Financing Policies and the Market for Corporate Control [J]. Journal of Financial Economics, 1988, 20 (1/2): 25 -54.

[102] Myers, S. C. and N. C. Majluf. Corporate Financing and Investment Decisions When Firms Have Information That Investors Do Not Have [J]. Journal of Financial Economics, 1984 (13): 187 -222.

[103] Ross. Stephen. The Determination of Financial Struture: The Incentive Signalling ApproachBell [J]. Journal of Eonomics, 1977 (8): 23 -40.

[104] Douglas W. Diamond. Financial Intermediation and Delegated Monitoring [J]. Review of Economic Studies, 1984 (51): 393 -414.

[105] Fama, E. Agency Problem and the Theory of the Firm [J]. Journal of Political Economy, 1980 (88): 288 -307.

[106] Rajan, R. G., Zingales, L. Financial systems, industrial structure, and growth [R]. Un -published Working Paper, University of Chicago, 1999.

[107] Miguel Cantillo and Julian Wright. How Do Firms Choose Their Lenders? An Empirical Investigation [R]. Research Program in Finance Working Papers RPF -256 -Rev, University of California at Berkeley, 2000.

[108] Edith S. Hotchkiss and Tavy Ronen. The Informational Efficiency of the Corporate Bond Market: An Intraday Analysis [J]. Rev. Financ. Stud, 2002 (15): 1325 -1354.

[109] Giampaolo Gabbi & Andrea Sironi. Which factors affect corporate bonds pricing? Empirical evidence from eurobonds primary market spreads [J]. European Journal of Finance, Taylor and Francis Journals, 2005, 11 (1): 59 -74.

[110] Eom Young Ho, Jing -Zhi Huang and Jean. Helwege, Structural Models of Corporate Bond Pricing: An Empirical Analysis [R] (February 2002). EFA 2002 Berlin Meetings. Available at SSRN: http: //ssrn. com/abstract = 302681 or doi: 10. 2139/ssrn. 302681.

[111] Chen, Long, David A. Lesmond and Jason Zhanshun Wei. Corporate Yield Spreads and Bond Liquidity [R] (April 2005). 14th Annual Conference on Financial Economics and Accounting Available at SSRN: http: //ssrn. com/abstract - 495422.

[112] Edith S. Hotchkiss and Tavy Ronen. The Informational Efficiency of the Corporate Bond Market: An Intraday Analysis [J]. Rev. Financ. Stud, 2002

(15): 1325 - 1354.

[113] Roger Walder. Dynamic Allocation of Treasury and Corporate Bond Portfolios [R]. University of Lausanne (HEC), International Center FAME and Banque Cantonale Vaudoise, Switzerland February 7, 2003 , Working Paper Series.

[114] Lamdin, Douglas J. Corporate Bond Yield Spreads in Recent Decades: Trends, Changes, and Stock Market Linkages [R] (September 2003) . Available at SSRN: http: //ssrn. com/abstract =450140 or DOI: 10. 2139/ssrn. 450140.

[115] Jagtiani Julapa, George Kaufinan and Catharine Lemieux. The Effect of Credit Risk on Bank and Bank Holding Company Bond Yields [J]. Journal of Financial Research, 2002, 21 (4): 185 -204.

[116] David . Durand. Cost of Debt and Equity Funds for Business: Trends and Problems of Measurement in National Bureau of Economic Research, Conference on Research on Business Finance, New York, 1952: 215 -247.

[117] Modigliani F, Miller M H. Corporate Income Taxes and the Cost of Capital: A Correction [J]. American Economic Review, 1963 (6) 53: 344 - 433.

[118] Miller. Debt and Taxes [J]. Journal of Finance, 1977 (32): 261 - 275.

[119] Stiglitz, J. E. On the Optimality of Stock Market Allocation of Investment, Quarterly. Journal of Economics, 1972, 86 (1): 25 -60.

[120] Aghion & Bolton. An incomplete contracts approach to financial contracting [J]. Review of Economic Studies, 1992 (9): 473 -494.

[121] Diamond, Douglas W. Monitoring and Reputation: The Choice between Bank Loans and Directly Placed Debt [J]. Journal of Political Economy, University of Chicago Press, 1991 (4): 689 -721.

[122] Herring, Richard J. and Nathporn Chatusripitak. The Case of the Missing Market: The Bond Market and Why it Matters for Financial Development [R]. ADB Institute Working Paper 11, 2000.

[123] Cantillo, Miguel & Wright, Julian. How Do Firms Choose Their Lenders? An Empirical Investigation, Review of Financial Studies, Oxford University Press for Society for Financial Studies [J]. 2000, 13 (1): 155 - 189.

[124] Rajan, Raghuram and Luigi Zingales. Which Capitalism? Lessons from the East Asian Crisis [J]. Journal of Applied Corporate Finance, 1998, 11 (3):

40－48.

［125］Boot，Arnound. and Anjan Thakor. Financial system architecture［J］. The Review of Financial Studies，1997，10（3）：693－733.

［126］Nils H. Hakansson. The Role of a Corporate Bond Market in an Economy and in Avoiding Crises，University of California［R］. Berkeley Accounting Group September 9，1999. Working Paper Series.

［127］Sanjeev Bhojraj and Partha Sengupta. Effect of Corporate Governance on Bond Ratings and Yelds：The Role of Institutional Investors and Outside Directors，Journal of Business，Forthcoming Cornell University Samuel Curtis Johnson Graduate School of Management and George Mason University［R］. Accounting Program March 26，2002 Accepted Paper Series.

［128］Paul H. Schultz. Corporate Bond Trading Costs and Practices：A Peek Behind the Curtain［R］. University of Notre Dame－Department of Finance & Business Economics December 9，1998，Working Paper Series.

［129］Edith S. Hotchkiss and Tavy Ronen. The Informational Efficiency of the Corporate Bond Market：An Intraday Analysis Boston College［R］. Wallace E. Carroll School of Management and Rutgers，The State University of New Jersey－Finance & Economics，January 3，2000，Working Paper Series.

［130］Joao A. C. Santos and Kostas Tsatsaronis. Cost of Barriers to Entry：Evidence from the Market for Corporate Euro Bond Underwriting Federal Reserve Bank of New York and Bank for International Settlements（BIS）［R］. Monetary and Economic Department September 3，2003，Working Paper Series.

［131］Howard Qi，Sheen Liu and Chunchi Wu. Personal Taxes，Endogenous Default，and Corporate Bond Yield Spreads Michigan Tech，Youngstown State University Williamson College of Business Administration and Syracuse University［R］. Whitman School of Management，March 20，2005.

［132］Amy K. Edwards，Lawrence Harris and Michael S. Piwowar. Corporate Bond Market Transparency erie V. Vance Roley The Effect of Federal Debt Management Policy on Corporate Bond and Equity Yelds［R］. University of Washington School of Business Administration，July 7，2004，Working Paper Series.

［133］Group of Thirty. Derivatives：Practices and Principles. New York：Group of Thirty，1993.

［134］Venkataraman，Suhu. Value at risk for a mixture of normal distributions：The use of quasi－Bayesian estimation techniques［R］. Economic Perspectives (Federal Reserve Bank Chicago) (March/April), 1997.

[135] Butler, J. S., and B. Schachter. Estimating Value at Risk with a precision measure by combining kernel estimation with historical simulation [J]. Review of Derivatives Research, 1998 (1): 371 -390.

[136] Jon Danielsson and Casper G. de Vries. Tail index and quantile estimation with very high frequency data [J]. Journal of Empirical Finance, 1997 (4): 241 -257.

[137] Jon Danielsson, Casper G. de Vries. Value - at - Risk and Extreme Returns [J]. Annales déconomie et de statistique, 2000 (5): 236 -269.

[138] Embrechts, Paul, Sidney Resnick and Gennady Samorodnidky. Extreme Value Theory as a Risk Management Tool [J]. North American Actuarial Journal, 1999, 26 (3): 30 -41.

[139] Iacono. Frank and David Skeie. Translating VaR Using Square Root of T [J]. Derivatives Week, 1996 (8): 123 -146.

[140] Jamshidian, F. and Zhu Y. Scenario. Simulation model for risk management [J]. Capital Market Strategy, 1996.

[141] Jamshidian, F. and Zhu Y. Scenario. Simulation: Theory and Methodology [J]. Finance and Stochastics, 1997 (1): 43 -68.

[142] Jauri, Osmo and P. Toivonen. Risk management information systems: Value - at - Risk analysis with stochastic simulation in mathematics with vision, Proceedings of the first international mathematics symposium, computational mechanics publications. 1998.

[143] Kwiatkowski. Current issues in Value - at - Risk for portfolios of Derivatives [J]. Derivatives Use, Tranding & Regulation, March, 1997.

[144] Simko, David. Applying Value - at - Risk measures to Derivatives. Derivatives in Portfolio Management. Charlottesville: AIMR, 1998.

[145] Kupiec, Paul. Techniques for verifying the accuracy of risk measurement models [J]. Journal of Derivatives, 1995, 3 (2): 73 -84.

[146] Matthew Pritsker. Evaluating value at risk methodologies: accuracy versus computational time [J]. Journal of Financial Services Research, 1997, 12 (2): 201 -242.

[147] Hendricks Darryll and Beverly Hirtle. Bank capital requriements for market risk: The internal models approach [R]. Federal Reserve Bank of New York Economic Policy Review 3 (December), 1997.

[148] Spinner, Karen. Adapting VaR to the corporate jungle [J]. Derivatives Strategy, 1996, 1 (5) .

[149] David Lawrence. The value at risk approach to credit risk measurement [R]. Risk Management for Financial Institutions Risk Publications, 1997.

[150] O'Connor, Ronan, James Golden and Robert Reck. A value at risk calculation of required reserves for credit risk in corporate lending portfolios [J]. North American Actuarial Journal Society of Acutaries – Schaumburg, Illinois, 1999, 3 (2): 72 – 83.

[151] Oda, Nobuyuki and Jun Mruanaga. A new framework for measuring the credit risk of a portfolio – "Ex – VaR" model. IMES BOJ Monetary and Economic Studies 15 (December), 1997.

[152] Lawrence, Colin and Gary Rohinson. Value at risk: Addressing Liquidity and Volatility risks [J]. Capital Market Strategy, 1995 (7): 24 – 28.

[153] Lawrence, Colin and Gary Rohinson. Liquidity, Dynamic Hedging and Value at Risk. Risk Management for Financial Institutions Risk Publications, 1999.

[154] Lawrence Colin. Working liquidity into your VaR [R]. Derivatives Strategy 2 (February), 1997.

[155] Philip Hua and Paul Wilmott. Crash modelling [R]. Value at Risk and optimal Hedging, Working Paper, First draft: July 1996.

[156] Ramaswami, Murall. Value at Risk and Asset/Liability Based Asset Allocation for Pension Funds [R]. Risk Management for Financial Institutions Risk Publications.

[157] Godfrey S, and Espinosa R. Value – at – Risk and corporate valuation [J]. Journal of Applied Corporate Finance, 1996, 10 (4): 108 – 115.

[158] Gordon Alexander. Efficient Sets, Short – Selling and Estimation Risk [J]. The Journal of Portfolio Management, 1995, 21 (2): 64 – 73.

[159] Investment Management Department. The World Bank, Anasset – liability approach to Value – at – Risk for Pension Funds [R]. Working Paper.

[160] McCarthy, Michelle. Value at Risk in an investment management business: Enhancing the control framework. Bank Accounting & Finance 10 (Summer), 1997.

[161] Longley – Cook, Alastair G. Risk adjusted economic value analysis [J]. North American Actuarial Journal (January), 1998.

[162] Hendricks, Darryll and Beverly Hirtle. Bank Capital Requirements for

Market Risk: The Internal Models Approach [R]. Federal Reserve Bank of New York, FRBNY ECONOMIC POLICY REVIEW / DECEMBER, 1997: 1 – 12.

[163] Jackson, Patricia, David Maude and William Perraudin. Bank Capital and Value – at – Risk [R]. Bank of England Working Paper No. 79.

[164] Jackson, Patricia, David Maude and William Perraudin. Testing Value – at – Risk approaches to capital adequacy [R]. Bank of England Quarterly Bulletin (August), 1998.

[165] Jackson, Patricia, David Maude and William Perraudin. Value – at – Risk analysis and the proposed Basle accord ammendament, Derivatives, Regulation and Banking [M]. Barry Schachter ed. North – Holland, 1997, 287 – 312.

[166] Kjeldsen, Kristian. Value – at – Risk and capital adequacy: The challenge for financial regulation [R]. European Investment Bank Papers 2 (No. 1), 1997.

[167] Altman E. I. , Financial Ratios. Discriminant Analysis and the Prediction of Corporate Bankruptcy [J]. Journal of Finance, 1968, 23 (9): 589 – 609.

[168] Altman E. I. , Haldeman, P. Narayanan. Zeta Analysis: A New Model to Identify Bankruptcy Risk of Corporations [J]. Journal of Banking & Finance, 1977 (1): 29 – 54.

[169] Black. F, M, Scholes. The Pricing of Options and Corporate Liaailities [J]. Journal of Political Economy, 1973 (81): 399 – 418.

[170] Merton R C. On the Pricing of Corporate Debt: the Risk Structure of interest Rate [J]. Journal of Finance, 1974 (29): 449 – 470.

[171] Geske R. The valuation of compound [J]. Journal of Financial Economics, 1977 (7): 63 – 81.

[172] Geske R. , H E. Jonson. The valuation of corporate liabilities as compound options: a correction [J]. Journal of Financial and Quantitative Analysis, 1984, 19 (2): 231 – 232.

[173] Ho T. S, R F. Singer. Bond indenture provisions and the risk of corporate debt [J]. Journal of Financial Economics, 1982, 10 (4): 375 – 406.

[174] Ho T. S, R F. Singer. The value of corporate debt with a sinking – fund provision [J]. Journal of Business, 1984, 57 (3): 315 – 336.

[175] Chance D. M. Default risk and the duration of zero coupon bonds [J]. Journal of Finance, 1990, 45 (1): 265 – 274.

[176] Shimko Tejima and Deventer. The Pricing of Risky Debt When Interest

Rate Are Stochastic [J]. Journal of Fixed Income, 1993, 3 (2): 58 -65.

[177] Black, F. , and J. Cox. Valuing Corporate Securities: Some Effects of Bond Indenture Provisions [J]. Journal of Finance, 1976, 31 (2): 351 -367.

[178] Longstaff F A, Schwartz E S. A Simple Approach to Valuing Risky Fixed and Floating Rate Debt [J]. Journal of Finance, 1995 (50): 789 -819.

[179] Kim J. , K. Ramaswamy, S. Sundaresan. Does default risk in coupons affect the valuation of corporate bonds: a contingent claim model [J]. Financial Management, 1993, 22 (3): 117 -131.

[180] L Nielsen, J Saá - Requejo, P Santa - Clara. Default risk and interest - rate risk: the term structure of default spreads [R]. Discussion paper, INSEAD, 1993.

[181] Briys E, F de Varenne. Mluing risky fixed rate debt: an extension [J]. Journal of Financial and Quantitative Analysis, 1997, 32 (2): 239 -248.

[182] Jarrow R. A. , Turnbull S. Pricing derivatives on financial securities subject to credit risk [J]. Journal of Finance, 1995 (50): 53 -86.

[183] Jarrow R. A. , Lando D, Turnbull S. M. A Markov model for the term structure of credit risk spreads [J]. Review of Financial Studies, 1997 (10): 481 -523.

[184] Das S. R. , P. Tufano. Pricing credit - sensitive debt when interest rates, credit ratings and credit spreads ate stochastic [J]. Journal of Financial Engineering, 1996, 5 (2): 161 -198.

[185] Duffe, Darrell, Kenneth Singleton. Modeling term structures of defaultable bond [J]. The Review of Financial Studies Special, 1999 (12): 687 -720.

[186] Madan D. B. , H. Unal. Pricing the risks of default [J]. Review of Derivatives Research, 1998 (2): 121 -160.

[187] Kornai, J. Resource - Constrained versus Demand - Constrained System [J]. Econometrica 1979 (47): 801 -819.

[188] Darryll Hendricks. Evaluation of value - at - risk models using historical data [R]. Economic Policy Review, Federal Reserve Bank of New York, 1996 issue Apr, pages 39 -69.

[189] Kupiec P. Stress Testing in a Value at Risk Framework [J]. The Journal of Derivatives, 1998 (6): 7 -24.

[190] Fisher, R. A. , Tippett, L. H. C. Limiting forms of the frequency distribution of the largest or smallest member of a sample [J]. Proceedings of the Cam-

bridge Philosophical Society, 1928 (24): 180 - 190.

[191] Pickands J. Statistical inference using extreme order statistics [J]. Ann. Stat, 1975 (3): 119 - 131.

[192] Danielsson J., C. G. de Vries. Value at Risk and Extreme Returns [R]. London School of Economics, Financial Markets Group Discussion Paper, 1997, No273.

[193] Uryasev Stanislav. Conditional Value - at - Risk: Optimization Algorithms and Applications [J]. Financial Engineering News, 2000 (14).

[194] Jorion P. Value at risk: the new benchmark for controlling market risk [M]. New York: The McGraw - Hill Companies, Inc., 1997.

[195] Jacob Boudoukh and Matthew Richardson. Expect the Worst [J]. Risk, 1995, 8 (9): 100 - 101.

[196] Jonkhart, M. J. L. On the term structure of interest rates and the risk of default: An analytical approach [J]. Journal of Banking and Finance, 1979, 3 (3): 253 - 262.

[197] R. Litterman and Iben, T. Corporate Bond Valuation and the Term Structure of Credit Spreads [J]. The Journal of Portfolio Management, 1991, 17 (3): 52 - 64.

[198] Altman E. I. Mearuring Coporate Bond Mortality and Performance. The Journal of Finance, 1989, 44 (4): 909 - 992.

[199] Altman, E. I., Suggitt, H. J. Default rates in the syndicated bank loan market: A mortality analysis [J]. Journal of Banking and Finance, 2000 (24): 229 - 253.

[200] Altman, E. I. Revisiting the High Yield Bond Market. Financial Management, 1992, Summer: 78 - 92.

[201] Zhou, C. A Jump - Diffusion Approach to Modeling Credit Risk and Valuing Defaultable Securities [R]. Finance and Economics Discussion Series, 1997 (15).

[202] Jarrow, R. A., Turnbull, S. M.. A unified approach for pricing contingent claims on multiple term structures [J]. Review of Quantitative Finance and Accounting, 1998 (10): 5 - 19.

[203] Engle R. F., David M.. Lilien and Russell P. Robins, Estimating time varying risk premia in the term structure: the ARCH - M model [J]. Ecnometrica, 1987 (55): 391 - 407.

[204] Amato, J, and E Remolona. The credit spread puzzle [J]. BIS Quarterly Review, 2003 (12): 51 - 63.

[205] Collin - Dufresne, P, R Goldstein, and S Martin. Determinants of credit spread changes [J]. Journal of Finance, 2001 (56): 2177 - 2208.

[206] Driessen, J. Is default event risk priced in corporate bonds? [J]. Review of Financial Studies, 2005 (18): 165 - 195.

[207] Hull, J. , White, A. The impact of default risk on the prices of options and other derivative securities [J]. Journal of Banking and Finance, 1995 (19): 299 - 322.

[208] Lucas, D. Default Correlation and CreditAnalysis [J]. Journal of Fixed Income, 1995, 11, March: 76 - 87.

[209] Bin Zeng, Jing Zhang. An Empirical Assessment of Asset Correlation Models [R]. November 04, 2001, Moody's KMV Research.

[210] Jeffrey R. Bohn, Response to JP Morgan's Paper Using Equities to Price Credit [J]. November 19, 2001, Moody's KMV Research.

[211] Jing Zhang, Fanlin Zhu, Joseph Lee. Asset Correlation, Realized Default Correlation, and Portfolio Credit Risk. MARCH 3, 2008, Moody's KMV Research.

附录 A　主要数据

附表 1　　各指数收益率季均 VaR

时间	沪企债		深企债		沪国债		穆迪 AAA		穆迪 BAA	
	95%	99%	95%	99%	95%	99%	95%	99%	95%	99%
2003-04-01	0.0020	0.0029	0.0026	0.0037	0.0013	0.0018	0.0140	0.0198	0.0119	0.0169
2003-07-01	0.0024	0.0034	0.0019	0.0027	0.0018	0.0026	0.0196	0.0278	0.0154	0.0218
2003-10-01	0.0033	0.0047	0.0024	0.0034	0.0028	0.0040	0.0172	0.0243	0.0140	0.0198
2004-01-01	0.0020	0.0028	0.0034	0.0048	0.0022	0.0031	0.0145	0.0206	0.0122	0.0172
2004-04-01	0.0049	0.0070	0.0020	0.0029	0.0048	0.0067	0.0142	0.0201	0.0114	0.0161
2004-07-01	0.0023	0.0032	0.0048	0.0068	0.0017	0.0024	0.0134	0.0189	0.0112	0.0159
2004-10-01	0.0035	0.0049	0.0023	0.0032	0.0021	0.0029	0.0142	0.0201	0.0116	0.0164
2005-01-01	0.0029	0.0041	0.0032	0.0046	0.0024	0.0034	0.0146	0.0207	0.0124	0.0175
2005-04-01	0.0034	0.0048	0.0030	0.0042	0.0026	0.0037	0.0142	0.0200	0.0116	0.0164
2005-07-01	0.0022	0.0031	0.0034	0.0047	0.0018	0.0026	0.0151	0.0213	0.0122	0.0172
2005-10-01	0.0023	0.0032	0.0023	0.0032	0.0024	0.0034	0.0138	0.0196	0.0115	0.0163
2006-01-01	0.0021	0.0030	0.0025	0.0035	0.0016	0.0022	0.0125	0.0177	0.0104	0.0147
2006-04-01	0.0022	0.0031	0.0023	0.0032	0.0016	0.0022	0.0124	0.0176	0.0104	0.0147
2006-07-01	0.0018	0.0026	0.0023	0.0032	0.0015	0.0021	0.0107	0.0151	0.0092	0.0131
2006-10-01	0.0020	0.0028	0.0019	0.0026	0.0013	0.0019	0.0113	0.0160	0.0094	0.0133
2007-01-01	0.0020	0.0028	0.0020	0.0029	0.0013	0.0018	0.0121	0.0171	0.0097	0.0138
2007-04-01	0.0031	0.0044	0.0021	0.0029	0.0016	0.0023	0.0113	0.0159	0.0097	0.0137
2007-07-01	0.0043	0.0060	0.0034	0.0048	0.0016	0.0022	0.0144	0.0204	0.0120	0.0170
2007-10-01	0.0027	0.0038	0.0045	0.0064	0.0016	0.0022	0.0154	0.0217	0.0128	0.0181
2008-01-01	0.0039	0.0056	0.0029	0.0041	0.0016	0.0023	0.0213	0.0301	0.0169	0.0239
2008-04-01	0.0019	0.0027	0.0044	0.0063	0.0013	0.0019	0.0186	0.0263	0.0144	0.0204
2008-07-01	0.0031	0.0044	0.0021	0.0029	0.0017	0.0025	0.0163	0.0230	0.0123	0.0174
2008-10-01	0.0047	0.0067	0.0032	0.0045	0.0022	0.0031	0.0293	0.0415	0.0207	0.0293
2009-01-01	0.0022	0.0031	0.0048	0.0067	0.0018	0.0025	0.0324	0.0458	0.0191	0.0270
2009-04-01	0.0018	0.0026	0.0024	0.0034	0.0013	0.0018	0.0281	0.0398	0.0173	0.0245
2009-07-01	0.0020	0.0028	0.0021	0.0030	0.0015	0.0021	0.0259	0.0367	0.0185	0.0262

附表 2　　样本 1 企业债券信用价差月均值数据

代码	111015	111022	120101	120305	120311	120482	120488	120510	111018
名称	01 三峡	04 首旅债	01 中移动	03 电网	03 网通	04 通用债	04 京地铁	05 国网	02 电网
2006-01-01	0.00746	0.00388	0.01131	0.00515	0.00000	0.00622	0.00458	0.00000	0.00545
2006-02-01	0.00709	0.00000	0.00886	0.00468	0.00000	0.00504	0.00603	0.00000	0.00447
2006-03-01	0.00563	0.00524	0.00813	0.00417	0.00000	0.00381	0.00750	0.00000	0.00456
2006-04-01	0.00571	0.00376	0.01044	0.00487	0.00000	0.00326	0.00697	0.00489	0.00637
2006-05-01	0.00801	0.00644	0.01305	0.00596	0.00000	0.00571	0.00940	0.00544	0.00941
2006-06-01	0.00849	0.01012	0.01286	0.00428	0.00445	0.00406	0.00995	0.01403	0.00687
2006-07-01	0.00734	0.00000	0.01348	0.00472	0.00651	0.01036	0.01084	0.00000	0.00618
2006-08-01	0.00680	0.00000	0.01165	0.00491	0.00460	0.00189	0.01072	0.00000	0.00691
2006-09-01	0.00821	0.00336	0.01343	0.00227	0.00513	0.00460	0.00259	0.01296	0.00813
2006-10-01	0.00859	0.00000	0.01447	0.00643	0.00994	0.00679	0.00973	0.01192	0.00852
2006-11-01	0.00980	0.00000	0.01276	0.00603	0.00875	0.00658	0.00928	0.01132	0.00830
2006-12-01	0.01100	0.00000	0.01499	0.00600	0.01116	0.00867	0.00975	0.00279	0.00796
2007-01-01	0.01124	0.00377	0.02149	0.01015	0.01113	0.00814	0.00876	0.00000	0.00881
2007-02-01	0.00976	0.00000	0.02041	0.00892	0.00000	0.00647	0.00000	0.00000	0.00792
2007-03-01	0.00959	0.00000	0.02257	0.00783	0.00663	0.00677	0.01168	0.00000	0.00851
2007-04-01	0.00585	0.00758	0.02502	0.00632	0.00726	0.00929	0.00871	0.00736	0.00742
2007-05-01	0.00709	0.00518	0.02773	0.00410	0.00647	0.00643	0.00597	0.00394	0.00726
2007-06-01	0.00299	-0.00056	0.02628	0.00043	0.00091	0.00064	0.00333	-0.00273	0.00561
2007-07-01	0.00351	0.00329	0.03064	0.00037	0.00090	0.00333	0.00074	0.00855	0.00643
2007-08-01	0.00674	0.00000	0.03716	0.00563	0.00473	0.00548	0.00217	0.00904	0.01184
2007-09-01	0.00739	0.00000	0.04252	0.00241	0.00396	0.00595	0.00075	0.00444	0.01095
2007-10-01	0.00790	0.00081	0.05352	0.00220	0.00000	0.00368	0.00153	0.00150	0.00872
2007-11-01	0.01723	0.00029	0.05740	0.00289	0.00000	0.00644	0.00235	0.00867	0.00791
2007-12-01	0.02287	0.00083	0.05848	0.00335	0.01422	0.00797	0.01082	0.01101	0.01122
2008-01-01	0.02573	0.00449	0.05637	0.02120	0.01548	0.01050	0.01837	0.01133	0.01651
2008-02-01	0.02320	0.01555	0.04690	0.02371	0.02122	0.01152	0.02188	0.01573	0.01807
2008-03-01	0.02020	0.01816	0.04167	0.02016	0.01719	0.00721	0.01959	0.01248	0.01820
2008-04-01	0.01941	0.01712	0.03707	0.01986	0.00956	0.01834	0.01894	0.01154	0.01636
2008-05-01	0.02063	0.00793	0.03170	0.02041	0.01692	0.01898	0.01900	0.01227	0.01292
2008-06-01	0.02036	0.00000	0.01975	0.01952	0.01797	0.01788	0.01867	0.01226	0.01186

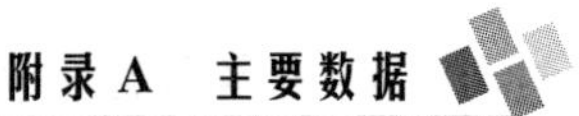

续表

代码	111015	111022	120101	120305	120311	120482	120488	120510	111018
名称	01 三峡	04 首旅债	01 中移动	03 电网	03 网通	04 通用债	04 京地铁	05 国网	02 电网
2008－07－01	0.01386	0.01233	0.02319	0.01564	0.01476	0.01506	0.01719	0.01745	0.01175
2008－08－01	0.01134	0.01450	0.02149	0.01699	0.01605	0.01725	0.01765	0.02159	0.01192
2008－09－01	0.01344	0.02097	0.01416	0.02168	0.02011	0.02209	0.02203	0.02257	0.01585
2008－10－01	0.01877	0.02380	0.00078	0.02375	0.02144	0.02456	0.02176	0.02539	0.01253
2008－11－01	0.02522	0.02620	0.00150	0.02946	0.02510	0.03127	0.02483	0.03222	0.01756
2008－12－01	0.03224	0.03060	0.00654	0.03343	0.02058	0.03772	0.01962	0.03200	0.01618
2009－01－01	0.03372	0.03962	0.01009	0.01543	0.01927	0.03689	0.01462	0.03281	0.01423
2009－02－01	0.03189	0.02970	0.00887	0.01140	0.01418	0.03294	0.01198	0.02907	0.01121
2009－03－01	0.02935	0.00716	0.00893	0.01130	0.01357	0.03013	0.01021	0.02828	0.01148
2009－04－01	0.02636	0.01627	0.01203	0.00984	0.01213	0.01302	0.00865	0.02665	0.00989
2009－05－01	0.02594	0.00803	0.01986	0.01035	0.01270	0.01205	0.00917	0.02852	0.00865
2009－06－01	0.02803	0.00581	0.03461	0.01120	0.01482	0.01383	0.00999	0.02776	0.00947
2009－07－01	0.02627	0.00034	0.03284	0.01042	0.01350	0.01205	0.00929	0.01870	0.01008
2009－08－01	0.02953	0.01173	0.03561	0.01296	0.01651	0.01313	0.00434	0.01234	0.00894
2009－09－01	0.03371	0.00672	0.03113	0.01478	0.01843	0.01682	0.00529	0.01550	0.01254
代码	111019	111026	111027	120102	120201	120203	120205	120288	120301
名称	02 广核债	05 粤交通	03 石油债	01 三峡债	02 三峡债	02 中移动	02 渝城投	02 金茂债	03 沪轨道
2006－01－01	0.00471	0.00496	0.00629	0.00425	0.00444	0.00496	0.00726	0.00676	0.00532
2006－02－01	0.00370	0.00494	0.00595	0.00409	0.00397	0.00391	0.00735	0.00573	0.00416
2006－03－01	0.00371	0.00573	0.00479	0.00390	0.00332	0.00436	0.00586	0.00521	0.00410
2006－04－01	0.00497	0.00528	0.00653	0.00563	0.00519	0.00480	0.00670	0.00661	0.00555
2006－05－01	0.00570	0.00828	0.00696	0.00733	0.00600	0.00660	0.00737	0.00663	0.00706
2006－06－01	0.00719	0.00737	0.00700	0.00731	0.00729	0.00732	0.00559	0.00486	0.00774
2006－07－01	0.00611	0.00897	0.00630	0.00700	0.00678	0.00645	0.00940	0.00687	0.00658
2006－08－01	0.00659	0.00898	0.00687	0.00690	0.00693	0.00669	0.00951	0.00742	0.00639
2006－09－01	0.00760	0.00883	0.00739	0.00788	0.00764	0.00814	0.00957	0.00865	0.00802
2006－10－01	0.00870	0.00434	0.00839	0.00844	0.00789	0.00895	0.01089	0.01061	0.00881
2006－11－01	0.00663	0.00989	0.00830	0.00860	0.00778	0.00887	0.01068	0.01018	0.00906
2006－12－01	0.00817	0.00999	0.00799	0.00886	0.00826	0.00851	0.01012	0.01027	0.00826
2007－01－01	0.00785	0.01120	0.00798	0.00913	0.00968	0.00900	0.01174	0.01125	0.00873
2007－02－01	0.00834	0.01133	0.00838	0.00764	0.01068	0.00801	0.00963	0.00994	0.00837

续表

代码	111019	111026	111027	120102	120201	120203	120205	120288	120301
名称	02 广核债	05 粤交通	03 石油债	01 三峡债	02 三峡债	02 中移动	02 渝城投	02 金茂债	03 沪轨道
2007-03-01	0.00848	0.01153	0.00898	0.00766	0.01019	0.00794	0.00923	0.00952	0.00792
2007-04-01	0.00738	0.01148	0.00871	0.00851	0.00819	0.00768	0.00928	0.00822	0.00734
2007-05-01	0.00629	0.01336	0.00662	0.00929	0.00877	0.00762	0.00941	0.00701	0.00610
2007-06-01	0.00593	0.01034	0.00726	0.00868	0.00954	0.00712	0.00675	0.00631	0.00592
2007-07-01	0.00654	0.00913	0.00775	0.01078	0.00947	0.00672	0.00900	0.00660	0.00760
2007-08-01	0.00891	0.01030	0.00679	0.01316	0.00867	0.00817	0.01596	0.01612	0.01149
2007-09-01	0.00996	0.00865	0.00635	0.01256	0.00911	0.00957	0.01248	0.01829	0.01039
2007-10-01	0.00891	0.00784	0.00570	0.01199	0.01157	0.00702	0.02184	0.02038	0.00997
2007-11-01	0.00956	0.00863	0.01353	0.01232	0.01420	0.00924	0.02323	0.02183	0.01013
2007-12-01	0.01570	0.00872	0.01255	0.01309	0.01521	0.01304	0.02404	0.02228	0.01176
2008-01-01	0.01645	0.01345	0.01492	0.01610	0.01692	0.01597	0.02675	0.02737	0.01626
2008-02-01	0.01801	0.01564	0.01590	0.01637	0.01594	0.01832	0.02242	0.02170	0.01819
2008-03-01	0.01582	0.01418	0.01333	0.01540	0.01596	0.01514	0.01872	0.01914	0.01584
2008-04-01	0.01366	0.01437	0.01437	0.01364	0.01447	0.01292	0.01775	0.01703	0.01412
2008-05-01	0.01312	0.01377	0.01435	0.01374	0.01620	0.01425	0.01822	0.01711	0.01345
2008-06-01	0.01159	0.01389	0.01467	0.01332	0.01672	0.01366	0.01801	0.01649	0.01301
2008-07-01	0.00997	0.01405	0.01423	0.01276	0.01762	0.01208	0.00743	0.01330	0.01153
2008-08-01	0.01349	0.01374	0.01663	0.01376	0.01669	0.01353	0.01638	0.01873	0.01108
2008-09-01	0.01619	0.01326	0.01348	0.01572	0.01659	0.01598	0.01940	0.01918	0.01665
2008-10-01	0.01301	0.01289	0.01106	0.01252	0.01395	0.01086	0.01430	0.01294	0.01220
2008-11-01	0.01495	0.01567	0.01602	0.01560	0.01545	0.01467	0.01727	0.01792	0.01526
2008-12-01	0.01568	0.01549	0.01754	0.01666	0.01495	0.01557	0.02204	0.02010	0.01496
2009-01-01	0.01385	0.01529	0.01949	0.01376	0.01401	0.01363	0.01988	0.01726	0.01323
2009-02-01	0.00958	0.01515	0.01673	0.01289	0.01191	0.01014	0.01840	0.01334	0.00982
2009-03-01	0.01196	0.01432	0.01539	0.01285	0.01187	0.01042	0.01933	0.01443	0.01030
2009-04-01	0.00965	0.01329	0.01388	0.01196	0.01009	0.00882	0.02012	0.01284	0.00928
2009-05-01	0.01117	0.01267	0.01623	0.01271	0.01139	0.01043	0.02093	0.01334	0.00988
2009-06-01	0.01116	0.01247	0.01240	0.01194	0.01054	0.01027	0.02171	0.01307	0.00953
2009-07-01	0.00959	0.01315	0.01450	0.01070	0.00950	0.00905	0.02007	0.01139	0.00952
2009-08-01	0.01284	0.00904	0.01326	0.01379	0.01098	0.00912	0.02606	0.01651	0.01169
2009-09-01	0.01150	0.01103	0.00812	0.01456	0.01315	0.00825	0.02765	0.01373	0.01242

续表

代码	120304	120307	120308	120309	120310	120483	120486	120528	
名称	03 电网	03 浦发债	03 沪杭甬	03 苏交通	03 网通	04 中石化	04 国电	05 世博债	
2006-01-01	0.00599	0.00701	0.00750	0.00599	0.00000	0.00663	0.00683	0.00740	
2006-02-01	0.00551	0.00646	0.00631	0.00484	0.00000	0.00436	0.00269	0.00765	
2006-03-01	0.00522	0.00501	0.00498	0.00489	0.00000	0.00392	0.00502	0.00749	
2006-04-01	0.00636	0.00549	0.00591	0.00717	0.00000	0.00576	0.00000	0.00795	
2006-05-01	0.00689	0.00784	0.00776	0.00691	0.00000	0.00604	0.00000	0.00955	
2006-06-01	0.00428	0.00559	0.00563	0.00443	0.00698	0.00314	0.00000	0.00950	
2006-07-01	0.00608	0.00768	0.00758	0.00578	0.00651	0.00449	0.00660	0.01059	
2006-08-01	0.00692	0.00884	0.00832	0.00774	0.00749	0.00604	0.00000	0.00894	
2006-09-01	0.00886	0.00980	0.01027	0.00843	0.00798	0.00762	0.00000	0.00872	
2006-10-01	0.00930	0.01174	0.01181	0.01003	0.00982	0.00942	0.01169	0.01115	
2006-11-01	0.00918	0.01038	0.01064	0.00908	0.00971	0.00906	0.00519	0.00879	
2006-12-01	0.00949	0.01279	0.01133	0.00982	0.01154	0.01205	0.00920	0.00959	
2007-01-01	0.01063	0.01193	0.01153	0.01056	0.01125	0.00991	0.00991	0.00813	
2007-02-01	0.00864	0.00981	0.00973	0.00986	0.01037	0.00876	0.00916	0.00917	
2007-03-01	0.00932	0.00973	0.00951	0.00987	0.01038	0.00908	0.01233	0.00875	
2007-04-01	0.00753	0.00912	0.00921	0.00782	0.00790	0.00740	0.01022	0.00907	
2007-05-01	0.00741	0.00811	0.00867	0.00733	0.00663	0.00628	0.00795	0.00780	
2007-06-01	0.00620	0.01018	0.00902	0.00673	0.00622	0.00753	0.00724	0.00534	
2007-07-01	0.00483	0.00741	0.01066	0.00507	0.00814	0.00704	0.00904	0.00964	
2007-08-01	0.01395	0.01710	0.01888	0.01519	0.01598	0.00922	0.01147	0.01700	
2007-09-01	0.01400	0.01912	0.01867	0.01641	0.01642	0.00852	0.00666	0.01690	
2007-10-01	0.01232	0.02003	0.01929	0.01839	0.01540	0.00652	0.00943	0.01728	
2007-11-01	0.01257	0.01913	0.02271	0.01793	0.01562	0.00943	0.00895	0.01933	
2007-12-01	0.01409	0.02142	0.02442	0.01785	0.01673	0.01111	0.00721	0.01643	
2008-01-01	0.01801	0.02764	0.02572	0.02114	0.02096	0.01629	0.00922	0.02019	
2008-02-01	0.02000	0.02181	0.02233	0.02137	0.02121	0.01598	0.01787	0.01913	
2008-03-01	0.01752	0.01945	0.01948	0.01866	0.01874	0.01463	0.01555	0.01816	
2008-04-01	0.01561	0.01809	0.01814	0.01704	0.01676	0.01456	0.01339	0.01591	
2008-05-01	0.01600	0.01816	0.01734	0.01706	0.01695	0.01517	0.00554	0.01637	
2008-06-01	0.01506	0.01659	0.01763	0.01546	0.01548	0.01416	0.01296	0.01589	
2008-07-01	0.01380	0.01371	0.01485	0.01289	0.01312	0.01221	0.01425	0.01248	

续表

代码	120304	120307	120308	120309	120310	120483	120486	120528	
名称	03 电网	03 浦发债	03 沪杭甬	03 苏交通	03 网通	04 中石化	04 国电	05 世博债	
2008－08－01	0.01629	0.01837	0.01809	0.01736	0.01596	0.01469	0.01437	0.00754	
2008－09－01	0.01660	0.01959	0.02059	0.01730	0.01721	0.01805	0.01993	0.01446	
2008－10－01	0.00971	0.01148	0.01287	0.00918	0.01050	0.01123	0.01821	0.00853	
2008－11－01	0.01604	0.01816	0.01795	0.01578	0.01328	0.01684	0.02074	0.01371	
2008－12－01	0.01837	0.02115	0.02185	0.01854	0.01793	0.01985	0.02345	0.01533	
2009－01－01	0.01444	0.01791	0.01475	0.01479	0.01452	0.01562	0.01811	0.01577	
2009－02－01	0.01042	0.02026	0.02015	0.01235	0.01249	0.01211	0.01644	0.01359	
2009－03－01	0.01197	0.02163	0.02252	0.01245	0.01271	0.01540	0.01738	0.01541	
2009－04－01	0.00970	0.02086	0.02017	0.01078	0.01144	0.01488	0.00000	0.01639	
2009－05－01	0.01493	0.02191	0.02163	0.01391	0.01433	0.01602	0.00862	0.00876	
2009－06－01	0.01576	0.02156	0.02188	0.01559	0.01486	0.01831	0.00000	0.01441	
2009－07－01	0.01212	0.01984	0.02093	0.01449	0.01451	0.01539	0.00000	0.01331	
2009－08－01	0.01556	0.02414	0.02192	0.01648	0.01812	0.01369	0.00543	0.01462	
2009－09－01	0.01566	0.02731	0.03069	0.01833	0.01914	0.01617	0.01440	0.00000	

附表 3　　样本 2 债券发行主体个体违约概率

	08 万科 G1	08 中粮债	中兴债 1	08 中联债	08 粤电债	钢钒债 1	国安债 1	08 华能 G1	08 上港债
2002－09－30	0.0001	0.0145	0.0175	0.0038	0.0000	0.0000	0.0039	0.0000	0.0007
2002－12－31	0.0000	0.0163	0.0008	0.0106	0.0000	0.0000	0.0011	0.0002	0.0000
2003－03－31	0.0000	0.0039	0.0015	0.0082	0.0000	0.0000	0.0003	0.0003	0.0000
2003－06－30	0.1016	0.0159	0.0031	0.0145	0.0000	0.0004	0.0004	0.0010	0.0733
2003－09－30	0.1033	0.0104	0.0011	0.0146	0.0000	0.0006	0.0007	0.0011	0.0776
2003－12－31	0.1037	0.0116	0.0009	0.0016	0.0000	0.0006	0.0026	0.0007	0.0797
2004－03－31	0.1046	0.0156	0.0026	0.0045	0.0000	0.0013	0.0025	0.0010	0.0791
2004－06－30	0.0222	0.0031	0.0024	0.0018	0.0000	0.0001	0.0011	0.0883	0.0000
2004－09－30	0.0322	0.0034	0.0046	0.0049	0.0000	0.0002	0.0010	0.0912	0.0000
2004－12－31	0.0357	0.0062	0.0084	0.0038	0.0001	0.0001	0.0001	0.0933	0.0000
2005－03－31	0.0330	0.0052	0.0024	0.0010	0.0003	0.0000	0.0000	0.0895	0.0000
2005－06－30	0.0021	0.0088	0.0021	0.0009	0.0011	0.0000	0.0005	0.0019	0.0001
2005－09－30	0.0287	0.0188	0.0013	0.0008	0.0018	0.0000	0.0026	0.0029	0.0029
2005－12－31	0.0263	0.0136	0.0002	0.0010		0.0723	0.0026	0.0013	0.0038

续表

	08万科G1	08中粮债	中兴债1	08中联债	08粤电债	钢钒债1	国安债1	08华能G1	08上港债
2006-03-31	0.0376	0.0161	0.0002	0.0020	0.0017	0.0759	0.0123	0.0013	0.0045
2006-06-30	0.0371	0.0435	0.0010		0.0034	0.1174	0.0394	0.0035	0.0130
2006-09-30	0.0018	0.0544	0.0014	0.0172	0.0021	0.1171	0.0389	0.0020	0.0033
2006-12-31	0.0098	0.0593	0.0036	0.0377	0.0071	0.0382	0.0457	0.0031	0.2678
2007-03-31	0.0256	0.0600	0.0119	0.0617	0.0136	0.0432	0.0464	0.0046	0.2700
2007-06-30	0.0532	0.0529	0.0079	0.0576	0.0346	0.0482	0.0218	0.0079	0.2680
2007-09-30	0.0786	0.0506	0.0071	0.0440	0.0458		0.0266	0.0100	0.2694
2007-12-31	0.0800	0.0600	0.0066	0.0340	0.0546	0.0550	0.0271	0.0189	0.0111
2008-03-31	0.0700	0.0569	0.0043	0.0188	0.0627	0.0651	0.0310	0.0282	0.0080
2008-06-30	0.1257	0.0614	0.0093	0.1895	0.0675	0.0149	0.1608	0.0546	0.0112
2008-09-30	0.1110	0.1011	0.0599	0.1981	0.0522	0.0094	0.1631	0.0610	0.0076
2008-12-31	0.1194	0.1190	0.0980	0.2130	0.0514	0.0070	0.1783	0.0656	0.0158
2009-03-31	0.1198	0.1377	0.0980	0.2192	0.0366	0.0013	0.1881	0.0660	0.0308
2009-06-30	0.0490	0.1228	0.1042	0.0951	0.0082	0.0001	0.0839	0.0195	0.0192
2009-09-30	0.0370	0.0694	0.0576	0.0677	0.0041	0.0000	0.0706	0.0078	0.0232
	08宝钢债	04中石化	08葛洲债	04长航债	07云化债	08莱钢债	08金发债	08新湖债	08赣粤债
2002-09-30	0.0000	0.0001	0.0004	0.0000	0.0014	0.0053	0.0000	0.0104	0.0000
2002-12-31	0.0000	0.0001	0.0003	0.0000	0.0001	0.0028	0.0000	0.0095	0.0000
2003-03-31	0.0000	0.0002	0.0000	0.0000	0.0000	0.0007	0.0000	0.0027	0.0000
2003-06-30	0.0001	0.0002	0.0000	0.0000	0.0000	0.0001	0.0000	0.0050	0.0000
2003-09-30	0.0001	0.0001	0.0000	0.0000	0.0000	0.0001	0.0000	0.0007	0.0000
2003-12-31	0.0002	0.0003	0.0001	0.0757	0.0000	0.0000	0.0000	0.0040	0.0000
2004-03-31	0.0004	0.0005	0.0001	0.0770	0.0001	0.0000	0.0000	0.0095	0.0000
2004-06-30	0.0000	0.0001	0.0000	0.0826	0.0002	0.0000	0.0000	0.0071	0.0929
2004-09-30	0.0002	0.0005	0.0000	0.0869	0.0002	0.0001	0.0000	0.0088	0.0940
2004-12-31	0.0001	0.0001	0.0001	0.0014	0.0021	0.0001	0.0011	0.0043	0.0961
2005-03-31	0.0001	0.0000	0.0000	0.0010	0.0025	0.0000	0.0087	0.0013	0.0943
2005-06-30	0.0008	0.0002	0.0001	0.0023	0.0045	0.0000	0.0249	0.0074	0.0001
2005-09-30	0.0003	0.0001	0.0002	0.0040	0.0044	0.0000	0.0273	0.0222	0.0001
2005-12-31	0.0003	0.0001	0.0000	0.0073	0.0011	0.0000	0.0134	0.0184	0.0005
2006-03-31	0.0001	0.0005	0.0005	0.0078	0.0003	0.0001	0.0049	0.0486	0.0010

续表

	08 宝钢债	04 中石化	08 葛洲债	04 长航债	07 云化债	08 莱钢债	08 金发债	08 新湖债	08 赣粤债
2006-06-30	0.0000	0.0020	0.0455	0.0081	0.0029	0.0050	0.0238	0.0431	0.0012
2006-09-30	0.0000	0.0013	0.0445	0.0034	0.0022	0.0052	0.0301	0.0609	0.0437
2006-12-31	0.0019	0.0085	0.0451	0.0016	0.0069		0.0367	0.0709	0.0462
2007-03-31	0.0080	0.0143	0.0523	0.0114	0.0190	0.0376	0.1629	0.0600	0.0526
2007-06-30	0.0080	0.0197	0.1036	0.0199	0.0112	0.0367	0.1480	0.0838	0.0539
2007-09-30	0.0213	0.0214	0.1079	0.0374	0.0205	0.0381	0.1434	0.0674	0.0035
2007-12-31	0.0228	0.0310	0.1167	0.0482	0.0386	0.0508	0.1440	0.0635	0.0040
2008-03-31	0.0247	0.0505	0.1213	0.0420	0.0345	0.0220	0.0113	0.1219	0.0044
2008-06-30	0.0604	0.0608	0.0303	0.1295		0.0400	0.0436	0.1175	0.0123
2008-09-30	0.0418	0.0633	0.0251	0.1178		0.0358	0.1362	0.1145	0.0163
2008-12-31	0.0562	0.0554	0.0442	0.1359	0.0898	0.0608	0.1646	0.1291	0.0294
2009-03-31	0.0553	0.0389	0.0441	0.1482	0.0974	0.0668	0.1861	0.0848	0.0290
2009-06-30	0.0216	0.0131	0.0206	0.0628	0.1048	0.0458	0.1690	0.0667	0.0128
2009-09-30	0.0304	0.0172	0.0146	0.0534	0.1166	0.0753	0.0987	0.0620	0.1349
	08 江铜债	08 宁沪债	06 中化债	08 康美债	07 深高债	08 青啤债	08 国电债	06 马钢债	
2002-09-30	0.0033	0.0001	0.0479	0.0002	0.0000	0.0002	0.0488	0.0017	
2002-12-31	0.0050	0.0002	0.0341	0.0000	0.0000	0.0000	0.0553	0.0019	
2003-03-31	0.0053	0.0000	0.0246	0.0000	0.0000	0.0000	0.0543	0.0023	
2003-06-30	0.0001	0.0000	0.0280	0.0003	0.0000	0.0000	0.0848	0.0008	
2003-09-30	0.0000	0.0000	0.0004	0.0003	0.0000	0.0000	0.0160	0.0008	
2003-12-31	0.0001	0.0000	0.0011	0.0028	0.0001	0.0000	0.0078	0.0012	
2004-03-31	0.0005	0.0001	0.0036	0.0071	0.0001	0.0000	0.0087	0.0024	
2004-06-30	0.0008	0.0001	0.0272	0.0361	0.0004	0.0000	0.0230	0.0015	
2004-09-30	0.0035	0.0002	0.0316	0.0456	0.0007	0.0001	0.0234	0.0026	
2004-12-31	0.0044	0.0000	0.0343	0.0399	0.0004	0.0000	0.0239	0.0028	
2005-03-31	0.0036	0.0000	0.0271	0.0322	0.0013	0.0000	0.0241	0.0007	
2005-06-30	0.0056	0.0000	0.0731	0.0032	0.0019	0.0000	0.0023	0.0002	
2005-09-30	0.0031	0.0000	0.0700	0.0036	0.0036	0.0000	0.0031	0.0002	
2005-12-31	0.0022	0.0000	0.0655	0.0055	0.0024	0.0000	0.0041	0.0000	
2006-03-31	0.0040		0.0622	0.0046	0.0029	0.0000	0.0030	0.0128	
2006-06-30	0.0462	0.0000	0.0115	0.0251	0.0054	0.0044	0.0045	0.0200	

续表

	08江铜债	08宁沪债	06中化债	08康美债	07深高债	08青啤债	08国电债	06马钢债	
2006-09-30	0.0516	0.0000	0.0150	0.0229	0.0030	0.0093	0.0296	0.0186	
2006-12-31	0.0496	0.0000	0.0180	0.0196	0.0023	0.0093	0.0324	0.0296	
2007-03-31	0.0528	0.0002	0.0494	0.0458	0.0007	0.0304	0.0408	0.0166	
2007-06-30	0.0157	0.0080	0.0755	0.1340	0.0014	0.0200	0.0413	0.0246	
2007-09-30	0.0263	0.0102	0.0765	0.1343	0.0038	0.0206	0.0083	0.0449	
2007-12-31	0.0521	0.0142	0.0820	0.1397	0.0153	0.0280	0.0094	0.0603	
2008-03-31	0.0948	0.0185	0.0662	0.1405	0.0246	0.0189	0.1397	0.0565	
2008-06-30	0.1183	0.0099	0.0530	0.0479	0.0411	0.0269	0.1483	0.0754	
2008-09-30	0.1066	0.0071	0.0599	0.0470	0.0400	0.0223	0.1515	0.0452	
2008-12-31	0.1187	0.0073	0.0745	0.0469	0.0429	0.0258	0.1522	0.0499	
2009-03-31	0.1253	0.0081	0.0811	0.0220	0.0426	0.0233	0.0334	0.0490	
2009-06-30	0.1006	0.0009	0.0610	0.1368	0.0176	0.0093	0.0065	0.0185	
2009-09-30	0.0991	0.0002	0.0405	0.1327	0.0095	0.0022	0.0022	0.0256	

附表4　　　　各行业发行主体联合违约概率

	地产	信息设备	电力	有色金属	港口水运	钢铁	化工	公路	食品医药
2002-09-30	0.0001	0.0006	0.0001	0.0000	0.0000	0.0000	0.0000	0.0000	0.0000
2002-12-31	0.0000	0.0000	0.0001	0.0000	0.0000	0.0000	0.0000	0.0000	0.0000
2003-03-31	0.0000	0.0000	0.0000	0.0000	0.0000	0.0000	0.0001	0.0000	0.0000
2003-06-30	0.0083	0.0000	0.0000	0.0000	0.0000	0.0000	0.0001	0.0000	0.0000
2003-09-30	0.0058	0.0000	0.0000	0.0000	0.0000	0.0000	0.0000	0.0000	0.0000
2003-12-31	0.0064	0.0001	0.0000	0.0000	0.0126	0.0001	0.0000	0.0000	0.0000
2004-03-31	0.0082	0.0001	0.0000	0.0000	0.0127	0.0002	0.0000	0.0000	0.0000
2004-06-30	0.0010	0.0001	0.0000	0.0000	0.0000	0.0000	0.0000	0.0002	0.0000
2004-09-30	0.0013	0.0001	0.0000	0.0000	0.0000	0.0001	0.0002	0.0004	0.0000
2004-12-31	0.0022	0.0000	0.0000	0.0000	0.0000	0.0001	0.0001	0.0002	0.0000
2005-03-31	0.0018	0.0000	0.0000	0.0000	0.0000	0.0000	0.0000	0.0006	0.0000
2005-06-30	0.0004	0.0000	0.0000	0.0000	0.0000	0.0001	0.0001	0.0000	0.0000
2005-09-30	0.0045	0.0001	0.0000	0.0000	0.0001	0.0000	0.0000	0.0000	0.0000
2005-12-31	0.0034	0.0000	0.0000	0.0006	0.0001	0.0000	0.0001	0.0000	0.0000
2006-03-31	0.0048	0.0000	0.0000	0.0011	0.0002	0.0001	0.0002	0.0001	0.0000

续表

	地产	信息设备	电力	有色金属	港口水运	钢铁	化工	公路	食品医药
2006－06－30	0.0096	0.0003	0.0010	0.0124	0.0005	0.0000	0.0003	0.0001	0.0007
2006－09－30	0.0010	0.0004	0.0045	0.0136	0.0001	0.0000	0.0003	0.0008	0.0012
2006－12－31	0.0042	0.0011	0.0049	0.0054	0.0009	0.0014	0.0013	0.0007	0.0010
2007－03－31	0.0090	0.0029	0.0066	0.0063	0.0059	0.0035	0.0038	0.0003	0.0050
2007－06－30	0.0141	0.0012	0.0111	0.0025	0.0098	0.0042	0.0064	0.0005	0.0076
2007－09－30	0.0177	0.0013	0.0029	0.0000	0.0176	0.0113	0.0070	0.0002	0.0078
2007－12－31	0.0204	0.0012	0.0034	0.0076	0.0017	0.0137	0.0098	0.0005	0.0105
2008－03－31	0.0179	0.0010	0.0339	0.0141	0.0011	0.0141	0.0124	0.0008	0.0075
2008－06－30	0.0276	0.0050	0.0110	0.0047	0.0035	0.0305	0.0121	0.0026	0.0047
2008－09－30	0.0369	0.0250	0.0095	0.0029	0.0023	0.0179	0.0136	0.0032	0.0040
2008－12－31	0.0435	0.0397	0.0156	0.0024	0.0049	0.0227	0.0144	0.0054	0.0045
2009－03－31	0.0482	0.0412	0.0049	0.0005	0.0095	0.0223	0.0116	0.0053	0.0023
2009－06－30	0.0228	0.0239	0.0007	0.0001	0.0033	0.0069	0.0040	0.0015	0.0040
2009－09－30	0.0130	0.0134	0.0002	0.0000	0.0034	0.0104	0.0038	0.0044	0.0011

附录B　攻读博士学位期间论文写作与发表情况

一、本人作为第一作者

1. 基于极值理论的同业拆借利率风险度量，《数量经济技术经济研究》，2009，8。

2. 基于极值理论的沪综指尾部风险度量，《财贸研究》，2009，5。

3. 我国银行间同业拆借市场利率风险度量，《技术经济》，2009，6。

4. 时变 copula 模拟的亚洲股指组合风险研究，《数学的实践与认识》，2010，3。

5. 深成指 GPD 分布尾部拟合与 VaR、ES 风险度量，《统计与决策》，已录用。

6. 我国企业债券市场的监管特征下信用风险表现研究，《信息系统工程》，已录用。

7. 个体主观知识状态与人格化交易行为研究，《中国科技论文在线》，2010，1。

8. 汇率波动风险下的外汇储备币种结构管理，《系统仿真学报》，审稿中。

9. 时变条件 t - copula 蒙特卡罗方法的外汇储备收益风险度量，《系统管理学报》，审稿中。

10. 非参数核密度估计时变 copula 模拟的组合风险度量，《数理统计与管理》，审稿中。

11. 改进动态 t - copula 模拟方法的组合风险研究，《中国管理科学》，审稿中。

12. 企业债券市场风险的重大事件比较研究，《证券市场导报》，审稿中。

13. 所有制特征与企业债券信用风险表现差异研究，《财经理论与实践》，审稿中。

二、导师作为第一作者，本人作为第二作者

1. 法律变迁的“主观知识”解释，《制度经济学研究》第十七辑，2007，11。

2. 以贵州铜仁地区为例的无担保小额贷款简化分析，《南开经济研究》，2008，2。

3. 基于不同习俗的个体信贷违约行为研究，《西部金融》，2008，11。

三、本人作为其他合作者

1. 社区共享资源合作供给的信任博弈模型，《技术经济》，2008，8。

2. 基于供应链成员风险偏好组合的第三方物流激励机制研究，2008 年全国博士生学术论坛论文。

致　　谢

本研究是在导师朱宪辰教授的精心指导下完成的。四年来，在学业上导师为我创造了轻松和谐的学术氛围，开辟了自由的学术环境。朱宪辰教授严谨的治学态度、广博的学术知识、敏锐的学术洞察力、对事业孜孜不倦的追求精神和平易近人的风格，对我的学术进步产生了重大的影响。值此论文完成之际，谨向敬爱的导师表示深深的谢意。

四年来，父母为我创造了多方面的学习条件，使我有充沛的精力投入到学习中去。我所取得的每一点成绩都是对他们最好的报答。

尤其要感谢我的两位挚友张翼与蔺昊，每每在我意兴阑珊的时候，他们的支持和鼓励带给我莫大安慰与动力。

此外，同窗晏鹰同学从入学到答辩各个环节都给了我很多建设性的意见，非常感谢！

最后感谢所有给予我关心和帮助的人们！